思想觀念的帶動者

文化現象的觀察者

本土經驗的整理者

生命故事的關懷者

Master

對於人類心理現象的描述與詮釋
有著源遠流長的古典主張，有著速簡華麗的現代議題
構築一座探究心靈活動的殿堂
我們在文字與閱讀中，尋找那奠基的源頭

變的美學

一個顛覆傳統的治療視野

Aesthetics of Change

作者—布萊福德・齊尼（Bradford Keeney）

翻譯—丘羽先

審閱—王行

我將歧路花園留給各種可能（並非全部）的未來。

——波赫士（Jorge Luis Borges）

問題愈深，答案愈美。

——康明思（e.e. cummings）

【推薦序之一】

控制（迴授）論作爲臨床知識論

慈濟大學宗教與文化研究所教授

余德慧

心理治療的思維裡有一個隱約的傳統，那就是對所見的、所想的不加以信任，總認爲這些可見者背後有個甚麼東西在作怪，這作怪的東西，可能是精神分析所稱的潛意識，也可能是理情治療非理性思維，或者是認知行爲治療的隱藏符碼，因此，所謂「心理治療」指的是對這隱約存在之物的探索與解碼，其傳統的做法是療者向病者的隱密之處叩求密碼。這做法殊少受到挑戰，無論是精神分析或認知治療莫不如是。心理治療界不挑戰這個基本態勢，主要來自於其臨床知識論從未曾受到撼動。心理治療理論甚少願意去回答「何謂心理治療實在（psychotherapeutic reality）？」這個難解的問題，所以就將這個基本探問懸擱起來。

葛雷格里．貝特森（Gregory Bateson）是近代人文科學研究者的少數深入這問題探討的學者。[1] 簡言之，貝氏的心理治療實在並不以臨床現場、醫病關係爲構成要素，更反對DSM式的準繩式判讀的症狀學爲其實在依歸，他將知識的生產放到事情變化的後續發展，也就是他所謂的「遞迴（Recursion）式的學習」，這種學習與傳統心理治療的知識生產模式相反，傳統模式是將知識的生產放到病人（客體）的內在特徵或所處環境，觀看者（治療者）站在病人的外邊，在隱藏的位置描述病人，因此，其知識的生產是以因果模式的線性邏輯（有因必有果）爲主，進入治療就是試圖去干涉那個病因，因此，治療者必須「客觀地」診斷病情，探索病因，提出治療對策。這是素樸的實證模式所界定的心理治療實在，而貝特森的遞迴式模式所籌畫的心理治療實在則將治療者內入系統裡，亦即，治療者的動見觀瞻乃是處於病人的約制底下，病人的治療啓動點並非治療者，而是病人的症狀所引發治療者的舉動。若從傳統因果模式來看，治療者是治療的啓動者，但貝特森認爲這並不正確，病人的症狀行爲先於治療者的介入。傳統治療知識的生產是實驗室的病理知識，以及外於病人的診斷標準（如量表、測驗、神經檢查等），這些知識都先於病人出現於治療者之前，因此，病人的出現只不過等待已知知識的配對，以及對因果模式的病理學圖式的印證與對症下藥，貝特森認爲，如果心理治療模仿醫療的思維模式，會發生知識論的錯認，那就是將治療視爲對既存病理的矯正，反而取消了心理治療的實在。

對控制（迴授）論（cybernetics）來說，心理治療的實在乃在於心理治療者與被治療者進入交流的遞迴關係裡頭，這是雙主體的來回摩盪運動的現場，更重要的，眼前在場的事相只是心理治療意義的一部分，更重要的部分在於未來可變的可能性（潛勢），這潛勢部分與實現的部分透過交接遞迴的運動，才構成心理治療實在這個複合體（即心理治療意義）。換言之，在傳統因果模式的心理治療思維並沒有把可能性的流變當作治療的實在性，反而侷限在眼前已經實現的現實一隅，因而取消了心理治療朝向未來可能性的改變機制，反而加強了對症狀矯正的規訓。

貝特森將症狀矯治的規訓視爲改變的障礙，若要消除此障礙，必須解除以病理學解釋病人行爲的解釋，套句李清發醫師的用語：「心理治療的解釋是去解除解釋，心理治療的說明是去解除說明」，[2]解除說明解釋乃因爲所解釋者爲已經是實現的症狀，而解除的是將現實的視角轉向，以便在互動的過程得以讓潛勢的可能性浮現，由於可能的潛勢往往是尚未被稱名的未知狀態，因此，如何在互動的現場透過鬆散的語言對話、治療者與病人的交互領會，掌握遞迴的某種不穩定／穩定的反覆與系列認知，而獲得有階層的知識，及不同知識層次的邏輯類型（logical typing）；在貝特森那裡，變化與學習同義，而學習有零學習（刺激—反應之間的反射迴路）、「第一層學習」（如古典制約、操作制約、日常生活的自動化反應等）、「第二層學習」（學習如何學習，學會標記的知識，如評價事物好壞、價值高低的通常意識）與「第三層學習」。第三層學習指的是「在系統層面發生改變，它並不著眼於特定反應（第一層學習）的改變，也非脈絡標記知識（第二層學習），而是去改變標誌系統所隱含的前提」，[3]例如在海豚訓練裡，將海豚已經學會的操作制約混加一些隨機偶然獎賞或不獎賞的混亂因子，如果照傳統知識論，這些混亂因子將會造成操作制約的消除作用，但貝特森卻進一步發現這消除作用的更積極學習：創造學習，海豚在胡亂給獎賞的情況之下，反而創造地做成更令人喝采的動作，超乎人們的想像，而不是通常實驗室所宣稱的「實驗神經質症」（experimental neurosis）。

然而，學習層次愈是高階，其被認識的可能性愈低，但是它對疾患的自動生產（autopoiesis）也愈大，亦即，高階學習是一種較爲根本的思維框架（模式），它構成思維者的眼睛，眼睛看不見自己，卻可以引導人去注意、建構與生產它所框出來的東西。就治療理論來說，如果治療者能進入病人的「內在模式」與之互動，可能會干擾到病人思維模式而使病人發生自動轉化。在本書裡頭，作者舉了著名的催眠大師米爾頓．艾瑞克森（Milton H. Erickson）的例子，艾瑞克森的天才在於他懂得不受人的表面意識所迷惑，直接當下切入病患的內在模式，甚至他會透過戲耍表面意識去讓病人不得不在「潛意識」說話（參見第五章艾瑞克森與拼字盤病人的例子）。一旦治療者與病人在內在模式裡互動，療癒的路就自動轉下去。

與之相較，如果治療者旨在表面意識互動，一切會顯的徒勞無功。例如，一個老師想讓學生用功，於是他就用各種方法，或者利誘或者威脅，而這些手段皆自外於學生的內在模式，學生被誘發的動作往往只是爲了因應威脅利誘，其內在模式完全不爲所動，所以很快地故態復萌，老師也疲於奔命，若老師想要直接撥弄學生的內在模式，就涉及控制論意義的心理治療技巧。

套句李清發醫師的話，心理治療技巧是一種「爲病人伴奏」，讓病人自己吹出主調（內在模式）的過程。在本書第六章談到心理治療是一項手藝，一種以心思冶煉的技藝。[4] 伴奏的技藝只有在控制的知識論底下才會被操作出來。假定病人有其內在模式（＝心智），模式的操作是由其內在標準爲中心操作系統，但這內在標準對病人自己是盲目的（眼睛看不到自己），對治療者也是無法看見的，兩者皆受蔽障，若治療者以自身的專業訓練，試圖以可重複的病理知識或測驗衡鑑，所評估出來的東西與病人的內在標準必然有距離。所以，治療者必須投入治療者的介入因素，至此，心理治療的論述猶與傳統心理治療甚爲接近，接下來就開始大異其趣。控制論的治療者的介入是順著病人的外顯症狀，而非對抗症狀，亦即，不把症狀當作要消除的目標，原因在於治療者與病人的蔽障都來自白日意識；對治療者而言，若以白日意識的「明智地」來診斷病人的可能內在標準，乃是自以爲的正確，以此自以爲的正確爲前提的心理治療，會使治療者自限於虛構的外在標準，因此愈是以此爲對症的治療，愈會遠離病人的內在模式。而對病人來說，若他以白日意識來思索他的症狀，也會被意識「明智地」指引到自以爲他要的，使得內在模式的自蔽加深，兩者既然蔽障在先，後來又以蔽障爲指引，若以此努力，可謂徒勞。

唯一的辦法是「以症狀爲師」，認爲症狀是病人的內在模式出現困難所發出的掙扎，例如，艾瑞克森面對酒癮病人來求診，帶來他青年時意氣風發的得意照片本，艾瑞克森看也不看，直接丟到垃圾桶，說「這與治療無關」，因爲那英姿煥發的年輕人已經不存在，眼前要面對的是一個酗酒、頹廢的中年漢子，而病人沈湎於早年的自我想像，這正可能參與他放縱於酒精的一部分內在模式之一。後來，艾瑞克森要他回家之前到酒館喝酒，一邊喝一邊罵「那個混帳艾瑞克森」，這與病人的白日認知不吻合，病人覺得無聊沒有意義，反而就不去喝。這在以前被稱爲「弔詭治療法」，但現在用貝特森的臨床知識論則明明朗朗地呈現：治療者的介入干擾了病人自以爲是的白日意識，而敲響了內在模式的操作，再由病人的內在模式自行生產其效果。因此，所謂伴奏指的是由治療者在不知對方的內在模式之下，與對方的症狀行為互舞，讓治療者的介入因素不斷激起內在模式運作，在艾瑞克森與拼字盤病人的例子有更明白的說明。說心理治療是「技藝」是藝術，乃在於醫病共舞的過程並非一步到位，而是不斷地回饋、校準、再回饋、再校準……的遞迴式運動來來回回，彷彿手工揉麵，不斷試探對方的反饋訊息。

專業讀者如果想進一步讀貝特森的原典，商周出版的《心智與自然》會是相當有幫助的書。

註釋

1. 台灣商周出版社出版過貝特森的知識論著作。《心智與自然》（2003），張明儀譯，商周。
2. 這是精神科醫師李清發在第三屆「本土心理與文化療癒研究」研習營的論文評論裡的談話。2007年12月8日，台北南港：中央研究院民族學研究所。
3. 詳細請參見本書第五章的「學習層次」一節的說明。
4. 詳細可參閱2007年第三屆「本土心理與文化療癒研習營」的發表論文集：《文化及心理療癒的本土生成：倫理照顧的種種技藝》，以及傅柯的《主體詮釋學》、高宣揚的《傅柯的生存美學》。

【推薦序之二】

治療師應迎接的挑戰

輔仁大學心理系教授暨系主任

夏林清

七〇與八〇年代，是心理學領域中「改變」的理論與方法大放異彩的年代。1974年《變》，保羅．瓦茲拉威克（P.Watzlawick）等人著，1983年《變的美學》出版，1983年與1984年唐納德（Donald A.Schon）與克利斯．艾吉里斯（Chris Argyris）的反映實踐者與行動科學相繼出現。貝特森對經驗邏輯層次的描述使得建構學習系統的溝通模式得以被後續學者闡明，行動科學與組織學習的論述就是建立在這之上的。在這一系列的知識果實中，《變的美學》具有承先啓後的關鍵作用。

接續《變》一書的努力，《變的美學》將「現實建構」（本書第二章）的道理清晰的揭示了。《變的美學》在台灣，應該成爲心理、教育、社會、社工與企管等人文社會科學的必要讀本，因爲作者布萊福德．齊尼（Bradford Keeney）對改變系統的討論是來回於個體、群體、社會制度與生態系統之間，挑戰我們看待自身行動的狹窄與侷限，也對專業介入社會的效應明白的提示：

治療師必須自問的是，提供解決之道與療法的治

療社會系統是否反而會助長問題。（p. 99）

齊尼接續貝特森，將「探詢生命過程的連接模式」的生態系統美學（p. 89）視爲專業工作者應迎接的挑戰，爲人類社會創造連結共存新方式，指出了變化自身與檢視系統效應的新起點。

【推薦序之三】

以唐望故事爲起點的另類認識論

專業譯者，譯有巫士唐望系列

魯宓

出版社編輯提到這本書，說它「有很多地方談到唐望（don Juan）故事」，希望我能掛名推薦。

唉，又一個唐望信徒寫的書嗎？我在心裡嘀咕，但我回答的是「應該可以吧。」編輯問：「那你要不要先看一看？」我有點不好意思，當然應該看過之後再下結論吧。

收到檔案之後，果不其然，第一章第一段就提到了卡斯塔尼達（Castaneda）的豐功偉蹟。我正想要向出版社回絕這個推薦時，又多讀了幾段，這才發現我錯了……爲了不破壞讀者的讀興，我只能說，本書作者在開頭借用唐望故事所賣的幾個關子，其實非常吻合我個人這些年來對於唐望故事的心路歷程。本書作者布萊福德・齊尼被人稱爲是一個美國巫師，也有人說他是人類學的馬可波羅。對我而言，至少我知道他不是一個盲從的唐望故事信徒。

正如本書作者所言，唐望故事是一套質疑既定現實的書。一位大學生被強迫成爲一個印第安巫術門徒。一開始，他不願意接受巫術的信仰，花了很多時間試圖以藥物或催眠的觀點來質疑巫術的現象。後來，他終於接受了巫術的解釋，推翻了先前的觀點，但是隨即又發現，巫術的解釋也只是一種文字上的描述，而文字描述（在巫術中被稱為tonal）也勢必要被推翻（停頓）之後，我們才可能接觸到語言文字所無法描述的層次（不管被稱為潛意識或超現實都不適當，因此在巫術中被稱為nagual）。

因此簡單說，唐望故事以非常高明的手法，不僅質疑客觀的現實，也質疑了所有由語言文字所創造出來的現實，也就是所謂的「道聽途說」。

事實上，我們都是那麼不自覺地接受，甚至渴望「道聽途說」。當我們一旦有機會停頓語言文字的慣性（也就是我們腦中幾乎永不止息的內在對話），我們就會發現，所有的學說、理念、信仰，在一開始時都是以「道聽途說」的方式強加於我們身上，而我們也都習慣不加質疑地擁抱這些道聽途說，因為從某方面來說，道聽途說是我們的習癮，我們的內在對話所需要的食糧。

「道聽途說」並不表示一定就是錯的，或假的。但它最多也只是一張地圖而已。身為旅人的我們，必須親身檢驗之後，才能確定這張地圖是成立的，這條路徑能夠通往某個地方。否則，我們最多只能把「道聽途說」當成參考，而絕不能當成「信仰」。

在生命旅途上，我們都曾經是「道聽途說」的信徒，都難免在不明就裡的情況下，盲目地追隨眾人而行，並把這種盲從當成「信仰」與「信心」的表現。但是當我們前進到了某一個程度之後，如果能夠繼續保持覺察，我們應該都會發現所有宗教與信仰的「道聽途說」本質。這時候，我們將面臨一種孤獨但又清明的處境；這時候，我們才準備好更進一步的旅程。

本書作者以唐望故事為起點來闡述的另類認識論，可以當成是旅程中另一張參考的地圖，也許更詳細，也許更瑣碎，要用了才知道。

至於唐望故事，作者卡斯塔尼達癌症過世之後，陸續爆發出他與眾多女信徒的雜亂關係，甚至有一位年輕女子聽從他的囑咐，獨自前往沙漠，化爲一堆枯骨，三年後才被人發現。他等於是再次扮演一個不情願的角色，從墳墓中推翻了他爲唐望故事所創造出來的「道聽途說」。

【導讀】

舞出改變、舞出問題、舞出不變：治療師與案主的共構舞曲

東吳大學社會工作系教授
華人伴侶與家族治療協會秘書長
王行

記不起那年的暑假，程宛若從美國放假回台，她有心潛修「家族治療」，隻身異地從碩士攻讀博士。這位專業上的「道友」向我推薦了她在課堂上讀過的幾本書中，夾雜著《變的美學——一個顛覆傳統的治療視野》（*Aesthetics of Change*），我一翻就難以釋手，卻又難以下嚥！花了很長的時間慢慢地閱讀，有些概念從不懂到懂，有些概念從懂到不懂，如同當年讀夏林清老師翻譯的那本《變——問題的解決與形成》，[1]在似懂非懂但又不放棄閱讀之下，不算大的篇幅，拖拖拉拉地讀了好多年，漸漸發現我的「視框」已經改變了！我不是說是書使我改變，這樣的說法，給「書」太大的魔力，如同案主說：「××老師[2]改變了我一生！」，給「治療師」太大的權力。如果更細緻一點的說：我與書之間共構了「改變」；再細緻一點的說：每次回到我與書的關係中，我看到書在變／我在變。是：「書在變／我在變」，而不是：「書在變，我也在變」，也不是：「書在變，而我在變」，更不是：「因為我在變，所以書在變」，就是「書在變／我在變」！

感覺像是禁臠般，《變的美學》與我在閱讀囚籠中好

多年，來來回回、斷斷續續。等到遇到王桂花要我推薦幾本「家族治療」相關書籍做爲心靈工坊的未來出版參考時，我才將《變的美學》釋放，而自己仍在思索的囚籠中。又不知過了多久，心靈工坊告知我準備出版這本書時，我靜靜地等待中譯版的出現，期待著「釋放」。果然心靈工坊請到了好手，將《變的美學》以我的母語再現，既熟悉又陌生的文本，讀起來的感覺又變了：「書在變／我在變」，於是有了新領悟——《變的美學》不斷在問我：「誰在變？」

台灣助人專業研習課程多年以來的發展：一是以工具性爲目的的技巧研習如日中天，二是以體驗性活動爲特色的工作坊蓬勃發展，在此格局下《變的美學》的翻譯本恐怕會變成冷門「商品」。但是我希望它是隱於市的「智者」，而非爭相閱讀的暢銷書，因爲我認爲助人專業的「商品化」與「模組化」已成爲當前隱憂：專業工作者花錢在研習會中購買改變人的方法與技術，在工作坊中購買熱淚盈眶的改變體驗，再試圖複製在「案主」身上。而《變的美學》不是模組化的助人技術，更不能提供令人感動的改變體驗，它主要是在討論「對理解的理解」——藉著控制理論反思助人者的認識論。

控制理論（Cybernetic）對助人專業領域或許有一點耳熟，對家族治療領域可能有一些面善，但是忙於體驗性活動與工具性學習的助人工作者，不一定會有時間探究、理解控制理論這個跨專業領域的重要概念。按中國學者顏澤賢的觀點[3]：在知識系譜中，控制理論與一般系統理論（General system theory）、訊息理論（Theory of information）上承古代素樸的唯物思維，經歷近代西方文明的黑格爾與恩格思、馬克思的辯證哲學，皆在上世紀中期發展而成爲現代科學哲學的重要知識——系統理論（system theory）。當然在助人專業領域中的家族治療所持的重要理據——「家庭系統理論（family system theory）」，也在此知識系譜中做爲人文社會現象分析的重要方法學。

從數學家的演算紙上到對生物現象中目的性行爲的理解，控制理論既多元卻又邊緣的夾雜在數學、生物學、神經科學、社會學、人類學，以及心理學中，而發展成爲既特殊又重要的知識社群，尤其是它直接挑戰了傳統科學主客二元的「認識典範」，拆解實證邏輯主義追求客觀經驗與強調邏輯運算的迷思。更重要的是它提供了一個後設式的認識途徑——「認識我們的認識」，因爲當在認識時，主體也成爲被認識的對象。認識的自我指涉性不只突顯了認識現象的弔詭，更彰顯了生命現象中改變與不改變的弔詭。

在阿克曼家族治療機構（Ackerman Institute for Family Therapy）從事理論與實務研究的布萊福德·齊尼，認眞的將控制理論與家族治療的關係細緻地勾勒，不僅在方法論上的交代，更重要的是在認識論上的介紹，開啓了治療師的專業反思之路，回觀「問題是如何被界定？」以及「專業介入如何參與了改變與不改變的遞迴路逕？」或許對於一些汲汲營營希望獲得方法的實務工作者而言，本書所提供的批判性、後設性與反思性的思維方式，無法立刻做爲解決當下專業難題的工具。然而在控制理論的認識視框中，我們不得不看見自已，以及置身處境下的作爲，而深思：「我到底在做什麼？」

面對日趨複雜的社會現象，國家機器總有一大堆的難題不知如何處理，近年來助人專業集團即自詡其專業知識能替政府擺平許多問題，因此藉著「方案計畫」從上到下，由外向內的將知識菁英的位置建制在人民生活中。「自殺防治」、「憂鬱症預防」、「高風險家庭關懷處遇」等，皆是運用「菁英設計的制度解決基層的問題」，而將助人專業的知識與方法統理於工具理性、計算技術與科學主義的掌控中，專業工作者因此成爲現代性政體的管理人性的技術執行者。這種透過科學技術對自然進行控制的合理性，延伸至對人進行分析、理解，進而管理控制的宰制邏輯（logic of domination）。最令人憂心的是：當問題尚未解決時，卻生產出更多的問題。而從控制理論的認識視框中不禁反思：在國家機器、社會問題與助人共構的生態系統中，爲何需要「舞」出這麼多的問題？

在《變的美學》中，布萊福德·齊尼寫出許多貝特森的生態觀點。貝特森在許多家族治療的教科書都會提起這位MRI[4]的元老，對家庭系統理論的發展具有原創性貢獻，而直接影響了像是哈雷（Jay Haley）、瓦茲拉威克（Paul Watzlawick）等大師的治療觀點。然而台灣的助人專業對貝特森的關注似乎比薩提爾（Virginia Satir）或米紐慶（Salvador Minuchin）等相距甚遠，甚至難得聽聞他的論述。[5]布萊福德·齊尼顯然對這位人物讚譽有佳而著墨甚深。貝特森的確是位傳奇人物，除了曾與著名人類學家瑪格麗特·米德（Margaret Mead）結過連理，除了發表過《那溫》（*Naven*）這本頗具盛名的人類學民族誌，除了以人類學家的身分進駐到精神醫學領域，而對精神病患的外在環境病理有啓發性的貢獻，除了對控制理論運用於人文社會領域頗多論述，[6]更提出心靈生態學（Ecology of mind）的概念，跳脫西方的心物二元思維，勾勒出統合生命與非生命世界的系譜性的知識論，[7]而成爲典範性的思想家。

貝特森的理論對家族治療的影響軌跡，透過布萊福德・齊尼的整理，在《變的美學》一書中呈現出來，並且清楚的指出：家族治療並非是技術理性下的矯正工具，治療師可以持此工具而操作他者的改變，從系統的視野而言，變與不變總是在弔詭中共依、共存於治療師與案主共構的治療生態中，而治療師的被改變的機會有時比案主更大！或許《變的美學》對家族治療師提出的忠告是：面對匪夷所思的「系統」，我們只能更謙卑地參與變與不變的舞步！

三千多年前老子即言：「致虛極，守靜篤。萬物並作，吾以觀其復。夫物芸芸，各復歸其根。歸根曰靜，復命曰常，知常約明。不知常，妄，妄作，凶；知常，容，容乃公，公乃全，全乃天，天乃道，道乃久，歿身不殆。」從貝特森的控制理論到老子的自然有機論，東到西、古至今的距離似乎並不遙遠！

註釋

1. 《變——問題的形成與解決》（1996），夏林清、鄭村祺譯，張老師文化。本書爲約翰・威克蘭（John Weakland）、保羅・瓦茲拉威克（Paul Watzlawick）及理查・費雪（Richard Fisch）等家族治療大師在七〇年代合著之經典。
2. 在台灣的助人專業領域中，許多案主會稱治療師爲「老師」，頗有在地風味。
3. 請參閱《現代系統理論》（1993），顏澤賢著，遠流。
4. 全名爲Mental Research Institution，位於加州Palo Alto 堪稱當代家族治療

理論發展的重鎮。

5. 台灣曾翻譯貝特森關於心智生態學的重要著作《心智與自然——統合生命與非生命的心智生態學》（*Mind and Nature: a necessary unity*）（2003），章明義譯，商周。

6. 請參閱余德慧教授在《心智與自然》的推薦序中，對貝特森的生平與著作之介紹。

7. 請參閱蔡錚雲教授在《心智與自然》的推薦序中，以科學哲學的觀點討論貝特森所提的理論。

{目錄}

5 推薦序之一 控制（迴授）論作爲臨床知識論 余德慧
11 推薦序之二 治療師應迎接的挑戰 夏林清
13 推薦序之三 以唐望故事爲起點的另類認識論 魯宓
16 導讀 舞出改變、舞出問題、舞出不變：治療師與案主的共構舞曲 王行

23 前言
24 序
27 【第一章】導論
41 【第二章】認識論的基本概念
103 【第三章】控制認識論
167 【第四章】家族治療的控制論描述
216 【第五章】治療性改變的控制論
263 【第六章】家族治療的美學基礎

283 附錄一｜參考書目
290 附錄二｜人名索引
295 附錄三｜字詞索引
302 附錄四｜延伸閱讀

編按：附錄二、附錄三所標示之數字爲原文書頁碼，請對照貼近內文左右之原文頁碼。

前言

物理學家、控制論學者

馮佛斯特（Heinz von Foerster）

最爲人不解的事，莫過於理解本身。對此，身爲家族治療師與控制論者的布萊福德．齊尼有深刻的體悟。《變的美學》這本深具啓發性的傑作，即彌補了這項不足。

本書或許也可命名爲《對理解的理解》（*Understanding Understanding*），其主要宗旨是描述一套適當的認識論，意即觀察家不離觀察，科學家不離科學，家族治療師亦不離治療的認識論。很另類嗎？那是一定的！若不如此，改變不僅會令人望之卻步，也會變得無法解釋。換言之，本書名副其實地爲「改變的美學」奠下基礎。

在這本鉅著中，齊尼以無比清晰及深具洞見的筆觸，集結了時下最具影響力的概念機械、最新的自我指涉邏輯、循環因果律、遞迴功能理論，以及可以應用於自身的當代控制論核心概念：控制論之控制論。齊尼貼切地將本書定位爲「一本專爲臨床師所寫的控制論手冊」，並將此獻給他的精神導師葛雷格里．貝特森（Gregory Bateson）。倘若貝特森能夠親眼看到這本書，我相信他也會引以爲榮。

序

這本書的靈感或許可以追溯到我八年級的時候，當時我在密蘇里州史密斯威爾鎮上（Smithvill, Missouri）的一間實驗室中，開始著手建造一臺生物電放大器。隔年，這座放大器還接上幾組繼電器、一支機械手臂以及其他相關設備，目的是打造一部「肌電控制的義肢設備」。雖然這些嘗試就技術上而言並未成功，但我也因緣際會地踏入了控制論領域，開始接觸到維納（Wiener）、艾希比（Ashby）與帕斯克（Pask）的理論。

高中後期，我的研究重心從生物電控制轉移至生理控制機器。在當地一家醫院的贊助之下，我製作了一臺灌注器，透過這臺機器以**體外**的方式觀察哺乳動物的整體器官。投入這個領域後，我開始參加國際科展，隨後前往紐約水牛城的羅斯威爾派克紀念研究中心（Roswell Park Memorial Institute）進修，最後進入麻省理工學院就讀大學課程。

這些早期經歷是我投入控制論（cybernetic）思維與科學研究的開端。因此，我十分感激所有引領我朝此方向發展的人，包括我的家人、科學老師以及朋友。

後來，我捨棄了科學，轉而投身音樂與藝術創作的領域。隨後，我歷經了一段徬徨不定的時期，我將它當作是科學與藝術之間的辯證過程。在此也要感謝所有幫助我度過這段大風大浪的人。

在我接觸到貝特森的思想並且與他結識之後，我的研究才逐漸開始嶄露成果。貝特森提出了統合的隱喻。沒有他的教導、鼓勵與友誼，這本書不可能完成。

家族治療提供了一個讓控制論得以發揚光大的領域。我要特別感謝家族治療界給我機會參與其中，使本書得以成形。對於在阿克曼家族治療機構（Ackerman Institute for Family Therapy）、梅寧哲基金會（Menninger Foundation）、費城兒童輔導所（Philadelphia Child Guidance Clinic）以及普渡大學（Purdue University）的同事們，我也要致上誠懇的謝意，感謝他們在討論過程中激發我許多靈感與想法。

本書與人類控制論計畫（Project for Human Cybernetics）的發展密切相關。該計畫的宗旨即是研究當代控制論，並將其應用至心理治療與社會科學。我在此感謝所有支持推動計畫的人，特別是計畫的共同發起人傑佛瑞．羅斯（Jeffrey Ross）。

謝謝吉爾福德出版社（The Guildford Press）的人員幫助我將許多想法整合、集結成冊。特別感謝西摩．溫加頓（Seymour Weingarten）的細心編輯，也要感謝尚恩．福特（Jean Ford）與吉恩．布萊特（Jim Blright）給我許多寶貴的意見。

我要對我的另一半梅麗莎致上最深的謝意，感謝她擔任本書的第一位讀者，並且給我許多批評與指教。她的一路相伴，就是本書得以完成的最大動力。最後，也要感謝我們的小淘氣曼蒂陪我們共同走完這趟旅程。

【第一章】

導論

每個人都在撰寫小說，
只不過多半不自知。
——喬伊斯・卡羅・歐慈（Joyce Carol Oates）

七〇年代初，人類學家卡斯塔尼達（Carlos 1
Castaneda）將他師事一位墨西哥印第安巫士的經歷結集成書。在《巫士唐望的教誨》、《解離的眞實——與巫士唐望的對話》、《巫士唐望的世界》等著作中，卡斯塔尼達記錄唐望如何教導他顚覆並重整感官經驗。卡斯塔尼達描述說，在他經驗到的巫術世界中，構成「現實世界」的基本要素不再具有意義。他不僅可以像烏鴉一樣飛翔，同時還能在不同地點現身，跟土狼說話，甚至可以抓鬼。

卡斯塔尼達的故事是當代最受矚目的文化事件之一。除了登上《時代》雜誌的封面之外，卡斯塔尼達也是人類學家、文學評論家、哲學家、心理學家、物理學家、神學家等學術界人士關注的焦點人物。他們都想知道卡斯塔尼達的著作究竟是事實陳述，還是純屬虛構。

這時，我在美國中西部的一所學院內教授一門研究卡斯塔尼達的課程。第一堂課上，我提出一些資料「證明」卡斯塔尼達的人類學著作一切屬實。我提醒學生說，這些田野調查還讓他順利在加州大學人類學系取得碩、博士學位。對於學生提出的質疑，我則引用幾本研究卡斯塔尼達現象的書籍（de Mille, 1976, 1980; Noel,

2 1976）做為「有力佐證」。這堂課結束後，學生帶著不可置信的神情離開，大概是在思考，接受另類經驗世界的存在究竟代表什麼意義。

第二堂課一開始，我先向學生道歉，要他們原諒我對他們開了個玩笑。我說，上一堂課提到的那些書籍都是騙人的，這樣他們才會了解到自己很容易會被「權威性的」言論左右，進而相信一個不合理的故事。我提出其他證據「證明」卡斯塔尼達的故事純屬虛構，並指出他的創作靈感其實出自植物學家華森（Robert Gorden Wasson）[1] 對迷幻魔菇的研究。我還說，卡斯塔尼達曾多次承認這一切都是捏造的。接著，我讓學生討論他們如何被矇騙，以為故事是眞實的。

一個星期後，我再度向學生道歉。這次我坦承說，之前那些駁斥卡斯塔尼達的言論跟第一堂課一樣，都是欺騙他們的片面之詞。我解釋說，唯有藉由欺騙他們的方式，才能進而討論更為深層的問題。現在有一些問題已然浮現：在特定脈絡中，區分眞實與虛構的標準為何？眞實與虛構之別，是否源自某種世界觀？眞實與非眞實的界限究竟在哪？

我們對世界抱持著天眞的現實主義假設，而卡斯塔尼達著作的價值，即是挑戰這些假設。我們或許會因此受到動搖，而不得不去審視自己究竟如何建構經驗世界。普哈理奇（Puharich, 1962）[2] 有一段敘述，可以證明現實是由經驗建構而來。他帶了一群學者前往印度去觀察一位苦行僧。在場所有人都看見那位僧人把繩子拋向空中，然後沿著繩子往上爬——這就是傳說中的印度繩子戲法。他們也都親口證實自己目睹一切。然而，當他們播放這段過程影片時，卻可以清楚地看到影片中的僧人把繩子拋向空中之後，繩子又落了下來，而圍觀的學者全都靜靜地佇立著。這些人建構了一個影片無法記錄的經驗世界。

這段經歷告訴我們，「外在」所發生的事件與我們
的內在經驗不全然相符。甚至可以說，每個人所知的世
界都是由自己建構的。不過，我認為這種「天眞的唯我 3
論」，與主張「感官經驗的內在世界皆基於現實世界」
的看法同樣狹隘。從更廣的角度來看，不論是天眞的唯
我論或現實主義，都只是片面的觀點，無法窺得全貌。

有時候，學者會為了順應時勢而聲稱自己已趨近眞理。一旦學術風潮轉變，他可能又會轉而主張所謂的眞理根本不存在。我一直認為，任何立場、觀點、概念的指涉框架或想法，都只是整體的一部分，而我們永遠無法完全通曉整體。眞理不時地會捕捉著我們，但我們卻永遠無法抓住眞理。

因此，我必須開宗明義地聲明：我不認為有人**完全**理解或是**得以**完全理解那些促使個人或社會在治療情境內外產生轉變的過程。在我看來，社會科學理解改變的方式，即是提供各種治療過程的部分模型。這些部分模型往往會依照二分法區別；只有區別出的其中一方會被認定為眞實的、正確的或有效的。出於這類二分法的例子包括：個人與家庭導向治療、憑藉經驗的介入與策略介入、線性與遞迴的認識論、理論與實務、美學觀點與實用觀點等。我想指明的是，許多治療師爭論不休的對立觀點其實具有互補關係；簡單來說，即是找出連結這些區別之兩面的模式。我的中心理念即是試圖將長久被

視爲是對立的二元觀點銜接起來。

我以卡斯塔尼達的故事做爲開頭，是希望藉此提醒各位，我們很容易就會掉入二元論的陷阱之中。我們不應局限於「這一切都是捏造的嗎？」或「我們描述的經驗是否爲眞？」這樣的問題。更有趣、更全面的問題是：「我們如何能將事實／虛構、形式理解／實際行動、問題／對策等不同的觀點整合起來？」

值得注意的是，就在卡斯塔尼達出版著作的同期，
心理治療領域也有一位大師開始受到眾人的矚目與敬
重。這位治療師正好住在卡斯塔尼達遇見巫師唐望的地
4 區。因爲這項巧合，有些臨床治療師便開玩笑說，唐望
其實就是這位治療大師——米爾頓·艾瑞克森（Milton
H. Erickson）。以下有個例子可以說明艾瑞克森的治療
風格：

> 米爾頓正在治療一位酗酒的案主。這位案主在第一次世界大戰期間曾是戰績輝煌的飛行員。他來的時候帶了一本相簿，裡面有他的照片和新聞簡報，而且整個人還醉醺醺的。他說想治好酗酒的毛病，然後就把相簿給米爾頓看。米爾頓拿起相簿，看也不看地就丟進廢紙簍，說：「它跟你一點關係都沒有。」兩人談了一會兒之後，米爾頓問他是怎麼開始酗酒的。他說：「我就弄兩杯深水炸彈。先喝第一杯，配著啤酒吞下去，再喝第二杯，同樣配著啤酒一口氣喝完，然後就不醒人事了。」米爾頓說：「那好，等下你離開之後，找間最近的酒吧，

點兩杯深水炸彈。先喝完第一杯，喝的時候說：『敬米爾頓·艾瑞克森那個混帳，祝他被自己的口水嗆死』。然後拿起第二杯說：『再敬米爾頓·艾瑞克森那個混帳，祝他下十八層地獄』。就這樣，晚安。」（引自 Bateson & Brown, 1975, p.33）

在艾瑞克森的治療工作中，最傑出的一項特色，就是他能夠以一種奇特的方式進入案主的經驗世界，造成改變，進而消除症狀，並且幫助案主運用自己的資源來解決問題。在上述案例中，艾瑞克森爲案主的酗酒問題創造了一個脈絡框架：有個「混帳」不屑看他的相本，還把它丟進廢紙簍裡。那位男子如果不對「艾瑞克森這個混帳」感到憤怒，就不會想喝酒。憤怒的情緒框架給了他一個新的資源，讓他可以藉此控制自己的脫序行爲。

艾瑞克森跟卡斯塔尼達一樣徹底顚覆了許多治療師原本抱持的現實主義假設。艾瑞克森的治療方式告訴我們，治療師有能力幫助案主重建經驗世界。唐望改變了卡斯塔尼達的現實；同樣地，艾瑞克森也改變了無數個治療現實。卡斯塔尼達與艾瑞克森的聲望約莫在同一時期建立起來，而這並非巧合。科學界與人文科學界同時都在進行一場寧靜革命，就是要徹底改變我們對人類經驗的既定想法。

在心理衛生專業領域中，家族治療與這些當代思潮多半有密切的連結。然而，「家族治療」一詞可能有誤導作用，因爲實際上它涉及相當多元的治療方法與理論。我所謂的「家族治療」，是指採用與人類關係系統 5

之形式理解最直接相關的方式來解決人的困境。即便家族治療的理論基礎通常被認爲是控制論、生態學與系統理論，唐望與艾瑞克森卻可做爲將理論付諸策略行動的範例。

雖然卡斯塔尼達與艾瑞克森的描述，意指經驗世界是社會建構的產物，或者至少有某部分是如此，但他們都沒有提出一個形式圖像或語言來詳述這項主張。貝特森的理論概念則爲建立這類指涉框架及語言指引了方向。他致力於以形式語言來描述卡斯塔尼達、艾瑞克森及其他許多家族治療師所代表的共通觀點。

貝特森是這個時代的奇人。羅洛・梅（Rollo May, 1976）[3]如此描述他：

> 葛雷格里・貝特森讓我想起那些古典哲學家……。在貝特森身上，我們可以看到古典思維的廣度，以及非凡的洞察力……。貝特森站的位置，就處於美國科學界與東方文化智慧各自闡述之眞理的折衷地帶。（pp. 49-50）

貝特森最了不起的才能，就是具有極其敏銳的觀察力。萊恩[4]（引自Evans, 1976）說貝特森：

> 是我見過感知能力最強的人。能夠在一旁看他如何觀察他人，與他這樣一個具有非凡的吸收與產出能力的人共處，體驗他正在理解或觀察的事物，並且知道他與當代學者相較之下的過人之處……，這對生命而言，是莫大的安慰。

貝特森有時候會承認，他很慶幸自己有個「高人一等的鼻子」，這句話的意思是說他能夠很快地區分謬論與睿智的差別，而這是人文科學長久缺乏的一項技巧。貝特森的「鼻子」可貴之處，在於它能夠覺察和連結各種的概念與觀察，爲建立另類的人文科學奠下基礎。芝加哥大學社會思想與哲學教授史帝芬・圖明（Stephen Toulmin, 引自 Wilder-Mott & Weakland, 1981）說：「貝特森的著作如此重要，是因爲他就像是『後現代』科學的先知」一樣：「預示了人文科學在哲學思維上展開變
革的第一步，即是建構新的認識論」（p. 365）。 6

仔細閱讀貝特森的著作，[5]就會知道他認爲**控制論**才是認識論的基礎，也是描述個人及社會變化時必須採用的語言。因此，要了解貝特森，就必須先了解控制論。然而，由於社會科學（包括家族治療）對控制論懷有諸多誤解，所以往往不得其門而入。簡單來說，控制論是一般科學的分支，主要探究模式與組織。要採用控制論的觀點，就必須進入一個截然不同的描述世界；而要進入這樣的世界，臨床師首先需要系統化的控制論描述。本書的目的即是釐清控制論的概念，以促進該理論在治療上的應用。我希望，藉由這本專爲臨床師所寫的控制論手冊，家族治療領域能夠與更具啓發性的認識論思維重新結合。

提醒諸位：這並不是一本治療手冊。書中內容主要是爲家族治療建立一套認識論及形式語言，目的在於幫助治療師深入了解他所身處的脈絡。另外，各位也必須體認到的一點是，了解控制認識論，可能會徹底改變一個人的行爲習慣——包含治療內外的行爲。

治療師多半就像廚師一樣，只對食譜感興趣，而不太在乎食品科學的理論。再把比喻延伸：廚師或許會認爲食品科學的形式理論跟做菜一點關係也沒有，但他選擇的食材與烹調方式反映了某些營養與烹飪原則的前提。從這個角度來看，實際行爲必定隱含形式概念。

倘若臨床師沒有覺察到自己是在哪些前提之下進行治療工作，可能會因此導致效率不彰。甚至，臨床師還可能會盲目地將理論概念簡化爲實務技巧，只著重在理論的應用性，而忽略它的解釋價值。貝特森（1978）對於這些利益導向的做法提出了以下警告：

> 7 理論漸漸成爲行動派人士可以利用的東西，他們的第一個念頭是……「立刻將理論帶進病房裡實驗，不要浪費時間去理解理論，只要跟著直覺走就可以了。」這種人很容易遭到挫敗，而案主也會因而受創……。理論並不是像機器一樣不需要理解就能上手。（p. 237）

理想的情況是，臨床師應該超越將理論與實務視爲二元對立的傳統思維，並且能夠兼容二者。要跳脫這些表面上的二元對立，並建構一個更廣泛的觀點，就必須先審視我們的認識論。我依循貝特森的理論，將認識論定義爲行爲與認知背後隱含的基本假設。審視這些認識論假設，就能更加了解臨床師在治療過程中的認知、思維與行爲模式。

此外，就人類能力所及範圍而言，最深層的轉變即是認識論上的轉變。改變認識論，代表改變一個人經驗世界的方式。唐望曾說「停頓內在對話」是經驗另類認識論的必要條件：

> 爲人師表的首要任務是告訴學生說，我們眼前所見的世界僅是一種觀點、一種描述方式。老師必須竭盡所能地向學生證明這一點。然而，要接納這個觀點，似乎比登天還難。我們總是安於以管窺天的視野，導致我們認爲自己對世界瞭若指掌，並且表現在思維與行動上。老師的首要工作就是扼止這種想法；巫師則稱之爲停止內在的對話。他們認爲，對巫術門徒來說，這是最重要的技巧。（Castaneda, 1974, p. 231）

巫師與門徒以及治療師與案主所面臨的困境是，這些層次的學習與改變很難以直接的方式達成。許多治療學派認爲，有意識的領悟、理解與直接的邏輯說服是造成改變的必要途徑，但是貝特森、唐望與艾瑞克森採行的方式極爲不同。他們引發改變的方法包括鼓勵問題行爲、強化偏差行爲、建議病情復發、強調症狀的正面效益，以及製造混亂。

唐望（Castaneda, 1974）指出：「巫師認爲我們都 8
是一群呆子，」「怎麼樣也不願自動放棄毫無用處的掌控權，所以我們必須先受騙」（p. 234）。他還說，「變把戲」其實是「要轉移你的注意力，或者是讓你集中注意力（p. 234）。譬如，唐望會命令卡斯塔尼達按照：手指彎曲、注意力集中在雙臂、雙眼盯著地平線的方式緩緩步向一座山；這樣才能體驗當戰士的感受。唐望隨後才解釋說，他所給的命令實際上沒有什麼意義，主要是讓卡斯塔尼達脫離慣常的思維。同樣地，艾瑞克森也會指派許多複雜的任務給案主，目的只是要擾亂形成症狀的脈絡組織。

唐望與艾瑞克森也曾以製造混亂的方式引發改變。卡斯塔尼達（1974）表示，要跳脫至另一個經驗世界，必須先經歷各種不合邏輯與混淆的經驗——唐望指的「變把戲」。艾瑞克森解釋說，混亂是轉移意識注意力的方式之一，這樣或許能透過無意識找到問題的解決方法。

控制論是描述這些改變過程與方法的形式語言。從控制論的觀點來看，症狀是其所屬之生態組織邏輯的一部分。採行控制論觀點的治療師，即是選擇以案主的症狀溝通形式做爲描述語言。很重要但難以理解的一點是，案主的症狀式溝通必然會爲治療性改變指引方向。就某方面而言，治療師的工作就是提供案主一個脈絡，使他能夠運用既有資源來達成必要的改變。如同艾瑞克森（引自 Zieg, 1980）所說的：「我認爲治療師能做的莫過於讓案主在正面的環境之下思考自身的問題。」

本書的宗旨之一，是說明控制論如何從美學角度理解改變，也就是展現對於自然系統的崇敬、讚歎與欣賞。貝特森認爲這是心理治療各領域經常忽略的一點。他極力反對治療師在不考量美學觀點的情況下，貿然應用新的治療技巧或方法。

我的主張則是避免將美學與實務二元化，轉而視美學爲實際行動的脈絡框架。一味地強調實務，可能會導致缺乏生態脈絡的治療，使治療技巧、方法與問題解決過程與更廣闊的生態美學模式失去連結。同樣地，完全偏重治療美學，而不考量實務技巧的話，則可能導致自由聯想式的空談。 9

因此，本書的任務即是提供一個更全面的架構來了解何謂改變，使改變的美學成爲一種爲治療實務重新建構脈絡的方法。書中將引用卡斯塔尼達與艾瑞克森、懷特克（Carl Whitaker）等家族治療師的例子做爲說明。從歷史角度來看，我的著作是以控制論領域內正在進行的形式思維革新爲根基。我提出的主張傳承自艾希比、貝特森、麥卡洛克（McCulloch）與維納等人的學說，也結合了瑪圖拉納（Maturana）、瓦瑞拉（Varela）與馮佛斯特等當代科學家的理論。

要深入控制論的領域，首先必須清楚了解何謂「認識論」。在不了解這個詞彙的情況下，很容易會誤以爲控制論不過是一種理論概念，殊不知它其實是一種截然不同的世界觀。本書第二章將描述控制論的基本概念。

第三章定義何謂「控制認識論」（cybernetic epistemology）；主要探討控制論的主要原則與發展背景。本章將說明控制論的重要概念如何源自生物學及人文科學，並且闡述控制論爲何適用於探究心智與生命歷程。此外，本章將描述控制論如何藉由不斷地演變及自我校正修改了早期的化約論觀點，並且提升對複雜現象的解釋能力。由此延伸的探討還包括何謂控制論之控制論。

第二、三章提供的是認識論的工具。必須具備這些工具，才能夠從控制論的觀點來思考治療與改變。這兩章可能會是本書最困難的部分。讀者應該把這兩章當作外語入門書一樣來閱讀。充分了解這兩章的內容後，就能夠以控制論的角度看待治療。

在隨後的章節中，我也將運用上述概念說明如何找出家族治療的控制模式。第四章將提出一個概括的控制論架構來描述幾項與治療相關的重要區別，包含控制系統、疾病、健康、治療師與生態。

第五章的主題是家族治療的核心議題——改變。在此我們可以看到，控制論是將改變與穩定之關係概念化的方法：控制論視改變與穩定爲互補概念，二者缺一不可。本章在探討改變的同時，也將一步步闡明治療過程的實際情況。

最後一章的標題爲「家族治療的美學基礎」，也就是以美學觀點將我們對治療中之行爲的思考脈絡化。文中將闡明缺乏美學原則的意識目的與操弄所導致的病症，也會探討治療技巧、實務與藝術之間的關係。

讀者或許會發現，每一章其實都是以不同的方式訴說同一概念。每條途徑皆通往適用於變之美學的認識論。藉由比較與整合各章的論述，我們或許就能窺見控制認識論的美景。

倘若本書能夠讓讀者了解到，控制認識論與我們慣常的認識論極爲不同，或許就能促使治療界產生變革。洞悉這項見解的讀者可能還會體認到，控制認識論也是（重新）了解我們的生物本質、人際關係以及這個星球的方法。這樣的體認至關重要，因爲在我們現今身處的時空環境中，各國持續擴充軍備，人民依然相互爭地，人爲造成的毒害遺留子孫，而教育灌輸的往往是無用的知識。能夠拯救人類與地球的美學智慧多半被置之不理，取而代之的是源於貪婪以及曲解生物學的實務作爲。由此可得出一項結論：我們的文化絕大部分是瘋狂的。有些人甚至認爲，未來最好的情況莫過於貝特森（1972）的描述：「我們或許有機會可以安然度過接下來的二十年，而最嚴重的災難不過是一國或多國的毀滅而已。」（p. 487）

然而，我們還有希望。詩人提醒我們說，當務之急 11
是要了解人類的本質，而控制認識論爲我們指出了一條明路。艾略特（T. S. Eliot）說，要有這樣的體認，需要：

> 全然的簡樸狀態
> （付出的代價不比一切少）
> 而一切終將安然無恙……（1943/1973, p. 59）

治療師的任務不亞於此。

註釋

1. 譯註：羅勃・戈登・華森（Robert Gorden Wasson, 1898~1986）是一位鑽研人類植物學的業餘研究學者。1950年代旅行至墨西哥時，發現當地原住民在宗教儀式中使用含有西洛西賓（psilcybin）等化學物質的蕈類，食用後會產生幻覺或幻聽等迷幻作用。
2. 譯註：普哈理奇（Andrija Puharich, 1918~1995），從事心靈、超能力研究的美國學者。
3. 譯註：羅洛・梅（Rollo May, 1909~1994），美國存在心理學之父。
4. 譯註：萊恩（Ronald David Laing, 1927~1989），英國精神科醫師。
5. 作者註：貝特森的著作時常令人覺得艱澀難懂，主要是寫作形式的緣故，而非內容。他那另類的描述形式往往使人誤以爲他的理論過於深奧，或者不過是毫無根據的臆測。

【第二章】

認識論的基本概念

我們設限，我們重組，我們區辨。

——詹姆士・契斯（James Keys）

另類認識論 12

心理治療史或許不應被視爲是一個由精神分析、行爲主義、人本心理學等獨立學派所組成的歷程。貝特森主張，既然人本心理學也是「唯物論的」，它與行爲主義及精神分析的基本前提其實並無二致。換言之，這些心理學學派皆源於相同的世界觀，即——假設世界是由物質組成，而物質遵循力與能量的定律。羅洛・梅（1976）亦認同貝特森這番評論的意涵，他指出：

> 貝特森論述的層次顯然更深。他認爲我們會不自覺地認定物質即是一切，「第三勢力」（third force）[1]一詞的出現就是個例證。力與能量同樣都是適用於機械學或工程學的詞彙，並不適用於人類……。貝特森表示，這使我們在面對行爲主義者時只能採取守勢。使用像「力」這樣的詞彙時，等於又回到了十七世紀的那場論仗。繼續這種過時的爭戰，實際上只會讓自己變成保守派。（p. 47）

貝特森批判的是心理學的基本層面，也就是他所謂

的「認識論」。認識論比任何理論更深入根本，意指主
13 宰認知過程的運作法則。就定義上而言，認識論試圖描述「特定生物或群體如何**認識**、**思考**及做出**決策**」（Bateson, 1979a, p. 228）。

哲學界所指的認識論是爲認識過程設定界限的分析與批判技巧。除了哲學界外，生物學的實驗科學領域也有關於認識論的研究。在麥卡洛克、雷特溫（Lettvin）[2]、瑪圖拉納、瓦瑞拉與馮佛斯特等當代科學家的論述中都可見到。麥卡洛克（1965）將它統稱爲「實驗認識論」（experimental epistemology）。[3]稍後將探討實驗認識論的各項發現如何爲理解控制認識論奠下基礎。

除了神經生理學家的實驗室之外，認識論的探索也遍及自然史的其他領域。社會文化範疇內的認識論主要探究人或人所組成的系統如何認識事物、以及如何知道自己認識事物。從這個角度來看，「人類學成了一門認識論的重要研究」（Bateson, 1976d）。大體而言，認識論研究就是一種了解人類如何建構並且維持其認知習慣的方法。

人不可能沒有認識論。貝特森（1977）闡述說：「你不能聲稱自己沒有認識論。會這麼說的人，只不過是懷有不好的認識論。」（p. 147）不過我要補充的是，說自己沒有認識論並不是「不好」，除非他想藉此爲自己的想法、知覺與決策卸責。沒有意識到自己的認識論不見得是壞事，但這樣的無知不是沒有風險。我的解釋是，聲稱自己沒有認識論，顯示他的認識論中沒有意識到認識論本身的存在。

14 再者，認識論前提或許還可以從它導致的生態後果

來詳加檢視。舉例來說，某些隱含在人（man）[4]與環境之關係背後的前提，形成了現今各種病症的特性。例如，「愈多愈好」的前提往往會導致地球物理、生物與經濟生態的混亂。因此，描述並且理解行爲與認知模式背後的認識論前提是至關重要的（甚至攸關生存問題）。奧斯華德（Auerswald, 1973）談及家族治療（也暗指人類）時憂心地指出：「看來我們正不顧一切地走上自我毀滅的道路」，因此「亟需一套全新的認識論」（p. 696）。

過去家族治療領域有時候會將認識論區分爲「線性」（lineal）[5]與「非線性」（nonlineal，亦稱爲系統化的、生態學的、生態系統的、循環的、遞迴的或控制論的）兩種形式。精神病的命名以及精神病理學的古典醫療模式，都是傳統線性認識論的代表。線性認識論的特色是原子論、化約論以及反脈絡的，並且遵循將離散元素組合起來的分析邏輯。認爲治療工作是試圖矯正、分析或驅除案主壞的、病態或瘋狂因素的治療師，即是在線性認識論的框架下運作。生化療法、外科手術與電療法都屬於極端的線性認識論。

非線性認識論著重生態、關係以及整體系統。與線性認識論不同的是，非線性認識論會依照互動關係、複雜性與脈絡來調整。治療師把自己與案主的關係視爲改變、學習與演變的一部分，即爲這種另類認識論的表現。

有時候，治療師會因爲治療對象是整個家族、採用了「治療性矛盾」（therapeutic paradox）的技巧、以「系統性團隊」（systemic team）運作、以「生態隱喻」

（ecological metaphors）爲思考模式，或採取「互動式觀點」（interactional view），就宣稱自己依循另類、非線性
15 的認識論。然而，這些行爲本身不見得與另類、非線性的認識論有關聯。認識論的層次比多數臨床師描述的行爲與想法更爲基本。普通詞彙無法清楚地描述另類認識論，就像巫師無法向外行人描述他的另類經驗一樣。

本書讀者面臨的一大障礙是，沒有一個治療學派、一系列行爲或一連串比喻，可以具體描述另類認識論。吾人眼之所見皆受身處世界所型塑。要觀察另類世界，就必須身在其中。因此，本書能做的，莫過於指出各種趨近另類認識論的途徑，但也要警告各位，這些途徑可能會被既定的世界觀扭曲。

治療師可以選擇在線性或非線性認識論的框架下運作。[6]這項抉擇會影響他所建構、維持與經驗的世界觀（或典範）。根據奧斯華德（1973）的理論，我們可以依照認識論觀點將家族治療師分成三種類型：一、依循傳統線性認識論；二、依循非線性認識論；三、處於從線性轉變至非線性認識論的過渡期。

由於線性與非線性認識論的治療師經驗到的是兩個截然不同的世界，所以「介於二者之中的世界」是模糊不清的。從一種認識論過渡到另一種認識論，代表逐漸跳脫過去慣常的世界，開始能夠理解一個原本無法認識的世界。舉例來說，縱使天文學家已經證實了地球的自轉現象，我們每天看到的依然是「日出」與「日落」。從純粹概念的理解轉變爲將地球自轉視爲慣以爲常的現象，就是一種典範轉移。視家庭爲一個生物體，而非個體的集合，也是同樣的概念。

事實上，幾乎沒有人能夠徹底了解非線性認識論。 16
貝特森（1972）承認這項任務極爲艱鉅，但卻勢在必行，他表示：

> 我覺得，我們必須重新建構一套思考自身與他人本質的方法。我不是在開玩笑，而且我不知道要花多少時間才能完成這件事。如果我們繼續以控制論問世前那些蔚爲主流的前提來思考——這些前提在工業革命時期一再被強化，甚至印證了達爾文提出的生存單位之說，那麼過不了二、三十年，我們大概就會被這些舊有主張的反證給摧毀……。現今，我們的首要任務，或許就是學習採用新的思考模式。我必須說，**我自己**也不知道要怎麼做。就學術理論而言，我當然可以針對這個議題提出一些合理的解釋。可是，如果我正在砍一棵樹，我依然會認爲是「葛雷格里 · 貝特森」在砍樹。是**我**正在砍樹。對我而言，這個「我」依然相當具體。（p. 462）

因此，我們正處於一個動彈不得的過渡狀態。馬修 · 阿諾德（Matthew Arnold）[7] 在〈寫予卡爾特寺的詩篇〉（Stanzas from the Grande Chartreuse）中，對於受困在兩個「現實世界」之間的感覺，有相當貼切的描述：

> 遊走在兩個世界之間，一個世界已死，
> 另一個世界無力誕生。（1855/1973, p. 608）

我們甚至連另類認識論的命名都不確定。在家族治療領域內，就有「生態認識論」（Auerswald, 1973）、「一般系統典範」（Bloch, 1980）與「生態系統認識論」（Keeney, 1979a）[8]三個名稱。現在我主張採用「控制認識論」（cybernetic epistemology）一詞。這個名詞匯集了艾希比、貝特森、麥卡洛克、瑪圖拉納、瓦瑞拉、馮佛斯特與韋納等人奠定的思維傳統。貝特森（1972）表示：「控制論大概是人類過去兩千年以來偷嚐到最大口的知識禁果。」（p. 476）控制論領域已然成爲探究認識論議題的一大基礎。其中，由馮佛斯特[9]創立的生物計
17 算機研究室（Biological Computer Laboratory），一直是發展和孕育當代控制認識論許多創新思想的中心。

由於我們所思、所言、所行皆受自身認識論主宰，所以要了解控制認識論，首先必須能夠使用它的語言。卡斯塔尼達（1968）也曾提出類似的見解：

> 對於巫術的初學者而言，不論他是不是印第安人，一開始都會因爲他所經驗到的現象過於奇特而無法理解。身爲西方人的我，覺得巫術有太多怪異的特性，根本沒有辦法按照常理解釋，所以不得不論定，採用我們的方式來分類這些田野資料絕對是徒勞無功。
>
> 我後來了解到，唐望教導的知識必須要以他理解知識的方式審視。唯有如此，這些知識才會清楚明瞭並且令人信服。（pp. 8-9）

對於卡斯塔尼達而言，除了巫師的語言之外，不論採用

任何象徵系統來解釋唐望認識世界的方式，都會是白費力氣的做法。同樣地，理解控制論的先決條件，就是採用控制論的描述形式。本章的任務即是描述控制認識論的基本前提。不過在這之前必須先討論認識論的基本概念，才能建立一個描述控制認識論的脈絡。

首先要說明的是，認識論這個詞具有雙重意義：一是指我們思考、感知與決策的**方式**；二是指思維、知覺與決策**本身**。接下來，我們會漸漸了解，**如何**認識與認識到**什麼**，其實是不可分離的。我們還會發現，人類共通的基本認識運作，就是做出區分。然而，即便一開始有共同的認識運作，我們依然會發展出不同的認識論。18
譬如，將線性認識論與控制認識論區分開來，不見得會衍生出另類的世界觀。不過，我們處理這項區別的方式，則會顯露不同層次的差異。

形式法則（Laws of Form）

最基本的認識論行爲是建立差異。唯有藉由區分兩個模式之間的差異，我們才能夠認識世界。譬如，治療師與案主、介入與症狀、解決方法與問題之間的區別，使我們得以認識臨床治療的世界。雖然直覺上來看是顯而易見的，但這個概念一直到最近才以邏輯與數學形式化，而史賓賽布朗是主要先驅者。這項工作也被視爲是控制論的重要基礎。

做出區別！

史賓賽布朗在書中開宗明義寫道：「做出區別！」無論我們是有意識或無意識地服從這項基本指令，它就是一切行動、決策、知覺、想法、描述、理論與認識論的起源。史賓賽布朗（1973）在《形式法則》[10]這本經典著作中指出：「當一個空間被切割或分開之時，一個世界隨即誕生」，還說道：「我們可以隨心所欲地畫定疆界。」（p. v）因此，藉由做出區別這樣的原初行爲，我們就能創造出無限個世界。

19 試想有個人拿著球棒正要擊球的景象。傳統的理解方式，就是有個叫做「人」的生物正拿著一個與他有所區別的物體，叫做「球棒」，而球棒單向地敲擊另一個不同的物質，稱爲「球」。倘若我們能夠體認到，人－球棒－球的景象是某種區別方式之下的產物，我們就能夠任意地排定事件的序列。我們甚至可以反過來說，是球打到球棒上。重點是，認識世界的方式有無限個可能，一切取決於我們所建立的區別。

將人、球棒與球視爲一體，則是全然不同的組織模式。從這個角度來看，認爲球打到球棒上、促使人揮動手臂的理解方式，跟人揮動球棒擊球的這種典型的西方排序觀點同樣符合邏輯。然而，這兩種觀點皆不完善：著重這些事件的循環或遞迴組織，而非線性的序列組織，才是更全面的控制論觀點。

就認識論而言，治療師、介入與案主之間的關係就像人、球棒與球一樣可以重組。傳統的理解觀點是治療師透過介入的方式治療案主。然而，要是治療師能夠反過來把案主的行爲當成介入，或許會更有幫助。案主介入的目的是試圖促使治療師提供有用的指引或解決之道。從這個「反向觀點」來看，要是治療師無法協助案主，他的行爲就是有問題的。當案主能夠促使治療師提出或指出適當的行爲做爲處方時，治療就成功了。

上述兩種皆屬線性觀點，所以也是不完整的。我們
可以將治療脈絡的組織看得更爲複雜：案主與治療師的
行爲都可以視爲「介入」，目的是試圖變更、修正、轉
變或改變另一方的行爲，以解決自身的問題。也就是 20
說，案主和治療師同時在相互治療。這樣的治療框架即
是一種控制論觀點，也就是認爲案主與治療師的行爲具
有循環或遞迴連結性。在這樣的事件組織之下，同一脈
絡中的各種行爲皆互爲因果（或者，同是介入也是問題
本身）。下一章會更詳細地定義這個控制論模式。

在治療的範疇內可以畫出無限多種區別。瓦瑞拉（1979）指出，做出區別的行爲使我們能夠「從無限多種可能的區別中」創造出「實體界線、功能群組與概念類型等」（p. 107）。因此，畫出區別的認識論之刀，也是史賓賽布朗的系統中稱爲「運算子」（operator）的東西（馮佛斯特則稱之爲「史賓賽布朗的電晶體化剃刀」〔Spencer-Brown transistorized power razor〕），即爲一種建構及認識經驗世界的方法。家族治療過去的貢獻，是提供一個不同的區別方法：將病症的範疇從個人擴大至整個家庭。這項區別衍生出許多創新的治療形式與實務。

要理解史賓賽布朗提出的區別概念，其中一個方法是從烹飪和音樂演奏來思考。我們會發現，與這兩項活動有關的文字記錄（即食譜與樂譜）實際上皆爲一連串的指令。依循這些指令，就能再造原創者的經驗。例如，只要照著食譜，或許就可以做出法式甜點舒芙雷，體驗到多重感官的享受。史賓賽布朗（1973）更進一步

指出，數學以及**所有**經驗形式皆爲一連串指令的結果。這意謂著，先有遵循區別之指令、命令或規則的行爲，才有描述。因此，描述的動作必然跟在描述者的區別行爲之後。從烹飪和音樂演奏來看的話，這個概念不難理解，但是要能夠體認到所有經驗都是特定「程序、規則、計畫、腳本、方法、議程、劇本、序列、關係、遞迴系統、經歷、結構、文法、『把戲』」等（Rabkin, 1978, p. 487）造成的結果，就必須更徹底地顛覆原有的理解模式。

觀察者先區別，後描述。藉由區別提出問題的同時，也建構了答案；或者以皮爾斯（Pearce, 1974）[11]的
21 話來說，「富含熱情的問題」（passionate questions）自然會帶來答案。[12]萊恩（引自 Spencer-Brown, 1973）則表示：「實證科學界稱爲**資料**（data）的東西，其實是由既定假設之本質所**任意**決定的結果，所以應該稱爲**獲取得來的資料**（capta）。」（pp. vx-vxi）[13]

這表示，治療師「獲取」（藉由診斷）這些「資料」的方式，就是建構並維繫治療脈絡的途徑之一。換句話說，治療師提出的疑問與假設建構了病症的「現實」。透過建立認識論上的區別，治療師與案主共同打造一個治療現實。

譬如，認爲治療師扮演介入角色的主張，會規範出某種進行與理解治療的方式。安排臨床師在單面鏡後方觀察，並認爲他們同樣參與介入過程，則是與傳統督導觀察截然不同的運作模式。所謂「系統取向團隊」等新的治療模式突顯了這項差異。

史賓賽布朗的著作之所以對家族治療影響甚深，是

因爲它提供了一種方法來說明描述／規範、診斷／介入之間的遞迴連結性。描述誰是治療師、誰是案主的行爲，必然會規範治療介入的模式。

認識何謂認識

要理解任何一個現象範疇，首先必須探究該現象如何建構而成，也就是要了解它背後隱含了哪些區別。史賓賽布朗（1973）表示：「我們對於一個領域的認識並非來自於探究它現在的面貌，而是憶起當初我們建構它的方式。」（p.104）懷德海（Whitehead, 1925/1967）也提出類似的論點，他表示，當我們要批評「一部應用數學的學術著作或是一篇研究論文時，問題大部分都在第
一章，甚至就在第一頁上」（pp. 23-24）。一個人的認識 22
論謬誤，必然會在一開始就暴露出來。懷德海繼續說道：

> 問題不在於作者說了什麼，而在於他沒說什麼。問題也不在他自覺到的假設，而在於他沒有自覺到的假設。我們並非懷疑作者的誠信；我們批評的是他的洞察力。每個世代都會批評上一代所作的無意識假設……。（pp. 23-24）

依循認識論，我們就能夠找到規範作者或個體之認識過程的原初區別行爲。因此，認識論者的任務即是找出某個系統（可能是生物體、家庭、一群治療師或整個科學界）如何描述並且設立區別的形式。這項任務也包括要知道認識論者自己如何認識另一個系統的認識模式。這

類自我指涉的元素會生成遞迴的認識論。舉例來說，假設我們一開始問的問題是：「我們怎麼知道什麼是有效的治療？」下一個問題可能是：「我們如何知道我們知道有效的治療是什麼？」還可以再問：「我們如何得知我們知道我們所知的事？」在這個提問過程中，每個認識項目都會成為更高層次之問題要探究的主題。因此，我們對認識論的探索過程，也會成為其探索的對象。

在認識論者的實驗室中，每一層認識論必然會遇到更高層次的認識論；以此類推，無窮無盡。這再度顯示認識論的過程是遞迴的；任何試圖在意識中「抓住」（fixate）認識論的作為，必然會面臨更進一步探索與修正。心理學界的布根塔爾（Bugental, 1967）也察覺到這個必然的結果：

> 確實，我們必須體認到，描述人類經驗的過程本身即會改變經驗。而且，經驗的描述愈是臻於完善，愈容易成為改變該經驗的基礎。所有的科學領域或許都是如此，特別是關於人類的科學。人類對於自身的認知如同一股持續「再生」的動力，不斷驅使人類自我改變。（p. 7）

貝特森（1951/1968）也提到治療理論與臨床實務之間
23 具有遞迴認識論的關係，他表示：「理論家只能夠依照實務工作者先前的作為建立理論。之後，實務工作者又會受到這些理論影響而有不同的做法。」（p. 272）換句話說，我們對治療的認識會改變治療方式，然後再改變原本對治療的認識。

基本上，我們只要做出區別，就會改變並且擴大畫分出的領域，並導致更進一步的探索。誠如史賓賽布朗（1973）所言：「世界**必須**擴大，才能脫離吾人觀察世界的望遠鏡；然而吾人在世界之中，世界亦在吾人之中。」（p. 106）狗追著自己的尾巴跑；解釋在被解釋者中；描述者在描述中；觀察者在被觀察者中；治療者在治療中；讀者也在被閱讀者中。

在形式邏輯的領域外，皮爾斯（1974）也曾提及觀察者本身的特性如何形塑被觀察的事物。他亟欲探究「富含熱情的問題如何生成答案，或者創造性想像如何填補空範疇（empty categories）」（p. xiii）。他認爲「富含熱情的問題」與「空範疇」[14]改變了世界，並提供了自我驗證的機會：

> 科學家提出的空範疇促成了日後的發現。同樣地，一種流行病出現之時，媒體便會大肆報導及渲染，所有人爲之恐慌，而且由於現代的醫病關係如同神父與告解者，大眾甚至產生預期心理，直到該疾病的罹患人數諷刺地達到符合流行病的標準爲止。（p. xiii）

這對於心理治療界的啓示是，愈想根治病症，愈容易適得其反。試圖「探究」病理，就會促使該病症產生。增加精神病學的命名區別，就會促成更多「精神疾病」（disorders）的建構與發現。同樣地，發明新的治療技巧和方法，最終可能導致的現象就是產生一群完全適合這些新療法的案主。

我們暫且打住，再回頭想想，是誰做出了區別？答案看似顯而易見，實則甚是深奧：做出區別的當然是觀察者。**任何區別都是觀察者畫分出來的**。然而，我們必須謹記的是，觀察者是**為**另一位觀察者做出區別，而這個他人可能就是他自己。因此，認識一個世界，必然包含由兩個觀察系統所形成的社會脈絡。那麼，為什麼觀察者要區別？答案是，**觀察者透過區別來觀察**。換言之，我們必定先做出區別，才能有所覺察，誠如馮佛斯特（1973b）所言：「想觀察，就要先學會行動」（p. 45）。

由此看來，認識論的開始就是觀察者為了觀察而做出區別。觀察者觀察到的東西可以被描述。這時產生了一個弔詭的情況——描述就是將觀察到的東西區別開來。如此形成了一種遞迴關係：我們為了觀察而做出區別，隨後又為了描述觀察到的事物而做出區別。在區別上再做出區別的遞迴運作，再度呈現了控制論的世界；在此世界中，行動與知覺、規範與描述、建構與表徵皆環環相扣。

標記（PUNCTUATION）

認識論的基本概念是，吾人所感所知來自本身做出的區別。關於我們如何統整自身經驗，貝特森（1972）曾提出以下評論：

「在什麼情況下，科學家會將一連串事件標記為業已既定的？又在什麼情況下，科學家會認定一連串事件極度規律，以至於容易控制？

> ……」「什麼情況造成我們習慣將某個範疇標記爲『自由意志』，其他則稱爲『責任』、『建設性』、『能量』、『被動性』、『支配』等？這些抽象性質……都可以視爲是各種標記經驗的習慣，藉以統整經驗並賦予意義。」（p. 163）

瓦茲拉威克、畢文與傑克森（Watzclawick, Beavin and 25
Jackson, 1967）將此概念稱爲「一序列事件的標記」（p. 54），類似史賓賽布朗提出的標示（indication）概念。當觀察者做出區別時，他同時也做了標示；也就是將一項區別的某一方標爲主要的（例如：「這」、「我」、「我們」）。高恩與瓦瑞拉（Goguen and Varela, 1979）指出：「區別的目的是建立標示」（p. 32）。藉由區別建立標示，就是一種定義「標記」的方式。

如同通用語義學家（Korzybski[15], 1973）所言，語言就是一種區別世界的工具。有了語言系統，我們就能夠選擇區別的模式。治療師可以選擇將治療的單位標示或標記爲個人或家庭，甚至可以採用超越個人／家庭之別的觀點。

針對人們區別經驗的方式所做的形式化研究，就成了找出其認識論的途徑之一。以下將進一步說明，人們慣用的標記模式中預設了區別世界的認識論前提。

重新框定指涉框架（Reframing Frames of Reference）

瓦茲拉威克等人（1967）指出：「在如何標記事件序列上產生歧見，就是造成各種關係衝突的根本因素。」（p. 56）他們經常舉一段夫妻吵架的對話爲例。

其中一方說：「我冷淡是因爲你一直嘮叨」，而另一方卻說：「就是因爲你冷淡我才會嘮叨。」這對夫妻的困境在於互動雙方有一個共同的認識論假設，那就是自己的行爲是受對方刺激而產生的反應。治療師的任務，即是重組這個互動系統的標記，使新的指涉框架得以產生。譬如，夫妻之間的爭吵可以標示成一種在乎對方的表現。瓦茲拉威克與其同僚提供了相當有用的指引與技巧，來幫助治療師進行這項工作，而他們稱之爲「重新框定」(reframing)。

瓦茲拉威克（1976）表示：「重組事件的序列，可能就會創造出不同的現實，這麼說一點都不誇張。」（p. 62）對於「客觀性」存有無知假設的傳統社會科學
26 家或治療師必定無法接受這個概念。貝特森與傑克森（Bateson and Jackson, 引自 Watzlawick et al., 1967）論及行爲主義心理學派時指出，由所謂「刺激」與「反應」構成的「現實」，其本上「跟羅夏克墨漬測驗[16]上的蝙蝠屬於同一層次的現實——基本上都是對知覺過程妄加論斷的產物」(p. 55)。他們認爲，從這個觀點來看，標記的行爲就會決定在實驗室中接受訓練的究竟是老鼠還是實驗者本身。

貝特森（引自 Keeney, 1979b）提過一個有趣的例子是，實驗人員所標記的實驗設計對於「受試動物」沒有任何作用。以下是他的描述。

> 有陣子相當盛行老鼠迷宮實驗。一位耶魯大學的研究生就說：「爲什麼要用老鼠？幹嘛不用原本就住在迷宮裡面的動物？譬如雪貂之類

> 的。」雪貂是一種小型的鼬科動物，以獵兔維生。雪貂有大半時間都在地底下生活，寄居在迷宮一般的兔巢中，而且雪貂很會咬人！於是，那位研究生抓了幾隻雪貂，準備一些手套和一個布袋，並且打造了一個他覺得很適合雪貂的迷宮。他在迷宮終點放置一小塊兔肉做爲報償，然後把雪貂放到起點。雪貂很有系統地嘗試過每一條死胡同之後，才走到出口吃掉兔肉。研究生接著又放了一塊兔肉在出口，再把雪貂放回迷宮起點。這一次，雪貂還是一樣走過每一條死胡同，但最後來到通往出口的那條路時反而不走了，原因是牠剛剛已經吃過兔肉了。這項實驗從未公開發表，是一個失敗的案例。（pp. 23-24）

這顯示雪貂不願接受實驗人員標記實驗情境的方式，也就是牠拒絕了實驗人員給予的工具性學習典範。要是那位實驗人員繼續以雪貂進行實驗，或許他會修正原本對學習的看法。這樣一來，我們就可以說，是雪貂「教導了」（或者說制約了）實驗人員。

另外一個實驗心理學的例子來自寇諾斯基（Konorski, 1962）。[17]他複製帕夫洛夫（Pavlov）的制約實驗，但是做了一項改變，就是把鈴錘拿掉，這樣鈴就不會發出聲響。慣以「古典制約」模式標記實驗情境的人可能會很驚訝的是，不論鈴有沒有發出聲響，寇諾斯基的狗都會流口水。馮佛斯特評論這項實驗時做出以下結論：「這顯示受鈴聲刺激的其實是帕夫洛夫，而不是 27

狗。」（p. 14）

上述的實驗脈絡都經過重組。同樣地，在治療脈絡中，關於標記的各種社會前提（通常是無意識的）也是可以改變的。蒙塔佛（Montalvo, 1976）將治療定義爲一種：「人際之間的協定，目的是打破過去建構現實的慣例，以塑造新的現實。」（p. 33）舉例而言，蒙塔佛（1976）從研究治療過程的失憶症狀中得出以下觀點：

> 臨床醫師與案主一樣，可以藉由建構或解構他們在互動事件中的行爲而「消失」。這使他們能夠左右自己是否會被別人記得——還可以視他人的印象是正面還是負面來決定要閃躲，還是要指責別人。（p. 334）

蒙塔佛的研究清楚地顯示，在「治療」這個社會脈絡內的所有成員皆參與了標記互動的過程，從而相互塑造經驗。

臨床認識論（Clinical Epistemology）

治療師唯有透過觀察案主如何標記社會脈絡，才能夠了解他的經驗。每個尋求治療師協助的個人或家庭都有既定的標記習慣，因此治療師必須找到方法標記他們的標記（或者針對他們的認識論建立一個認識論）。貝特森（1976c）的人類學研究提供了一些適用於治療的指導方針。首先要謹記的是，被觀察的文化（或家庭）分類經驗的方式可能與觀察者（或治療師）大相逕庭。如貝特森所言：「他們有自己一套畫分的方法」，因此，「如果想探究他們的區分類型，你必須要有一個比這些類型更為抽象的認識論。」換句話說，你必須認識他們如何標記各種事件。

拉布金（Rabkin, 1977）提出一項新的治療理論，稱為「臨床認識論」，其中有一部分呼應了貝特森的想法。該理論主要探究案主認識世界的方式是如何構成的；例如，偏執型患者如何辨別是非，或憂鬱症患者對 28
事件悲觀以待的來由為何。這需要更高層次的認識論，即——了解他人如何標記及認識世界。

貝特森的人類學研究說明了這類的認識論觀點。在《那溫》[18]一書的結語中，貝特森（1958b）形容他的研究計畫「交織了三個層次的抽象性」（p. 281）：第一層是具體的民族誌資料；第二層較為抽象，主要為資料的統整，用以建構「該民族的各種圖像」；第三層最為抽象，也就是「針對拼湊這些圖像的過程進行自我探討」。將我們理解現象的各個層次分開來逐一檢視，就是一種適用於治療脈絡的認識論方法。

這表示，治療師可以在自己的區別行為中找出三種基本形式。治療師最先做出的區別是判定哪些為「原始資料」。譬如，治療師首先必須選擇究竟是要探究案主家庭過去的重大事件，還是從治療互動中蒐集資料？

經過第一層的區別後，治療師接著跳到抽象層次再次進行區別，以重整蒐集到原始資料。這時，治療師試圖從資料中找出連結模式。他可能會回顧過去出現的主題，或是著眼於最近發生的行為事件，並從中找出重複的模式。

治療師一旦完成區別與統整資料的工作之後，最終即是跳脫出來自我檢視。也就是說，他開始回想自己觀察時做了哪些區別，並且思考其他區別與統整資料的方法。

這三種區別的形式同樣具有遞迴關係：治療師首先做出區別，接著從這些區別中再做出區別，最後在區別的區別中更進一步區別。這些區別的過程就是在建構一套認識論－認識的方式，以及認識其認識的方式。透過這個過程，治療師就能讓自己的知識不斷循環及調整，從而得知應該採取什麼行動。

29 遞迴的層次（ORDERS OF RECURSION）

不論是語言、描述、解釋、理論還是認識論，相關的論述多半以階級、階層、層次或是指涉框架爲結構。建構有關理論的理論或描述的描述時，必然涉及邏輯指涉框架的差異。在一個空間中做出區別，代表標示出兩個不同的層次，像是內部與外部。同樣地，系統與次系統的辨別也必然涉及不同層次的畫分行爲。

邏輯分類（Logical Typing）

建構認識論的一項重要程序，就是明確地指出層次差異。貝特森的方法是採用懷德海與羅素（Whitehead & Russell, 1910）在《數學原理》（*Principia Mathematica*）中提出的概念工具——「邏輯分類」。我們首先來了解邏輯分類的概念如何產生，再來看貝特森如何加以修改。

邏輯學家發現，當指涉框架與框架內的項目混淆之時，就會產生「弔詭」（paradox）。著名的古典邏輯弔詭是一位克里特島人[19]宣稱：「所有克里特島人都說謊。」這顯示，自我指涉的陳述可以是一項陳述，同時又是關於陳述本身的指涉框架。他這番陳述讓克里特島的聽者混淆了，不知道「克里特人都說謊」這句話是否也是謊言。如果他所言爲假，那麼他就是在說眞話；如果他所言爲眞，那麼他就是在說假話。早期的邏輯學家不願承認有這類屬性未明的擺盪性存在，所以在哲學家的有序世界中禁止弔詭出現。羅素的「邏輯類型理論」（Whitehead & Russell, 1910）就成了邏輯的**規則**，明定任何陳述都必須確立邏輯類型，以避免弔詭的生成。有了這項規則後，不同層次的邏輯不得混淆。舉例來說，一本書與書的內頁屬於兩個不同的邏輯層次，如同集合與成員的關係。羅素主張，指明一個詞彙、概念或語句的邏輯類型，就可以避免自我指涉。因此，邏輯分類的原意即是禁止任何在不同邏輯層次擺盪的語句。書與書的內頁不同，是天經地義的：書的一頁不會被看成是一本書，反之亦然。然而，那位克里特人的陳述卻可以看
做是指涉框架，或是指涉項目。要避免自我指涉，代表 30
觀察者必須指明他要從哪個邏輯層次觀察陳述。弔詭的生成，就是因爲觀察者不知該選擇哪個邏輯層次——這樣的矛盾會導致弔詭經驗，因此需要邏輯分類的監督。

就在羅素禁止自我指涉之弔詭在邏輯中出現的同一時期，史賓賽布朗發明／發現了形式定律。史賓賽布朗（1973）描述了他和羅素會面的過程：

> 1967年，我去向羅素證明邏輯分類沒有必要時，一想到他的理論，不由得心生畏懼。慶幸

> 的是，他很高興看到這個結果。他說，邏輯類型理論是他和懷德海做過最武斷的一件事。它其實不是理論，只是一種權宜的做法。他還說他很欣慰能在有生之年看到問題獲得解決。（pp. vii-ix）

羅素的意思是，他和懷德海當時不知道如何以邏輯形式處理弔詭，所以藉由哲學加以掩蓋。

羅素在邏輯類型理論中顯現的認識論，後來也遭到馮佛斯特（1978）的質疑。他反對藉由邏輯類型來禁止弔詭，因爲還可以從其他觀點看待弔詭。自我指涉的弔詭可以做爲建構另類世界觀的概念基礎。舉例來說，我們可以回到本章一開始提及的概念，那就是觀察者本身必定是被觀察的一部分。因此，所有的陳述，也就是觀察者所作的陳述，都是自我指涉，而且充滿弔詭。

貝特森同意馮佛斯特的看法，不過他把邏輯分類當作一種描述工具，用來區分人類經驗與互動背後的溝通模式。瓦茲拉威克、威克蘭與費雪（Watzlawick, Weakland and Fisch, 1974）同樣著眼於邏輯類型理論的描述功能，而非禁止功能；他們認爲該理論「試圖透過類比來舉證」（p. 2）。因此，邏輯分類就是一種區別方法。由此看來，邏輯分類其實可以用來揭露更多的自我指涉與弔詭，而不是加以掩蓋。

雖然貝特森對邏輯類型的應用與其原初概念有所不同，但他在自己的論述中並沒有特別強調這項差異。他
31 依然稱之爲「羅素的邏輯類型」，並且主張說：「行爲科學家依然忽視《數學原理》中的問題，而這一點就足

以顯示他們大約落後了六十年。」(Bateson, 1972, p. 279) 不過，貝特森很清楚自己是將羅素與懷德海的理論延伸出去：

> 我不知道當羅素與懷德海在撰寫《數學原理》時，是否意識到他們所做的研究對於人類與其他生物的生活至關重要。懷德海顯然知道，藉由搬弄各種邏輯類型的把戲就可以逗人笑，幽默也是由此而生。不過我懷疑他是否曾經從這個把戲帶給他的樂趣中跳脫出來，看到這樣的把戲不僅僅是把戲，還能夠爲整個生物學指引方向。他們並沒有從更廣闊的觀點去深思此一洞見對於人類困境的本質有何啓示，反而是(或許是無意識地) 避開不談。(p. 116)

將邏輯類型理論納入行爲科學中，等於是禁止任何混淆邏輯層次的有意行爲。然而，貝特森（1972）、弗萊（Fry, 1963）與魏恩（Wynne, 1976）等人皆曾指出，錯誤的邏輯分類正是詩句、幽默、學習與創造的特性。除去所有錯誤的邏輯分類，經驗世界就會變得單調乏味。此外，把邏輯分類純粹當作描述工具能夠幫助我們深入覺察與了解認識的模式。

遞迴（Recursion）

邏輯分類的運用有時意謂我們的經驗世界具有階層性。譬如，我們或許會區分出一套百科全書、一本書，以及書內一頁的不同。這三者不見得互不相容，而是類似後設框架、框架與成員的邏輯分類。畢竟一頁是書的一部分，而一本書也可能是一套百科全書的其中一冊。雖然我們觀察的時候可能會依照邏輯層次來標記經驗，但也不能忘記這些層次具有遞迴結構。因此，我們對百科全書與其中一冊以及冊的其中一頁所做的區別，必然是區別的區別。

32 了解遞迴性方法之一，就是想像古神話中那條吞噬自己尾巴的自噬自生蛇（Ouroborous）。蛇每吞噬自己一次，就生成一個不同層次的遞迴。我們不需去想蛇每自噬自生一次是否就會變大（或變小）；重要的是，這樣的迴圈每通過自身一次，我們就可以標示出一項差異。指出遞迴性，我們就可以描述迴圈本身，同時標示出循環的層次。描述遞迴層次是另一種應用邏輯分類的方法，從而更徹底地掌握遞迴過程的本質。有了遞迴的觀點後，認識論者的基本任務即是標示任何描述／解釋所隱含的遞迴層次。

因此，說「所有克里特島人都說謊」的那位克里特島人提出了一個自我指涉的訊息——訊息包含訊息本身。訊息之所以會在眞假之間擺盪，是因爲在遞迴圈內不斷地循環。如果身爲克里特島人的觀察者本身也包含在被觀察的群體中，那麼他說謊，就是爲了要說眞話；但如果他自己並不包含在被觀察的群體中，那麼他說眞話，就是爲了要說謊。我們在這裡看到的是遍布所有觀察系統的自我指涉弔詭：觀察者的觀察可能包含他自身。

另一個有趣的自我指涉形式，就是有些治療師會主張案主與治療師永遠在相互操弄策略。這些治療師認爲催眠、心理治療與宗教等所有人際互動都是一種操弄策略。然而，當他們被問到這種觀點本身是否也是一種操弄策略時，矛盾就產生了。有關權力運作、社會操弄以及致勝技巧的各種看法，是否也就是一種操弄呢？

與主張操弄觀點的人對話最能突顯這項矛盾。他們的標記習慣是將他人的陳述框定或重新框定爲一種操弄。譬如，要是你說你不相信社會權力的迷思，那麼主張社會權力說的人可能會回應說，你這麼說只是要「反駁他」，目的是要掌控權力或局勢。然而，你對他的行爲所抱持的看法，可能只是自我驗證了一項既有前提，那就是他無法跳脫**自己的**指涉框架來看待任何陳述與行爲。在每一次的社會互動中，互動雙方都在驗證各自的既有想法。

這種相互自我驗證的特性顯示，我們根本無法客觀 33
地證明哪一方才是對的。所有的互動，無論是不是社會互動，可能只會導致某種觀點一再自我驗證。不過，我們可以選擇**如何**看待自己的觀點：我們可以自認爲不完善，並且願意接受修正，或者自認爲很完善，而不需任何修正。同樣的推理過程，也可以應用在這項關於觀點的觀點上。無論我們選擇哪種觀點，都無法避免觀察系統之自我指涉本質所衍生的弔詭。

催眠原則（Dormitive Principles）

如果我們以遞迴觀點檢視那些有關行爲的傳統解釋，有時候會發現貝特森所謂的「催眠原則」，即一種循環解釋的形式。「催眠原則」就是將你聲稱要解釋的事物以一個更爲抽象的描述重新包裝。[20]貝特森

（1979b）的意思是，當我們採用一項行爲之名稱中的某個抽象詞彙來說明造成該行爲的原因時，就會構成催眠原則；譬如，攻擊是由「攻擊本能」引發，或者「精神病症」是因「瘋狂」所致。

要建構一項催眠原則，可以從有待解釋之現象的單純描述開始。舉例而言，我們對某個人的描述可能是他不喜歡也不願意工作或吃飯。這些描述都可以被歸類爲某種症狀行爲，譬如：「憂鬱症」。然後，我們再「解釋」這些症狀描述是因爲「憂鬱症」引起，這樣即是援用了催眠原則。上述情況就是將行爲的集合解釋爲一項單純行爲的原因。一個詞彙的再循環沒有辦法構成形式解釋。

採用催眠原則往往會導致不幸的後果。容易被這類虛假解釋所蒙蔽的人往往會促使不願見到的結果自我應驗。舉例來說，父母可能會將孩子自然出現的沮喪情緒看成是「憂鬱症」造成的結果（催眠原則）。這樣一來，父母或許會開始採取一些解決措施，結果如瓦茲拉威克（1976）所言，這些措施反而可能導致正常的沮喪情緒逐漸惡化成「臨床上的憂鬱症」。類似的事件經常在療養機構上演。譬如，一位親切的醫師可能會問正在樹下打盹的案主說：「你今天很憂鬱嗎？」當一項行爲事件被重新框定爲行爲的類型，而且是由權威人士提出時，可能就會造成像催眠指令一樣的效果，繼而引發問題，或促使問題加劇或延續。

與上述相反的情況，就是將行爲的類型視爲行爲的項目；這可能也是另一種引發和延續症狀行爲與經驗的主要方式。試圖藉由懲罰使罪犯改邪歸正，就是這類混淆的一個例證。誠如貝特森（引自Keeney, 1979b）所言：

> 懲罰無法阻止犯罪，只會讓罪犯變得更精明，因為犯罪並不是一種行為。犯罪並不是某一項行為的名稱——犯罪是行為的類型或是脈絡。行為的類型並不會像行為一樣遵循強化原則。（p. 21）

臨床認識論即是在探究人類的困境如何產生，以及這些認識論上的問題如何延續這些困境。臨床認識論者會仔細檢視構成症狀經驗之遞迴與惡性循環的社會脈絡模式。上述幾個例子顯示，當我們濫用語義學家的公理——「名稱不等於該物」——之時，就會產生各種困境。我們可能還忘了另一件事：「名稱之名稱不等於該名稱」。譬如，在路易斯．卡洛（Lewis Carroll）寫的愛麗絲夢遊仙境中，愛麗絲問白騎士說，他要為她唱的那首歌叫什麼名字。白騎士說那首歌叫：「黑線鱈的眼睛。」愛麗絲覺得這個歌名很奇怪，白騎士卻說：「不，妳不了解。那不是歌的名字，而是歌名的稱呼」（1865/1971, pp.186-187）。這個例子指出名稱、名稱的名稱、名稱的名稱之名稱等以此類推，即區分不同遞迴層次的一種方法。認識論者一旦能夠區辨不同的遞迴層次，就能夠了解這一連串遞迴如何混雜、糾結在一起，以及如何形成各種模式。

這就是邏輯分類能夠派上用場的地方，也就是做為標示遞迴層次的工具。從這個角度來看，「錯誤的邏輯 35

分類」代表錯綜複雜的遞迴層次。利用邏輯分類，就可以找出任何認識系統的組織模式。明確指出觀察者的遞迴層次時，往往能夠突顯理論解釋的應急性，以及觀察資料和理論預測之間的不協調。

舉例來說，仔細審視行爲學派心理學，就會發現強化原則多半適用於單純行爲的名稱，譬如「舉起爪子」或是「按下按鈕」。這些原則與單純行爲的名稱一樣不適用於行爲的脈絡。[21]試圖誘導生物去學會（或消除）「探索」、「好奇心」，「依賴性」等，即是將行爲脈絡的名稱錯分爲單純行爲的名稱，也就是混淆了二者。行爲脈絡的遞迴層次高於單純行爲，而且不遵循低層的強化原則。所有的行爲脈絡都是由生物自身來標記（或者經由其所參與的社會互動來標記）。改變生物標記經驗的方式涉及的學習層次比行爲學派的實驗層次更高。混淆不同的學習層次，就是一種錯誤的邏輯分類。以下所舉的例證，是貝特森針對帕夫洛夫的一項實驗所做的詮釋。帕夫洛夫稱爲「實驗性精神官能症」的實驗情境如下：首先訓練一隻狗去區別圓形和橢圓形。經過一番訓練後，實驗人員讓圓形和橢圓形變得愈來愈相近，以增加辨識的困難度。最後，當狗完全無法辨識的時候，就會顯現出各種精神病症狀，像是發狂咬人或是變得懶散怠惰。貝特森（1979a）分析這個實驗情境時指出：

「這隻狗在訓練過程中學到了什麼，使牠到最後無法接受失敗？」答案應該是：這隻狗學到的是，牠處於一個分辨的脈絡中。也就是說，牠「應該」要尋找兩個刺激，也「應該」就這

> 兩者的差異找尋做出反應的可能性。對這隻狗來說，這才是牠被指派的「任務」——在此脈絡中，完成任務就有獎賞……。現在牠把這個 36
> 詮釋強加於一個不是分辨的脈絡之上。（pp. 119-120）

要是這隻狗能夠改變牠所做的標記，並且假設實驗情境已經變成一個猜測的脈絡，或許牠就不會再嘗試分辨圓形和橢圓形了。然而，這樣的標記方式依然忽略了實驗人員參與建構脈絡的事實。實驗人員並沒有區分出兩種不同類型的脈絡（什麼時候需要分辨；什麼時候不需要分辨），而是將一個根本不可能分辨的實驗情境標記為分辨的脈絡。最後，狗與實驗人員皆處於一個不可能的情境之中。如果狗嘗試去分辨，實驗人員就會觀察到牠無法分辨；如果狗不去分辨，那麼實驗人員就會主張狗的「辨識力」失靈了。

實驗心理學家將狗產生的症狀歸因為「辨識力失靈」，顯然就是錯誤的邏輯分類。聲稱狗因為具有「辨識力」才能辨識，即是援用催眠原則的說法。貝特森（1979a）釐清了整個推論過程的問題：

> 科學家從一個特定事件或**可見**事件的陳述，跳到一個普遍的抽象概念——「辨識力」上；而辨識力在**視線之外**，或許在狗的內在。邏輯類型的跳躍，就是科學家所犯的錯誤。在某種程度上，我可以看見這隻狗**分辨**事物，但我看不到牠的「辨識力」。（p. 119）

這是一個雙向束縛的例子。在此關係中，參與的雙方都被彼此的錯誤邏輯分類緊緊束縛。狗的不當標記導致的行爲，只會進一步驗證實驗者的不當標記，隨後又反過頭來強化了狗的標記。最後，狗產生了症狀，而實驗者則感嘆狗失去了辨識力。當然，實驗人員也可能與狗建立了情誼，並且爲狗的「崩潰」感到悲傷。接著，這位好心的主人或許會讓牠接受心理治療或醫療。這就會導致另外一個脈絡模式產生，即「治療」。

37 雙重描述（DOUBLE DESCRIPTION）

兩個人互動時，雙方都會爲互動的流程做標記。觀察者如果整合這兩人的觀點，就會產生一個全系統的概念。將全面性的描述概念化的方式有幾種。首先可以將兩人的標記以序列方式呈現，並且將整個序列級數視爲此對偶系統的表徵。舉例來說，將「他嘮叨，所以我冷淡」以及「是她冷淡，我才嘮叨」這兩個描述合在一起看的時候，馬上就可以看出互動系統的樣貌。[22]這就好像花一段時間拍攝兩人個別的情況，然後再把這些照片擺在一起看。

觀察者一旦能夠呈現這些不同標記的序列之後，接下來就可以開始找出連結二者的模式。其中一個方法，即是假設A的標記模式會與B的標記模式互動，然後產生一個類似波紋（moire-like）的混合模式。這表示，只要觀察者統合兩人的標記，便能窺見一個完整的關係。貝特森將此觀點稱爲「雙重描述」，並且與雙眼視覺做比較：

> 把這兩方的互動視爲雙眼的視覺，是正確的想法（也是極大的進展）。每隻眼睛看到的都是單一觀點，兩眼結合在一起時，就產生了雙眼所見的深度。這種雙重觀點就是關係。（p. 133）

以雙重觀點來看「他嘮叨，所以我冷淡——是她冷淡，我才嘮叨」的互動系統，就會將它視爲貝特森所謂的「互補關係」。

區別關係模式

要觀察關係，就需要雙重描述。倘若關係的雙重描述被分離，而且每一個部分描述都被認爲是個人內在的寫照，就會生成「催眠原則」。如果我們只注意到嘮叨 38
的丈夫，而沒有考量到冷淡的太太，那麼我們治療的可能就只是「嘮叨鬼」，而不是嘮叨－冷淡的關係系統。同理可證，認爲「領導力」存於一個人的內在，也會形成催眠原則。這還會引發各種虛假的解釋，例如：「他能夠成爲領導者，是因爲具有領導特質。」不過，我們總是可以詢問提出這類陳述的觀察者，他怎麼知道那個人能夠領導。觀察者回答的時候，必然會提及他人的「追隨」行爲；這樣一來，我們又回到一個關係系統中。換句話說，「領導力」其實只是「領導－追隨關係」這個雙重描述中的一部分。大體上來說，所有關於人格特質的描述都是從更廣的關係模式中截取出來的一部分。貝特森（1979a）就建議：「唯有堅守關係的重要性與優先性，才能夠避免催眠性的解釋。」（p. 133）

由於治療是在治療師與案主的關係脈絡之下進行，所以去描述治療師（或案主）能夠成功的特質，即是著眼於這個關係的一半。這種觀點很容易招致催眠原則。接著，臨床師要不是指出治療有效的原因，就是指出案主生病、變壞或發狂的原因。另一種觀點，則是著重在治療師與案主的互動模式。

基本上，雙重描述是一種認識論工具，它可以幫助我們生成和區別不同層次的模式。雖然有限的詞彙和語言結構會限制我們的認識，但雙重描述的語言讓我們得以通往更高層次的描述。這樣一來，我們就可以開始努力跳脫認識論上的困境。雙眼視覺能夠產生深度；同樣地，雙重描述能夠生成模式與關係。

貝特森的思維架構（1958b, 1972, 1979a）可以做爲實踐雙重描述的範例。一開始區別的時候，他先思考單純行爲、行爲類型與互動類型的描述之間有什麼關係。他發現，這些關係都可以從邏輯分類的角度來探討，而我傾向採用遞迴層次一詞，主要是指觀察者的區別層次。我們先前提過，行爲的脈絡（更高層的區別）與單純行爲的描述（較低層的區別）屬於不同的邏輯類
39 型[23]：「遊戲」的抽象層次比「丟球」高。貝特森檢視行爲脈絡時指出，這些行爲脈絡主宰了單純行爲在社會組織中的連結模式，也就是個體對其他個體之反應的反應在時間上的排序爲何。從這個分析層次可以看出，「沒有行爲是單獨存在的。」所有行爲都屬於互動組織的一部分。

接著，貝特森（1979a）將互動過程分類爲兩種——互補與對稱關係（complementary and symmetrical relationship）。這兩種互動類型即代表「雙眼視覺」的兩邊。他對這兩種關係的定義如下：

> 我所謂的**對稱關係**，是指所有可以用競爭、競逐等詞彙來描述的互動形式（也就是，A的某種行爲會刺激B做出相同行爲，而B的行爲回過頭來又刺激A再做出類似的行爲……）。相反的，我所謂的**互補關係**，是指A和B的行爲不同，但卻彼此相容的互動序列（例如：統治／服從、表演／觀賞、依賴／撫育）。（pp. 192-193）

重要的是，從雙重觀點來描述關係，必須採用適當的詞彙。譬如，從關係的觀點出發，我們的描述不會是夫妻相互指責對方嘮叨和冷淡；這是關於整個系統的行爲描述。我們會描述說，這是一個互補的關係。要採取這類高層觀點，意即雙重觀點，就必須從行爲的抽象層次跳躍到脈絡的抽象層次，同時在描述語句的層次上也必須有所超越。這表示，不同行爲的描述必須加以統整，才能建構互動的描述。

貝特森在思考互動模式本身如何形成模式的時候，發現不受控制的對稱與互補關係會導致他所稱的「分裂相生」（schismogenesis），意指一個失序或逐步加劇的互動過程，而且一旦完全失控，必然會形成無法忍受的壓力，並且導致關係系統的崩解。相反的，如果對稱與 40
互補關係混合在一起的話，或許就可以達到平衡。貝特森（引自Keeney, 1979b）曾提出以下的比喻：

> 要是夫妻之間的關係過度互補，不如將他們放到網球場上還比較好一點。要是夫妻之間過度競爭，那就等著看哪一方扭傷了腳，這樣雙方還會比較好受。（p. 18）

這表示，對稱或互補模式的組織表徵了互動雙方的共舞過程。在此分析層次中，對話、人類的性行爲、家庭聚餐與國際衝突的組織皆依循共舞的規則，而這些規則會主宰（即組織）他們的互動主題。在家族治療的過程中，找尋「家規」或「家庭舞蹈」有時候就是在釐清這個層次的組織。[24]

形式與過程的辨證

貝特森（1979a）在回顧畢生的研究時指出，他的「探問程序是以（形式）分類與過程描述之間的交錯爲標記」（p. 193）。在《心智與自然》（*Mind and Nature*）一書中，他以幾種方式來呈現這種「（形式）分類與過程研究各據一方的鋸齒狀階梯」（p. 193）。圖一爲經過修改且較爲廣泛的分析圖型。這張圖說明了遞迴的認識論：它提出的是「形式與過程之間辨證的鋸齒狀階梯」（p. 194），而非描述抽象性的線性階序。

圖一的最右欄稱爲「過程描述」（description of process），指的是觀察的單位。觀察的單位來自於觀察者標記一連串事件的方式。大體上而言，過程描述對應
41 的觀察層次可以稱爲「基於感官的經驗」。這是最容易取得「原始資料」的方法，也是純粹以實用目的爲出發點的描述，不具高層的理論抽象性。

圖一：認識論的分析層次

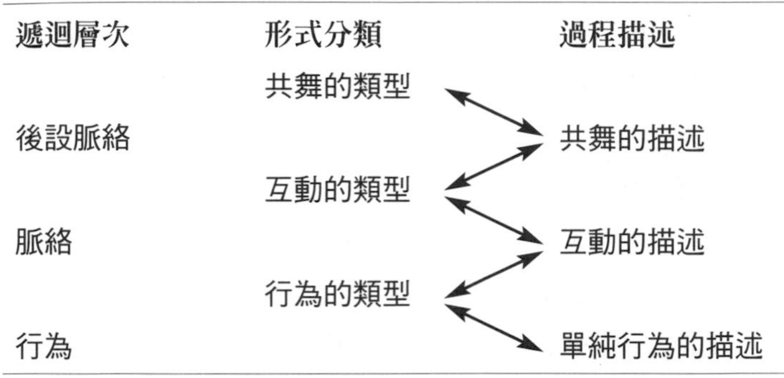

在此分析系統中，要從描述的某一層次跳到另一層次，必須仰賴雙重描述：也就是整合關係雙方的觀點，藉此窺見關係的全貌。譬如，將互動雙方之單純行爲的描述結合在一起，便可看出互動模式。在更高的分析層次中，從各個互動事件之間的關係，就可以了解共舞模式：舉例來說，「健全的」對偶關係主要的特性可能是在互補與對稱的主題之間交替。同樣地，關係兩方的觀點——在此層次中指的是互動模式的描述——必須加以整合，才能夠構成共舞的樣貌。

圖一中間那一欄，也是「鋸齒狀階梯」的左方，稱爲「形式分類」(classification of form)，指的是單純行爲、互動與共舞之組織模式的名稱。形式分類是一個抽象概念，它「組織」各個描述層次的方式，即是有意義地連結各層的元素。逐層檢視此一階梯，便能了解形式與過程如何相互交錯。

單純行爲的描述意指針對單一、獨立的行爲項目所做的觀察，包括臉部表情、身體姿勢、呼吸方式、眼睛凝視的模式、音調與音量、說話速度、使用的詞彙、片

42 語及與語句等等。以分析跳舞的單純行爲爲例，在此層次的分析就是觀察每一個舞步當下有哪些可見的事件。比如說，舞者踏出右腳的同時，可能肩膀隨之後傾，頭則轉向右方

當我們將一項單純行爲歸類到某一種**行爲類型**中時，我們就從過程跨越到梯子另一邊的形式分析。將持續五分鐘的動作歸類爲「舞蹈」或是「遊戲」，即是爲行爲類型命名。階梯左邊的「形式分類」，是一種區辨過程層次之組織模式，並且爲其命名的方法。「遊戲」、「探索」、「戰鬥」、「犯罪」、「精神分裂」、「治療」都是行爲的類型，也就是我們賦予單純行爲之組織模式的名稱。我們必須了解的是，任何一項特定的單純行爲所屬的行爲類型可能不只一種。譬如，「舉起手臂」可能是舞蹈、軍隊儀式、課堂表演或運動的一部分。行爲類型的名稱只是表示，我們認爲單純行爲在某個脈絡中的組織具有意義。

當我們跨越階梯，進到下一層的過程描述時，會發現它的焦點並非單一行爲，而是互動的個體或群體所表現的行爲鏈或序列。然而，**互動的描述**依然是以感官爲基礎的語言爲主。與單純行爲之描述不同的是，這一層的過程描述會觀察互動參與者的單純行爲如何相互連結。如果分析的對象是雙人舞，其互動描述則會包含一連串舞步的排序。譬如，舞步M在舞步N之後，接著是舞步O、舞步N和舞步O等，以此類推。由此觀點來看，任何一項單純行爲的描述前後，必定伴隨著另外一方的行爲描述。此時，這一連串行爲的排列順序比個別的行爲更爲重要。

針對互動描述所做的形式分類牽涉的是關係模式的命名，而非行為模式的命名。**互動類型**意指不同互動參與者之行為的關係模式。以雙人舞來說，其中一方的每個舞步前後都伴隨著另一方的舞步。雙方每一次的互動 43
都可以歸類為對稱或是互補模式。接下來的每一個舞步前後又會伴隨著其他舞步，形成可以再加以歸類的互動模式。

值得注意的是，雖然關係是由兩個個體（或團體、團體的一部分，又或個體的一部分）的行為組成，但如果要分類這些關係，我們的觀察至少要包含三項單純行為。貝特森與傑克森（引自 Sluzki & Beavin, 1977）指出，一項關係究竟是對稱還是互動，取決於一項「行為與其前後發生的行為之間的關係」（p. 77）。

再回到階梯另一邊的過程描述來看，下一層的分析則是將上述這些互動模式放到更廣大的組織脈絡中來看。**共舞的描述**即是指出先前確立的互動模式（對稱或互補的主題）本身的組織方式，也就是彼此如何相互連結與排序。舉例來說，芭蕾舞、爵士舞與國際標準舞代描述的是各種單純行為與行為類型的組織方式。隨後在形式分類中，這類高層組織模式便稱為**共舞的類型**。

上述各種標記一連串事件的方式以及不同模式的命名，皆可對應到觀察者做出區別（圖一最左欄）的各個遞迴層次。我們再回到嘮叨丈夫與冷淡妻子的案例來看。一開始，我們可以先描述和分類單純行為。丈夫的說話行為與肢體語言可能會被歸類為「嘮叨」，而妻子的靜默與呵欠連連則可能被歸類為「冷淡」。這個區別層次屬於行為的層次。確認行為的類型後，就可以開始進行脈絡分析，也就是進入下一個遞迴層次。在此一層次中，具有行爲序列之組織的互動則取代單純行爲成爲分析的單位。譬如，夫妻之間一來一往的嘮叨與冷淡（互動的描述），或許可以命名爲一種互補關係（形式分類）。這些互動的脈絡或序列又可以納入更高層次的組織。後設脈絡是此系統中最高的遞迴層次，指的是互動
44 在整個共舞系統中的組織模式。在此分析層次中，夫妻之間逐步加劇的互補關係可能受制於更高層的約束，像是鄰居的抱怨電話、丈夫氣喘發作，或是孩子的叛逆行爲等。確立共舞的類型後，就邏輯上而言，我們應該可以爲此共舞類型命名。可惜的是，我們幾乎沒有適用於此一分類層次的語言。即使是「分類相生」一詞，也不是一連串互動模式的名稱，而是一個**過程**；指的是一再重複而失控的互動導致無法忍受之壓力與關係崩解的過程。至於「雙重束縛」這個詞彙，我們或許可以說它是共舞之互動的名稱。這也呼應了貝特森（1972）看法，他認爲雙重束縛是「超脈絡過程」（transcontextual process）之模式的名稱（p. 272）。

從更廣泛的組織觀點來看，行爲與行爲序列必然是更廣闊的生態系統中的一部分。對於那些細心觀察家庭與社會脈絡中各種戲劇化事件的治療師來說，全面性的觀點才是值得關注的。

建構現實

「過程描述」（圖一的右欄）指的就是貝特森所稱的：「有待解釋之現象集合的類比」（p. 191）。也就是說，這一欄中的項目最接近我們所謂的「感官資料」。

我們將描述的層次區分為行為項目、互動事件與共舞，雖然都無法直接經驗到，我們依然能夠分辨感官經驗的描述、類型或是該描述之分類（形式分類）的差別。

舉例來說，治療師可能會記述案主的臉部表情、呼吸型態與腿部動作。接著，他可能會將這些描述歸類為一種行為集合，像是「恐懼」或是「熱情」。可是，如果治療師說他看到案主的「恐懼」或是「熱情」，那麼他就是在胡謅。這些詞彙都是感官經驗之描述的分類，是沒有辦法直接察覺的。

基於感官經驗的「過程描述」以及抽象層次更高的 45
「形式分類」之間的差異非同小可。班德勒與葛林德
（Bandler & Grinder, 1979）[25]的研究指出，大部分的臨床
師（與案主）習慣上並不會去區分感官經驗與該經驗之
抽象概念的差異。問題就在於，臨床師往往會以高層抽
象概念做為治療依據的主要資料，而非採用更為直觀的
感官經驗。這樣的臨床師可能會排除或忽略了治療過程
中出現的大量感官資料，也可能因此與社會互動中不斷
發生的事件脫離。

有人可能會說，解決方法就是把焦點放在感官經驗即可。可是要這麼做，必須想辦法停止高層抽象化的內部對話，或者如唐望所說的：「停止這個世界」。基本上，這表示要將高層抽象概念逐出意識之外，才能更直接地接觸到感官經驗。譬如，我們看到一朵花的時候，不能將它視為「花」這個類型，而是一連串顏色、形狀與氣味的感官經驗。

然而，感官經驗的描述必定連結了某種內部象徵系統——例如我們使用的語言，而這個內部系統規範了我

們藉由感官「經驗世界」的方式。抽象概念與感官經驗總是混淆的事實告訴我們，其實沒有所謂「純粹的感官經驗」或是「原始資料」。貝特森（1979a）進一步指出，「認識自然界的基本公設」，就是體認到生物無法直接經驗到所欲探求的事物（p.191）。我們所經驗到的，也是亟力想證明的，是地圖中的地圖。

更全面的觀點是，生物是透過在本身創造的抽象系統與感官覺察事物的方式之間進行辯證來經驗世界。此辯證過程——如圖一呈現的形式與過程之普遍辯證——即是心智過程創造並組織經驗世界的模型。這個鋸齒形階梯一邊是基於感官的過程描述，另一邊是形式分類，整體代表的是一個遞迴的辯證過程。

在此辯證過程中，我們對世界的觀察，有一部分是依循自身對世界所做的區別。這就好像是在自己的視網
46 膜上畫出各種輪廓一樣。這是一個遞迴的過程——我們依照所做的區別觀察，再針對觀察的現象做出區別。形式與過程不斷以遞迴的方式相互包覆，所以總是能夠生成不同層次的觀點。

如前所述，辯證階梯上稱為「過程描述」那一邊，主要基於感覺器官所做的區別（或者是加諸於上的區別）。我們可以將其統稱為「基於感官的描述」。階梯另一邊的「形式分類」，則多半源於我們的象徵系統。貝特森將形式分類視為他所謂「套套邏輯」（tautology）的類比。不過，我比較喜歡稱它為**象徵關係的架構**（skeletons of symbolic relations），而描述即是建立在此架構上。這些架構具有像連結組織一樣的功能，能夠幫助我們找出各種過程描述的關係。

我們應該將基於感官的描述與象徵關係的架構視爲不同的區別方式。藉由這項關於區別的區別，就能夠將經驗世界概念化爲：在基於感官描述之區別以及源於象徵關係架構之區別兩者間交替的遞迴辯證。

之前提過，基於感官的描述與某種象徵系統或區別方式實際上無法完全分開。現在我們也可以反過來說，象徵關係架構無法脫離建構於其上的感官資料。譬如，探索、愛、幽默、治療與遊戲等行爲類型的名稱，都是觀察者根據他觀察單純行爲所得的感官資料而做出的區別。

在感官描述與象徵關係架構這項區別中，我們面對的是觀察者之區別行爲的遞迴運作。只要追蹤一開始的區別、區別中的區別等以此類推的遞迴運作，就可以找出我們如何構築與連結觀念的生態——現實的建構與維繫。貝特森（1979a）指出，觀念的連結模式，就是「最接近眞理的道路」（p. 191）。誠如貝特森（1979a）所言，形式與過程、象徵關係架構與基於感官的描述、文字與精神、嚴謹與想像力之間的共舞，表徵了「生命世界的辯證必要性」（p. 227）。這就是變的美學之所在。

現在我們可以更清楚的看到，圖一呈現的是**遞迴層** 47
次的階序。[26]實際上，行爲、脈絡與後設脈絡這三個遞迴層次之間，並沒有空間上下的差異，而是人爲畫分的結果。

生物界的組織就是一個具有階層性的典型例子，由細胞、器官、完整的生物個體、社會群體等所組成。當我們說細胞與器官（譬如肝臟）屬於不同的層次，並不是把器官想成在細胞之上，而是指細胞是器官的一部分。要將系統階序視為遞迴層次的祕訣，就是將這些層次看成是一盒包一盒的母子盒——系統內的系統再包含系統。盒子全部包起來的時候，我們可以視其為一個整體；全部拉開的時候，就能看出不同的節點、階級或層次。整體與部分是兩個不同的視角，卻也是互補的觀點。保有這兩種標記方式，我們的認識論就會更形豐富。

我們必須謹記，人類的互動極其複雜。探究某一部分的過程、形式或遞迴層次，最終都只能獲得有限的認識。誠如伯德惠斯特（Birdwhistell, 1970）[27]的一位學生所言：「這就好比想從六英吋的水道來了解整個排水系統一樣。」（p. 270）另外，我們也不能忘記，所有觀察單位的界線都是由觀察者畫分出來的。因此，一個人的言行舉止同樣取決於觀察者的區辨。觀察者為了認識一現象範疇所做的區別涉及行為、脈絡與後設脈絡之間的差異。但是，這些差別究竟有多眞實呢？它們就跟「連環漫畫中的泡泡對話框」一樣眞實（Bateson, 1979a, p. 132）。大體上來說，觀察者所做的僅是畫出一個輪廓，或者是遞迴地畫出輪廓中的輪廓。

48 標記所造成的後果，以下有個生動的例子可以說明。這是一隻北極熊被標記「框住」的故事。班德勒與葛林德（1979, p. 192）描述說，丹佛動物園引進了一隻北極熊。園方正為北極熊打造一個「自然的居住環境」，在完成以前，他們建了個籠子做為臨時住所。籠子的大小只容得下北極熊往前走幾步、轉頭，再往回走幾步。整個棲息區建造完畢，籠子也移走之後，結果北極熊依然在原來籠子的範圍之內來回踱步。

上述關於認識論的探討可以做爲理解控制認識論的基礎。再次提醒，我們目前不過是在改變認識論的過渡期——幾乎沒有人能夠習慣性地藉由控制認識論來經驗世界。這表示，我們太過安於非控制論的認識方式，以致於可能會扭曲每個來到眼前的控制論觀點。就像那隻受困於自我想像框架中的北極熊，我們可能也忘記自己可以憑藉創造力畫出不同的區別。控制認識論即提供一個途徑，讓我們得以發現並建構經驗生態中的另類模式。

討論

治療師：請你概述何謂「認識論的基本概念」。

認識論者：從最根本的意義來說，「認識論的基本概念」描述的是我們如何建構經驗世界的方法。因此，區別、標記、標示遞迴層次以及雙重描述，都可視爲是建構認識論的工具。

治療師：但是這些不也是描述工具嗎？

認識論者：沒錯。更正確的說法是，這些工具具有描述性，也具有規範性。這兩者之間的遞迴連結，即是本書所欲探討的主題。

治療師：這可以幫助我們了解控制論？

認識論者：是的。控制論就是由遞迴過程組成的世界。透過控制論，我們就可以看到這些組織模式。

治療師：我想釐清一下區別與標記之間有什麼差別。在我看來，這兩者基本上是一樣的。

49 認識論者：人們往往是爲了標記才做出區別。舉例來說，我們可能會將治療師與認識論者區分開來。有了這項區別後，接著我們或許就可以**標示出**，是認識論者正在教導治療師，或者也可以反過來說。利用這項區別來指出誰是老師、誰是學生，即是一種標記行爲。在某種程度上，標記是一項區別運用在自身的結果——原始區別的第二層遞迴。我的回答是，標記與區別其實是相同的，只是前者爲更高層次的遞迴。

治療師：我不知道這樣說對不對。如果我將認識論者與治療師區別開來，那麼這個差異就是一項原始區別。接著，如果我分辨出認識論者是學生，治療師是老師，或者反過來也行，那麼我就是在標示更高層次的差異。我依然是針對同樣的原始區別做標記，只是涉及的遞迴層次不同。換句話說，你跟我之間的原始區別，使我們能夠在彼此間標示出無限個其他層次的差異。

認識論者：我想我們說的是同一個語言。我們的討論也多少觸及了控制論的領域。雖然作者說這一章只是控制論的序曲，但其實他從一開始就已經將我們帶入控制論的核心。

治療師：你的意思是，那些有關描述與規範的遞迴連結、遞迴層次和雙重描述的討論，其實就是控制論？

認識論者：有一部分是。下一步是學習一些控制論的用語，這樣才能夠更適切地描述這些遞迴模式。

治療師：在進一步討論之前，我想回顧幾個先前提過的認識論工具。就從做出區別開始吧。史賓賽布朗的中心思想，是否即是主張一切經驗世界都是揑造、建構、虛構出來的？

認識論者：沒有這麼單純。還記得描述與規範之間具有遞迴連結吧。這表示，這兩種觀看經驗世界的角度都不盡完全。主張有一「眞實」的物質世界存在於吾人之外，且可以被察覺的說法，不全然爲眞。如果認爲外在世界是以線性的方式影響知覺器官，並且形塑了表徵的描述，這樣的觀點是不完全的。同理可證，如 50
果認爲整個世界都是依循我們既定的規範建構而成，這樣的觀點同樣不完全。這即是「唯我論」的想法，而且與先前線性觀點的標記方式正好相反。因此，這種觀點跟相信有客觀世界存在的傳統角度，同樣都是線性而不完全的。兩者只有思考方向不同的差別。控制論提供了統合這兩種觀點的方法。我們要探究的，就是描述與規範以及表徵與建構之間的遞迴連結。

治療師：由此看來，控制論者想要建立一個涵蓋描述與規範的雙重觀點。我想關鍵就在於如何整合這些觀點，以取得更高層的視角。但是，當我們將這些描述融合在一起之後，究竟能夠看到什麼呢？

認識論者：更高層次的觀點就是控制論本身。連結描述與規範的模式也就是一種遞迴模式。把控制論、雙重描述與遞迴過程視爲同義詞，或許會比較容易了解。

治療師：可是你一再提到，觀察者做出區別，並藉此建構和維繫經驗世界。如你所言，觀察者可能會選擇建構一個天眞的現實主義觀點，也可能選擇與現實主義相反，或者部分否定現實主義的觀點。這樣的主張，跟認爲世界只存在於想像之中的唯我論觀點，究竟有何區別？

認識論者：只涉及一位觀察者的時候，我們剛剛的討論聽起來確實是唯我論的，但如果涉及兩位觀察者，或是一位正在觀察自身的觀察者，情況就不同了。倘若有一位觀察者主張一切事物都在他的想像之內，他可能會發現，他的想像世界中還有其他想像的觀察者，而這些觀察者也相信其他想像的觀察者存在。這時，問題出現了：究竟哪一個幻像才是世界的中心？或者換個角度來問：是哪一個幻像創造了其他幻像？

治療師：馮佛斯特（1973b, p. 45）的說法是，地球人和火星人各據一方的時候，或許可以容許唯我論，但是當他們相遇的時候，唯我論就不攻自破了。

認識論者：別忘了，你用來駁斥唯我論的判斷標準本身，就是你用來標記該情境的方法。基本原則是，每位觀察者都必須選擇究竟要認為自己是唯我論世界的中心，還是與其他獨立觀察者共處於一個生態之中。

51 治療師：這麼說來，我們認識的世界依然是由一位或一群觀察者建構出來的？

認識論者：是的。我們實際上是藉由區別創造了我們所區別的世界。如果沒有做出區別，被區別的事物就不會存在於我們所知的現象範疇內。

治療師：如果把這個概念應用到治療領域中，我想你的意思是，案主與治療師都是參與建構與維繫治療現實的一份子。

認識論者：我們也必須謹記，案主與治療師並非以線性、唯我論的方式建構現實。這當中還有更廣的遞迴模式。治療師與案主各自做出區別的同時，他們彼此以及他們身處的生態系統也在對他們自己做出區別。

這些認識論的刻痕所組成的波紋模式，才是我們所謂的治療現實。

治療師：當案主做出一項區別，像是指出他的困擾所在之時，這項區別可以視爲是對治療師所做的區別。接著，治療師也會反過來做出區別，像是提出解決方法，而這同樣可以視爲是對案主的區別。當然，案主與治療師身處的廣大社會系統也會對他們做出區別；同時，身爲一個完整社會有機體的他們，也會一同做出區別。那麼你的意思是，以上這些相互影響的模式，就是他們建構的現實嗎？

認識論者：這是其中一種看法。

治療師：另一種看法是？

認識論者：可以像人類學的研究一樣把治療分成各個單純行爲來看。我們或許可以仔細檢視一次晤談的影片，然後列出所有可以觀察到的行爲。譬如，我們可能會記錄說，治療師傾身向前、挑了挑眉、雙臂交叉環抱，或者案主打了呵欠、清清喉嚨、凝視窗外等以此類推。著重在觀察每項行爲上，就會得出一長串這類的描述。再把這些動作依照先後順序排列出來，我們就可以開始檢視行爲序列。你有沒有看過，有些看似隨機排列的數字，仔細觀察的時候會發現其實是有規律的？

治療師：嗯，有。我記得一個簡單的例子，就拿這串整 52
數來說：10、12、15、30、32、35、70、72、75。仔細一看，就會發現這些數字的模式。依照以下方式排列的話，很容易就看出來了：

（10, 12, 15）

（30, 32, 35）

（70, 72, 75）

認識論者：我們再回到記錄晤談流程的單純行為列表上來說。如果你能夠用剛剛看數字的方法來檢視這一串行為列表，或許也可以發現其中的模式。

治療師：我想到一個案例可以討論。以下是一部分的行為列表：

1. 父親抱怨生活無趣。
2. 正值青春期的女兒太晚回家。
3. 母親責罵女兒，母女大吵一架。
4. 父親開始介入，女兒終於乖乖聽話。
5. 女兒表現出「模範行為」。譬如：有一天，她不僅為父母親準備了晚餐，還把房子打掃乾淨。
6. 母親指派工作給家庭成員。
7. 父親不喜歡被派到的工作。
8. 女兒翹課，還惹了麻煩。
9. 母親對女兒很失望，隨後臥病在床。
10. 父親責罵女兒，並且開始接管家務。
11. 女兒說想當醫生。
12. 母親計畫帶全家人一起去看電影。

認識論者：從這份列表中，你看到什麼樣的模式？

治療師：我們可以看到一個重複出現的行為序列，類似傑伊・哈雷（Jay Haley, 1976b）[28]經常提及的概念：

1. 父親－無能
2. 孩子－不乖
3. 母親－無能
4. 父親－稱職
5. 孩子－聽話
6. 母親－稱職
7. 父親－無能
8. 孩子－不乖
9. 母親－無能
10. 父親－稱職 53
11. 孩子－聽話
12. 母親－稱職

每個序列中的行爲都不同，但同樣的組織模式一再出現。

認識論者：我們來思考一下你剛剛做的事。不論是對於數字還是行爲列表，你事先已經假設其背後具有某種模式。接著，你會盯著那一串清單看，直到看出模式爲止。

治療師：那麼，是我創造了組織模式，還是眞有模式存在？

認識論者：或許兩者皆是。請記得規範與描述具有遞迴連結的。

治療師：一連串事件中必然會有某種模式嗎？如果是的話，那麼這是否表示根本沒有所謂的隨機事件存在？

認識論者：史賓賽布朗（1957）在《機率與科學推理》（*Probability and Scientific Inference*）這本袖珍書中，

曾經指出：

> 我們一向認爲隨機在本質上不具模式。然而，至今仍被忽略的一點是，不具某種模式，在邏輯上而言必然表示有另外一種模式的存在。如果說某一級數不具模式，就會產生數學矛盾。我們最多只能說，它不具備我們能夠找出的模式。隨機的概念唯有在涉及觀察者之時才具有意義。如果兩位觀察者習慣尋找不同類型的模式，他們對於隨機級數的定義必然有所不同。（p. 105）

治療師：實際上，在檢視任何行爲序列的時候，假設其中必定有某種組織模式，對我來說是合理的。

認識論者：這麼做的話，你或許能夠發現更高層次的過程，那就是互動。

治療師：當我觀察到一種互動模式時，我會認爲自己正在檢視比單純行爲更高層的遞迴。再回到剛剛那些數字上，我可以看出一連串的重複序列。換句話說，（10, 12, 15）與（30, 32, 35）有共同的模式。每組序列的數字都不同，但是其中的模式都是（a, a+2, a+5）。

54 認識論者：觀察一個家庭，也會發現同樣的情況。家中成員的行爲或許會改變，但行爲背後的組織模式是不變的。

治療師：我想，如果我們能夠把所有行爲序列都列出來的話，或許可以看到更大的連結模式。以這些序列爲例：（10, 12, 15）、（30, 32, 35）、（70, 72, 75）。每組序列中的第三個整數乘以二，就會得出連結這三組序列的排序模式。依照上述這項規則，我們會從15跳到30，再從35跳到70，以此類推。透過這個方式，新的序列就產生了。

認識論者：同樣地，一個家庭中的各個行為序列之間也會具有更廣的組織模式。就人類經驗而言，互動模式一定要不斷地改變，否則我們就會看到貝特森所謂的「分裂相生」。要是一對夫妻的互補關係一再循環，他們可能會無聊到死；要是他們的對稱關係一再加劇，他們可能會大打出手。

治療師：可是，如果他們眞的大打出手，造成某一方受傷，他們又會回到互補關係上。

認識論者：沒錯，基本上不可能永久維持互補或對稱關係。互動模式一定要不斷改變，關係中的參與者才能夠存活。

治療師：依照同樣的思考模式去推，如果把先前的數列延伸下去，結果可能會是：（10, 12, 15）、（30, 32, 35）、（70, 72, 75）、（75, 72, 70）、（35, 32, 30）……。

認識論者：我們可以假設這一串數列來到75這個數字時，就達到了臨界值或上限。

治療師：這樣一來，就會導致序列往相反方向進行。社會互動似乎就是如此。不論是在遊戲、幽默、打架或是治療的脈絡中，逐步加劇的互動序列終將到達某種上限（或下限），致使關係模式開始倒轉或改變。

認識論者：我們談的就是遞迴過程——控制論的觀點。

治療師：倘若我們面對的必然是人際互動的遞迴過程，

那就必須將任何列表視爲是自我包覆的，不論是單純行爲或是行爲模式都是如此。

55 認識論者：不過當然，我們永遠都不會回到「眞正的」起點。那一串數列最終會再循環到（10, 12, 15）這個序列上。

治療師：那麼，什麼是循環？

認識論者：循環就是同樣的組織模式重複出現。在先前的數列中，（a, a+2, a+5）這個模式一而再、再而三地出現。這就像是歌詞改變了，但旋律是相同的。

治療師：這麼說來，同樣的模式一再循環，但是其中的成員或事件不同。這就是爲什麼稱它爲遞迴，比循環更爲貼切的原因。個別的項目看似不同，但其中的模式一再重複。

認識論者：可是到了另外一個過程層次，這些模式可能就會改變了。

治療師：更高層的遞迴嗎？

認識論者：是的。

治療師：如果我能夠完全理解剛剛那些認識論工具的話，對我進行治療的方式會有什麼樣的影響呢？

認識論者：說眞的，我不知道。

治療師：推測看看。

認識論者：如果你完全認同這些理念，會產生幾個可能的影響。首先，你會發現在治療過程中觀察到的現象，必然與你的行爲有關。要是你在面對案主的時候感到挫折、無聊、或甚至恐懼，你會發覺要改變的是**自己的**行爲。

治療師：你的意思是，只有治療師才需要爲治療結果負責嗎？

認識論者：這只是治療關係中的一半，對吧？

治療師：從雙重描述的角度來看，治療的結果取決於治療師與案主之間的關係。請繼續。

認識論者：這些工具對治療的另外一項影響是，你永遠不會安於從單一角度看待任何情境。要是妻子對丈夫的焦慮發作有所抱怨，你可能去詢問其他家庭成員或是治療師，以取得不同觀點的描述。接著，你會盡可能避免掉入一個陷阱，那就是去找出誰的描述才是「眞的」或「比較正確的」。你會設法把這些描述統整爲更高層的觀點。有些治療師在告知家庭成員訊息時，也會盡量涵蓋雙重觀點，賽爾維尼－帕拉佐利 56
（Selvini-Palazzoli）與其他米蘭家族治療師就是一個例子。

治療師：請你再告訴我，這些理念對我有什麼用處。

認識論者：我們必須謹記，就某種程度而言，這些工具都是虛構的，是我們的想像建構出來的。我們建構出，世界是建構而來的想法。

治療師：但是，這不也是你剛剛提到的工具之一嗎？我們要如何避免這種思考的遞迴性？

認識論者：我們可以建構一個禁止自我指涉之弔詭的觀念世界，然後忘掉它是我們建構出來的。如果你還記得的話，這就是邏輯分類原本的用途。相反的，我們也可以完全以弔詭的角度來看待世界。貝特森、瑪拉圖納、瓦瑞拉與馮佛斯特等認識論者想告訴我們的訊息是，所有的生命與心智過程都包含遞迴、自我指涉與弔詭。這個觀點即是控制論的世界，以及控制論之控制論。

治療師：你還沒解釋過後面那個詞是什麼意思，但我猜，控制論之控制論就是比單純控制論更高層次的遞迴。

認識論者：沒錯。我們再回到這些概念對你的用處上來談。如果你完全認同以遞迴的前提看待治療中的各種事件，那麼你就能夠接納某些有趣的弔詭。更重要的是，你會發現，根本沒有禁止線性思維的循環或遞迴認識論這回事。

治療師：等等！你把我搞糊塗了。我以爲這一整本書都是在討論要怎麼揚棄線性認識論，改採一個循環、遞迴或控制論的觀點。現在你到底在說什麼？

認識論者：就拿歷史書籍裡面的例子來說好了。你還記不記得，某一個時期的人相信地球是平的？當時的人認爲，所有往海洋盡頭駛去的船隻都會掉到地球之外。當然，當這些船隻平安歸來時，人們開始認爲地球是圓的，不是平的。現在，從外太空的衛星拍攝到的地球畫面，就可以證明地圓假說。大家對於地平協會（Flat Earth Society）的成員也開始投以異樣的眼光。

57 治療師：就家族治療來說，這是很貼切的隱喻。現今的治療師多半聲稱自己主張「循環認識論」，並且駁斥那些「線性思考者」。在這個領域中，循環與線性思維之間的差異已經成爲區辨是非的一種依據。我很難想像現在會有人說自己是採用線性思維，就像我不相信還會有人說地球是平的一樣。

認識論者：然而，史賓賽布朗提醒說，有時候地平假說是有道理的。譬如，如果我們想要建造一座網球場、畫出一棟房子的平面圖，或是橫渡英倫海峽，就必須仰賴地平假說。我想依照地圓假說是蓋不成足球場的。相反的，如果我們想要航行世界一周，就必須改採地圓假說。

治療師：所以基本上來說，我們依然相信地球是平的。

認識論者：只有爲了方便行事的時候才是如此。另外我必須說，我們可以相信地球是平的，同時不否定地球是圓形、球形的。

治療師：這也適用於家族治療領域嗎？

認識論者：已經應用在這個領域了。李曼・韋恩（Lyman Wynne, 1982）在一本向結構取向家族治療大師米紐慶致敬的書中撰寫了一篇文章。文中稱讚是他一位傑出的「線性」治療師。他承認這樣的說法頗令人驚訝，但他認爲那些最有效的介入方法在定義上而言都是「線性的」。

治療師：你是說，某些介入方法以及相關的探討都應被視爲是線性的？

認識論者：這就跟建造一座網球場時需要採用地平假說是一樣的道理。然而，我也要提醒的是，要是你建的方式是把一座座網球場連結起來，環繞世界一周，最後會發現你是在打造一個圓。雖然每一座球場可以標記爲「線性的」，但是連接所有網球場的模式顯然是「環形的」。

治療師：同理可證，韋恩所謂「線性的」各個治療介入方法，是否也都可以放到更廣闊的循環模式中來看呢？

認識論者：更廣的組織模式的確具有遞迴性。以貝特森早期的話來說，所有的線性行爲與觀念實際上都屬於廣大循環模式中的「部分弧形」（partial arcs）。

治療師：那麼，這一切對於治療界有什麼啓示？

58 認識論者：這表示你不需要揚棄線性介入法與線性思維，但前提是要把它們視爲廣大遞迴模式的近似。此外，如果沒有一套線性策略，你就沒有辦法有效地治療。畢竟，誰能夠在沒有地平假說的情況下建造網球場呢？拋棄平面幾何是沒有道理的事。

治療師：你說我必須謹記這些「部分弧形」必然是其所屬之廣闊循環的近似。這是爲什麼呢？

認識論者：把一顆球往上拋，它可能會落到你的頭上。從更廣大的遞迴模式來觀察行爲時，會發現所有行爲都會一再循環。了解這一點後，你就能夠調整自己那些線性的、有目的的行爲，以融入更廣大的、連結所有生命過程的生態模式。忽略這些廣闊模式，就會產生問題。隨後的章節會更詳盡地解釋其中的關聯性。現在你只需要記住，同時保有線性與遞迴這兩種標記方式是極爲重要的。

治療師：同理可證，只要謹記邏輯分類是遞迴過程的近似或部分弧形，就可以保留邏輯分類。

認識論者：有時候，把層層遞迴的過程解開，再套上邏輯類型的結構來看，是很有用的。這種方法類似色譜分析法。透過色譜分析，我們就可以取得一個化學過程的線性記錄。此線性觀點提供了一項差異，讓我們能夠藉以辨識出先前看不到的模式。只要我們將邏輯分類視爲一種標示遞迴層次的工具，就可以依此方式加以應用。邏輯分類與地平假說一樣，有時候是很有用的近似或模型。

治療師：了解這些雙重觀點之後，現在可以進入控制認識論的世界嗎？

認識論者：我說過，你已經身在其中了。我還提過，控制論的世界中會有一些有趣的弔詭。或許我現在應該告訴你，從控制論的角度來看，在生命與心智過程中，一切都是弔詭。如果有人說治療中沒有弔詭，請不要相信他。治療過程中除了自我指涉、遞迴與弔詭外，別無他物。

治療師：能不能請你再次定義遞迴？

認識論者：控制論、循環性、重複、遞歸、冗餘、模式——這些都是遞迴。這些詞彙意謂的是，觀念、經驗與社會活動不只是線性地隨著時間推移。一個過程自我包覆時，就會形成遞迴。把遞迴想像成一個圓形，可能不是最恰當的方法，因爲遞迴並不是回到最初的起點。每個迴圈都代表一個不同的起點，只不過從組織模式上來看，它是一再循環的。 59

治療師：我不懂這個解釋。它怎麼可能是不同的起點，又是同一個開始？難道這背後也有雙重描述嗎？

認識論者：我們需要的正是同時描述同與異的方法，也就是你說的雙重描述。下一章要說明的控制論，就是描述這種互補關係的方法。從控制論的觀點來看，變與不變其實代表系統的一體兩面。

治療師：我還是想多了解什麼是遞迴。你能不能舉個例子說明遞迴過程如何回到起點，但卻是屬於不同層次的遞迴。

認識論者：瓦瑞拉（1976b, 1979）曾提出以下幾個例子來解釋遞迴過程：

神話：女性生育男性；男性讓女性受孕。

認知：直觀理解爲邏輯思考之基礎；邏輯思考導致直觀理解。

系統：整體系統拆解成各個部分；各個部分產生之過程再整合爲整體系統。

治療：治療師治療案主；案主引導治療師的治療。

標記：做出一項區別，以區辨畫出該區別的區別。

雙重描述：過程描述以形式描述分類；形式描述又生成過程描述。

做出區別：觀察者做出一項區別；這項區別促成更進一步的區別。

遞迴：一個過程循環至初始，藉此標示出差異，以促使該過程再循環至初始。

治療師：我們的討論跟這本書是不是充滿了遞迴模式？

認識論者：遞迴是不可避免的，或者更廣地來說，控制認識論是不可避免的。

60 治療師：關鍵即在於體認到這些模式。

認識論者：記得莫里哀（Molière）的名劇《貴人迷》（*Le Bourgeois Gentilhomme*）嗎？劇中男主角在成爲暴發戶後，發現自己身處不同的社會脈絡。他在與人交談的過程中，才驚覺自己說話的時候是用散文體。

他驚嘆道：「我說的是散文體。我一直都是說散文體。現在我終於知道了！」基本上，我們就跟他一樣。所有的生命與心智過程都是遞迴的、符合控制論的。我們只是需要體認到，我們一直都是控制認識論者。這一切的關鍵在於，成爲一位控制認識論者，並且有此認知。

註釋

1. 譯註：第三勢力指的是人本心理學。行爲學派爲第一勢力，而精神分析學派爲第二勢力。
2. 譯註：雷特溫（Jerome Lettvin, 1920~），美國認知科學家，以研究神經學著稱。
3. 作者註：麥卡洛克（1965）從科學史的角度來看實驗認識論，並提出以下詮釋：「化學有一個極爲不堪且刻板的起源，那就是煉金術。後來那些『唯物論的假煉金術士』（puffers）拯救了化學；同樣地，心理學也爲教條式的認識論所困，最後只有生物學家拯救了心理學。要讓心理學發展成實驗認識論，就必須試圖理解心智的組成成分」（p. 389）。（「puffer」原本指的是小型蒸汽機上的絞車，通常用於小型貨船，或用來拉動礦車。）麥卡洛克想強調的是，心理學要成爲一門科學，就必須探究組成心智的形式關係系統。在稍後的章節中，我們會發現心智是由各種現象組成，包含大腦、對話、家庭，以及整個生態系統。
4. 作者註：本書中的「man」一詞，泛指人類這個動物類別，包含男性與女性。
5. 作者註：我依照貝特森（1979a）的看法使用「lineal」一詞，而不用「linear」；前者意指一系列不再迴歸於原點的概念或命題；而後者僅用於幾何學之論述。
6. 作者註：稍後我將進一步說明，這兩者並非二元對立，而是一種互補模式。線性或非線性無法完全區分開來——我們包含了二者。更關鍵的問題是，我們要如何在這樣一個陰陽共生的體系中運作。先將這兩個概念區分開來，將有助於日後對其統合模式的理解。
7. 譯註：馬修・阿諾德（Matthew Arnold, 1822~1888），英國詩人與文化評論家。

8. 作者註：生態系統認識論的定義是一種表徵控制論、生態學與系統理論的認識論架構。這個名詞由傳播理論家威爾頓與威爾森（Wilden and Wilson, 1976）共同創造，隨後筆者（Keeney, 1979a）將其應用在家族治療上。

9. 作者註：馮佛斯特與維根斯坦（Wittgenstein）家族有遠親關係。他原本是受物理學的正規訓練，不過一直都對觀察者與被觀察者之間的關係深感興趣。在維克多．法蘭柯（Viktor Frankl）的鼓勵之下，他發表了生理記憶的量子力學理論。跟隨麥卡洛克與羅森布魯斯（Rosenblueth）做完研究之後，他在伊利諾大學香檳分校（University of Illinois at Urbana-Champaign）創立了生物計算機實驗室，主要著重「研究生物體的運算原則」（von Foerster, 1964, p. 330）。自成立以來，生物計算機實驗室一直是控制論學者結集的重鎮，其中包含艾希比、甘特（Gunther）、羅夫根（Löfgren）、瑪拉圖納、帕斯克（Pask）、瓦瑞拉等人。

10. 作者註：《形式法則》一書引起極大迴響。在哲學界，此書被瓦茲（Watts, 引自 Spencer-Brown, 1973）稱爲是：「繼維根斯坦的《邏輯哲學論說》之後對西方哲學貢獻最爲卓著的一部作品。」當《全球目錄》（*The Whole Earth Catalog*）的創辦人史都華．布蘭德（Steward Brand）邀請約翰．李力（John Lilly）爲此書寫書評時，李力（Lilly & Lilly, 1976）表示，「全美，或甚至全世界，只有一個人能夠公正、深入地評論這本書。」（p. 177）這個人就是馮佛斯特。馮佛斯特認爲史賓賽布朗與維根斯坦以及卡斯塔尼達的精神導師——唐望有幾分相似；這三個人有一個共同點，那就是「憂鬱的特質，任何能夠知其所知的人，必然有此特質」（引自Lilly & Lilly, 1976, p. 179）。

大家對史賓賽布朗如此好奇，有一部分是因爲他一直很神祕。譬如，他也是個小說家，化名爲詹姆士．契斯（James Keys, 1972），曾提出「永恆的五層次」（the five levels of eternity）這種神祕觀點。另外，史賓賽布朗與他的「弟弟」在英國專利局取得多項專利。在《形式法則》一書，他還提到和「弟弟」共同研究出新式微積分。問題是，他眞的有個弟弟嗎？

史賓賽布朗的理論一直讓人摸不清，從以下這段貝特森（引自 Keeney, 1977）的敘述就可以看出：

> 與史賓賽布朗會面前的那個早上，我先見了馮佛斯特，問他我的想法是不是對的。我說史賓賽布朗用的那些「形的符號，應該是代表負的意思……。馮佛斯特說：「沒錯，你說對了。」這時，史賓賽布朗正好走進房間，馮佛斯特對他說：「葛雷格里猜對了，這些符號是負的意思。」結果，史賓賽布朗說：

「不是這樣的！」（p. 14）

11. 譯註：皮爾斯（Joseph Chilton Pearce），美國知名兒童教育學者。

12. 作者註：「富含熱情的問題」是指提問人熱切地想知道答案，而且一直念念不忘。皮爾斯認爲，只要在心中掛念著問題，並且持續得夠久，就好像孵蛋一樣，終究會生出答案。

13. 作者註：這個觀點呼應了馮佛斯特（1976c）的主張。他認爲知覺「近乎創造行爲，比較像是主動構成概念（conception），而非被動接受概念（reception）。」

14. 作者註：「空範疇」的實例之一是元素週期表。表上預留了一些空間給尚未發現的元素，隨後促成了元素的發現。更明確地來說，元素週期表上這些空範疇所規範的形式關係引導了科學家，促使他們畫分出發現元素所必備的界線。

15. 譯註：科日布斯基（Korzybski, 1879~1950），生於波蘭的美國科學家與哲學家，也是通用語義學的創始者。

16. 譯註：羅夏克墨漬測驗是由瑞士精神科醫師赫曼羅夏克（Hermann Rorscharch）於1921年首創的人格測驗。測驗材料是將墨水塗在紙上後折疊形成對稱的墨漬圖，一共有十張。測驗的施行方式是讓受測者看著圖片做自由聯想和回答問題。

17. 譯註：寇諾斯基（Jerzy Konorsky, 1903~1973），波蘭生物學家。

18. 譯註：《那溫》爲貝特森在新幾內亞的民族誌研究。

19. 譯註：指的是古希臘哲學家伊壁孟德（Epimenides），他是克里特島人。他說：「所有克里特島人都說謊」，形成著名的「伊壁孟德弔詭」（Epimendides' paradox），又稱「說謊者弔詭」（liar's paradox）。

20. 作者註：「很久以前，莫里哀的劇中有一幕描寫博士口試的情景。口試官要博士候選人說明『鴉片爲何會讓人睡著』的『原因及理由』。那位候選人操著蹩腳的拉丁文，一副得意洋洋地答道：』『因爲它裡面包含了一個催眠原則』（*virtus dormitiva*）」（Bateson, 1972, p.xx）。

21. 作者註：貝特森（1979a）近來主張以「行爲之脈絡組織的類型」（categories of contextual organization of behavior, p. 134）取代「行爲的脈絡」（contexts of action）一詞。

22. 作者註：這個描述由瓦茲拉威克等人（1967）提出，並且指出這種「擺盪式的是－否－是－否－是」的互動，類似數學家所稱的「無限、振盪級數」（infinite, oscillating series）（pp. 56-58）。

23. 作者註：觀察者可能會先區分出一項單純行爲，隨後再做出更高層的區分，以標示該行爲的脈絡。這個單純行爲的脈絡，是區別中的區別，因此也是觀察者一開始標示單純行爲之區別的遞迴。

24. 作者註：稍後我們會看到，這個過程層次具有重要的遞迴性。形成模式的互動組織成共舞系統，而共舞系統又形成具有模式的互動。下一章將指出，此一遞迴性顯示，在此過程層次中的系統具有組織封閉與自我指涉的特性。

25. 譯註：班德勒（Richard Bandler）與葛林德（John Grinder）是神經語言程式學（Neuro-linguistic Programming, NLP）的創始人。

26. 作者註：透過此圖，我們也可以更了解貝特森（1979a）如何以獨特的方式運用邏輯分類。他解釋說：從這個典型來看，當「邏輯分類」的概念從數學哲學家的抽象領域移到紛紛擾擾的生物世界中時，便產生了極爲不同的面貌。我們面對的是**遞迴性層次**的階序，而非集合的階序（p. 201）。

27. 作者註：伯德惠斯特（Ray Birdwhistell, 1918~1994），美國知名人類學家。

28. 作者註：傑伊・哈雷（Jay Haley, 1923~2007）：家族治療的創始者之一，發展出策略取向家族治療。

【第三章】

控制認識論

不要咬我的手指，看我指向的地方。

——麥卡洛

控制論是探究模式與組織的科學，有別於任何關於 61
物質、事物、力與能量的研究。在控制論中，一切事物，或者說一切的觀點，都是「眞實的」。就像路易斯．卡羅說的：「在我的**想法**裡，世界上的所有事物都一樣好，能得到馬蹄鐵也不錯。」[1]倘若你已經能夠從物質的認識論典範超越到模式的典範，你就不需要再往下讀了。本章的目的即是試圖去形容物質描述與模式描述的差異所在。

我們採用許多詞彙來區分物質的描述與模式的描述，以下列出幾項隱喻爲例：

模式的隱喻	物質的隱喻
控制論	物理學
心智	身體
形式	物質
溝通	能量
生物學世界[2]	物理世界
整體的組織	整體的組成成分
質性分析	量性分析
機械論解釋[3]	生機論解釋

62 左欄的詞彙皆屬模式的描述，不能以基於物質、能量及量化假設的物質隱喻來說明。貝特森（1974）指出：「所有源於衝擊、力、能量等物理世界的隱喻，皆無法解釋以訊息、目的、脈絡、組織、意義所組成之生物世界中的各種事件與過程。」（p. 26）由此觀點來看，艾希比（1956）以下這段關於控制論的描述相當合理：

> 在許多面向上，控制論的起源與物理學習習相關，但它並不受物理定律或是物質特性主宰。控制論探究的是行爲的各種形式……。這與物質性毫無關聯，而所以一般的物理定律同樣無關緊要。**控制論的眞理，並非取決於它是否源自科學的某一分支**。控制論自有其基礎。（p. 1；粗體字爲作者所加）

我們不應將控制論與物理學、模式與物質、心智與身體之間的差別視爲二元對立。在控制論的世界中，具有模式的事件可以分成兩個類型來看：與物質有關的事件，以及與非物質的事件。這樣一來，我們就能夠區分由物質體現的模式，以及在非物質或想像世界中出現的模式。

控制論者提醒我們說，物理學實際上是控制論的分支，探究的是由物質體現的模式。由此角度來看，物理學並非對立於控制論，而是控制論的一部分。同樣地，既然模式可以體現在各種物質形式上，上述那些關於模式與物質的隱喻也應被視爲是相互關聯的。要釐清此一概念，可以先從機械的定義開始思考。機械顯然不只是一連串零件的列表，或是有關組成物質的陳述。「機械」
一詞指的是零件的某種特定**組織**。嚴格來說，機械的組 63
織模式並不涉及組成物質的本質。[4]因此，在控制論
中，機械是一種特定情況，即模式正好體現在某種硬體
上。

要體認到控制論與物理學、心智與身體、形式與物質、陰與陽並非二元對立（不具對稱的二元性），首先必須做出區別。這出自於認識論的基本概念：有區別的世界不同於無法區別的世界。榮格（1916/1961）將這兩種世界分別稱為「實界」（creatura）與「空界」（pleroma）。他在〈對死者的七篇佈道〉（Septem Sermones ad Mortuos）這篇奇特的短文中寫道：

> 哈肯說：我從虛無開始。虛無即是完滿。在無限宇宙中，完滿等同於空。虛無既是空、亦是完滿……。無限而永恆的事物不具任何性質，因為它具有一切性質。這虛無或完滿，我們稱之為空界……。空界既是無，也是有。思考空界為何，是徒勞無功的，因為這等於是一種自體分解。實界不在空界中，而在它本身之中……。區別性就是實界。實界是有區別的。區別性是實界的本質，故它有所區別。（pp. 379-380）

認識論來自實界：即使是要體認到有一個無區別的世界存在，我們都必須先做出區別。從空界的角度來看，我們創造的一切區別都是虛幻不實的，亦是不完整的觀

點；完整的觀點即是沒有區別的。身為自然認識論者，所面臨的困境在於，我們必須做出區別才能認識世界，同時也要體認到這些建構而來的區別都是虛幻的。如貝特森（1975）所言：「那些神祕主義者可能會取笑我們，可是人類學家的任務就是要探索虛幻的世界，而且或許需要借助神祕祕主義者的眼睛和耳朵」（p. 149）。

因此，要體認到那些看似對立的事物實則並非二元，依然必須先區別事物。不先認識組成成分，便無法
64 了了解整體形態。反過來說，不先假設整體的存在，就無法區辨其中的組成部分。我們最終會體認到，我們畫出的區別不是一元也不是二元的，而我們認識的世界，不是虛幻也不是眞實的。

對於西方治療師而言，控制論或許是一個奇特的領域。有時候控制論被認為是在解釋一個「看不見的」世界，因為其中沒有任何可以計算或衡量的東西，而且「什麼是眞」的問題在控制論中往往無關緊要。要「看見」控制論的世界，就必須先改變眼中只有物質的認識習慣。同時，也要避免物質／模式或心靈／身體這類的線性二元論。要認識控制論，即彷彿進入一座日式庭園般，重點在於呈現出來的模式，而非物體本身。聚焦於模式時，物體便消融於背景之中。

我們的目標是發展出涵蓋模式與物質、心智與身體的雙重觀點。控制論幫助我們在治療過程中了解心智，同時也不忽略體現心智的身體。要達到這樣的雙重觀點，就必須學會重新認識心智。貝特森（Bateson & Rieber, 1980）的說法：

> 我認為，相信物質世界是虛幻的，而心智是眞實的，比相信心智是虛幻的、但物質世界是眞實的想法更為健全。不過當然，整體上而言，兩者都不正確。但是相信心智是眞實的，比相信物質世界是眞實的更進一步。（pp. 250-251）

單純控制論

物質與心智過程的組織模式，是孕育控制論的基礎概念。此一概念在思想史上已醞釀多時，也隱約見於諾斯底教派（Gnostics）[5]、巴特勒（Samuel Butler）[6]、卡洛（Lewis Carroll）等人的著作，特別是在威廉・布雷克（William Blake）[7]的詩作中。然而直到二十世紀中葉，控制論才發展成為一門形式科學。1943年，有兩篇論文於美國發表。派普特（Papert, 1965）[8]認為這兩篇論文清楚地提出一個「新的思想架構，因此這兩篇發表的同時，即可謂控制論的誕生」（p. xv）。其中一篇是 65
由羅森布魯斯（Arturo Rosenblueth）、維納（Norbert Wiener）與畢格羅（Julian Bigelow）共同發表，文中提出將「目的」之概念納入機器裝置的通則。另外一篇由麥卡洛克（Warren McCulloch）與皮茲（Walter Pitts）共同撰寫，名為〈神經活動之內在概念形成的邏輯運算〉（A Logical Calculus of the Ideas Immanent in Nervous Activity），主要說明「腦部感知與描述可知覺及可描述的事物時所必須運算的函數類型」（von Foerster, 1970, p. 16）。這兩篇論文分別探究有目的之行為與知覺背後的組織模式。

於此同時，貝特森正在人類學的研究中發展出一個觀察互動過程的觀點，而皮亞傑（Jean Piaget）則致力於探究兒童的認知發展，並從中找出認知機制。這些研究的共通點是，「體認到那些主宰心智之體現的法則，必須自掌控訊息的法則中尋找，而非能量或物質」（Papert, 1965, p. xvi）。派普特進一步闡釋說：

> 主要的概念基礎即是了解在機械、電子、生物或甚至社會系統中，具有目的性之行爲規律所涉及的各種不同物質情境應被視爲是一種基本現象的表現：**回輸訊息以形成一個閉合控制迴路。**（p. xvi；粗體部分爲作者所加）

「回輸訊息以形成一個閉合控制迴路」即是「反饋」（feedback）。羅森布魯斯、維納與畢格羅（1943/1968）在文中指出，「一切具有目的性的行爲都是需要反饋的」（p. 222）。維納（1954/1975）記錄說，他們在論文中提出的想法「是由羅森布魯斯在1942年於紐約市舉辦的一場會議中推廣；該會議的主辦單位爲約西亞梅西基金會（Josiah Macy Foundation），討論主題是討論神經系統的中樞抑制作用」。會議上結集了一群想要探究「自我調節機制」（self-regulating mechanisms）的科學家，包括馮諾曼（John von Neumann）[9]、皮茲（Walter Pitts）[10]、
66 麥卡洛克與米德（Margaret Mead）[11]。這個兩天的會議帶給與會者的收穫，是一個新的典範。海姆斯（Heims, 1977）表示：

> 羅森布魯斯、維納與畢格羅實際上為科學提出了一項新典範。在此典範基礎上，我們致力於建構一個涵蓋機械與生物體的理論，而該理論必然包含訊息、控制與反饋的概念。（p. 143）

繼1944年的第二場會議之後，麥卡洛克於1946年又召開另一場會議。這次的與會者更多元，包括庫比（Lawrence Kubie）[12]、克呂韋爾（Heinrich Klüver）[13]、艾力克森（Erik Erikson）[14]、勒溫（Kurt Lewin）[15]、貝弗列斯（Alex Bavelas）[16]、諾索普（F. S. C. Northrop）[17]與馮佛斯特。這群學者每半年開一次會，一連了持續許多年；會議主題大多是「生物與社會系統中的反饋機制與循環因果系統」（Feedback Mechanism and Circular Causal Systems in Biological and Social Systems）。[18]

維納創造「控制論」一詞來為他們提出的新理論命名。在第一版的《控制論：或有關動物與機器中的控制與通訊之科學》（*Cybernetics: Or the Control and Communication in the Animal and Machine*, 1948）中，維納指出，「『控制論』一詞最早出現於1947年夏天」（引自Mihram, Mihram & Nowakowska, 1977, p. 418）。然而，他在第二版的《人有人的用途》（*The Human Use of Human Beings*）一書中卻承認說（但沒有引用任何參考文獻），控制論一詞最早出現在十四世紀的法國及波蘭文獻中。[19]維納發現該詞源自於希臘文，意指「舵手」（steersman）。柏拉圖在《理想國》（*The Republic*）中使用這個詞來代表掌控與命令的藝術。由此看來，控制論原本就具有航海與社會控制的指涉意義；這顯示控制論的意涵牽涉人以及人所使用的機械。

反饋

控制論的基本概念就是「反饋」。維納（1954/1967）對反饋的定義是：

> 反饋是一種將系統先前的效能結果回輸，藉此
> 控制系統的方法。倘若這些結果只是做爲檢視
> 67 系統與其調節作用的數值資料，即是控制工程
> 師採用的單純反饋機制。然而，如果回輸的效
> 能訊息能夠改變普遍做法以及效能模式，就會
> 形成一個可稱爲**學習**的過程。（p. 84）

換言之，所有單純及複雜的調節與學習過程皆包含反饋。因此，學習與改變的脈絡主要涉及修正或建立反饋機制。治療要有效，就必須創造不同的反饋形式，才能夠爲適當的改變提供途徑。

反饋機制的一個典型例子，是具有恆溫裝置的暖氣系統。當溫度變化超出恆溫器校準的臨界值時，暖爐就會自動開啓或關閉，使室溫維持在設定範圍內。因此，此系統會監控自身的效能，並且自我校正。這類維持在某一變動範圍的過程，代表「反饋的方向與最初促成反饋的改變方向相反」（Parsegian, 1973, p. 67）。這個過程稱爲「負向反饋」（negative feedback），它即是「一個因果事件的循環鏈，在此循環鏈中有一環節，使迴路中的某樣東西增加，另一樣東西就會減少」（Bateson, 1972, p. 429）。譬如，當一個人開車時的車速超過速限

愈多，在看到巡警的時候，就愈不可能再踩油門。

在家庭中，兩位成員之間的爭吵就像室內溫度一樣，可能會不斷地加劇，直到達到彼此忍無可忍的臨界值為止。如同恆溫器的原理，臨界值有時是由第三位家庭成員來調節或定義，也就是爭吵會因為他的行為而停止。譬如，當一對兄妹倆吵得正兇的時候，家裡的狗突然開始咆哮起來，轉移了他們的注意力。於是他們就停止爭吵，跑去跟牠玩了起來。

有時候，往另一個極端的偏差，也會受到反饋機制校正。譬如，一對夫妻本來「相安無事」，自從接到成年的女兒打來的電話後，便開始為一些芝麻小事爭吵。在此情況中，夫妻之間的互補關係逐步加劇至臨界值之 68
時，女兒的來電便引發了他們的激烈反應，把他們從「太黏彼此」的困境中「拯救出來」。

每個家庭都會藉由反饋過程來維持整個家庭組織的穩定。藉由控制逐步加劇的行為、互動主題以及複雜的共舞模式，家庭才得以維繫下去。一個永續的家庭系統必定具有「自我校正」的機制。

不過，羅森布魯斯、維納與畢格羅也曾指出，要是反饋機制的結構不夠完善，反饋控制可能反而會導致不協調的行為。譬如，一位患有運動失調症的人想要伸手去拿別人給他的菸，卻怎麼也拿不到。他可能會一再地伸手嘗試，最後變成在菸的兩邊東抓西抓似地激烈擺盪。同樣地，一個設計不良的恆溫器，可能反而會讓室內溫度劇烈變動。汽車的轉向系統也是如此，，如果駕駛在轉向的時候「遲疑」太久或是反應太慢，就會導致車子開始蛇行。要是駕駛打方向盤的動作過慢，輪胎來不及轉向，他就只好再繼續打下去。等到車子開始轉向的時候，方向盤轉的角度已經過大了，接下來就算往另外一個方向打，也會造成同樣的結果。在這樣的反饋迴圈中，系統的校正行爲顯然過當，後果即是導致逐步加劇的擺盪。

當社會系統陷入校正過當的反饋迴圈之中，就會造成劇烈擺盪的行爲。弗萊（1962）在〈焦慮症狀的婚姻脈絡〉（The Marital Context of an Anxiety Syndrome）這篇經典論文中指出，臨床的焦慮症狀有時會在夫妻之間交替出現。譬如，當夫妻雙方受邀參與一項社交活動時，太太的焦慮可能會發作。這時，先生的反應可能是抱怨太太的「狀況」使他無法與朋友相聚。不過其中可能還有另一層含意；太太的症狀對他來說反而是一種保護，這樣他就不需「過度參與社交」，而社交正是他暗地裡（無意識中）害怕的情況。當先生對於社交的緊張情緒（或焦慮）逐漸緩和下來之後，太太或許就會開始參與社交活動。這時，可能會換成先生焦慮發作，使整個情況倒轉。現在先生的發作變成是在「保護」太太，因爲太太或許害怕先生向外發展關係。夫妻雙方都出現過度保護另一方的行爲，導致彼此交互出現焦慮症狀。

69 穩定與改變之間的關聯

我們必須了解，控制過程絕非趨向一個穩定不變的狀態。貝特森（1972）指出，「校正行爲源自於**差異**」（p. 381）。嚴格來說，系統是「經由錯誤來啓動」，主要因爲「現狀與『理想』狀態之間有所差異，才會產生校正回應」（p. 381）。因此，控制論的啓示是：「一切改變都應視爲是維持某種程度之不變的努力，而一切的穩定都必須藉由改變來維繫。」（G. Bateson, 引自 M. Bateson, 1972, p. 17）

舉例來說，「恆定性」（homeostatsis）一詞即是用來描述改變的過程如何導致穩定。然而，這並不是一個恰當的詞彙，往往會使人誤解爲它代表某種程度的「穩定狀態」。就像布蘭德（1976）說的，我們或許應該改用「恆動性」（homeodynamics）一詞（p. 53）。把「相同」（homeo）與「動力」（dynamics）這兩個概念結合在一起，就形成了代表穩定與改變之控制關係的雙重描述。[20]

上述這些關於控制過程的概念皆基於一項假設，那就是系統內的所有變數幾乎不會維持在一個固定值上。行爲、互動或共舞系統永遠不會保持不變。譬如，家庭就是一直處於變動的狀態－每個家庭成員在一連串的互動過程中都會不斷地改變自己的行爲。

嚴格來說，一項變數會在某一「控制」値內「搜尋」或變動。反饋迴路中的變數會在一個控制範圍內變動，要不就是偏差範圍本身會擴大。譬如，有個人一天固定抽八到十根菸，而且每週都維持在這個數量。另外一個人可能也是一天抽八到十根菸，但維持了一星期後，就增加到一天二十到三十根菸。在後者的情況中，偏差範圍的上限與下限皆往同一方向增加，也就是朝同一方向失控。

相反的，他也可能從一天抽八到十根逐漸轉爲一天抽二到三十根。在此情況中，偏差範圍的上限與下限則朝不同方向擴增，表示偏差範圍的波動更大。

70 由此可見，偏差範圍有不同的擴大模式。一個控制系統的偏差範圍可能會朝同一方向增加，或者是波動範圍不斷擴大。朝同一方向失控的情況，往往都是因爲試圖將某一變數最大化或最小化所引起的；如不斷累積財富的石油大王即是一例。至於波動範圍的擴大，則通常由不協調的反饋機制造成，就像運動失調者症患者的行爲一樣。

偏差範圍固定不變或是不斷擴大的差異，有時候會以兩種不同的反饋或控制系統來討論。丸山（Maruyama, 1968）即提出偏差抗衡（deviation-counteraction）與偏差擴大（deviation-amplifying）兩種系統；前者包含「負向」反饋，後者包含「正向」反饋。

採取這種觀點的問題，就是很容易將改變與穩定描述爲二元對立的概念。在此觀點下，家庭不是傾向改變、傾向恆定，要不就是這兩個過程達到平衡。這類區分並非控制論的觀點。在控制論中，穩定與改變是不可分的——兩者具有一體兩面的互補關係。控制論主張，沒有穩定，就不可能有改變產生；同樣地，唯有在改變的基礎上，才可能產生穩定。只要我們持續了解系統反饋過程的遞迴性，穩定與改變之間的互補關係就會更爲突顯。

維納原本的主張是，穩定或改變是由不同層次的反饋控制導致的結果。換言之，「反饋可以是指一個單純行動的成敗，或者是指更高層次的過程，也就是當關於整體行爲策略或行爲模式的訊息回輸至系統中時，即產生高層反饋，使生物體得以據此改變後續行爲的策略」（Rosenblith，引自 Wiener, 1954/1967, p. 276）。維納後來體認到，後者的反饋形式「與羅素稱爲「邏輯類型」的基本反饋過程不同」（p. 82）。高層反饋往往是維繫或是改變某一社會組織的途徑。

哈雷（1973b）精闢地指出，青少年如果被診斷出患有「精神病」，往往是因爲家庭在讓他斷奶的發展期間出了差錯。青少年的「精神病式」行爲不斷加劇，雖然看似愈來愈不受家長掌控，但終究會引發更高層的控制過程。譬如，家長可能會尋求治療師的協助，最後把青少年送進療養院。然而，光是付錢把孩子關起來，並
不會改善家庭狀況。也就是說，治療師與療養院所形成 71
的反饋機制促使家庭組織維持現狀，結果反而阻礙了青少年的成長發展。因此，在面對如此複雜的系統時，必定要設法建立另一層的反饋過程，藉此改變連結家庭、治療師與療養院之間的遞迴模式，治療才會有效果。

不受高層控制的反饋，也就是在缺乏反饋之反饋的情況下，必然會導致失控的加劇與分裂相生。最後，失控的加劇狀態將會摧毀系統。朝向學習、適應與演化的改變主要源自於受控的控制過程，而非失控的改變本身。普遍來說，任何系統生態若想要生存或是共同演化，反饋過程就必須體現在具有遞迴階序的控制迴路中。貝特森（1979a）以汽車駕駛的例子來說明這一點：

> 某位駕駛的行車速度是每小時一百一十二公里，因而引起交通警察（或雷達）的注意。警察心中的偏差值與臨界值會促使他對任何超過或低於速限十五公里的車輛有所反應。

> 警察的偏差值是由地方警察首長所設，而警察首長則會針對州政府給他的命令(也就是校準)自我校正。
> 州政府會依照國會議員所定的法規自我校正，而國會議員必須看選民的臉色。選民對於民主黨或共和黨政策的偏好，又會左右國會立法的校準。（pp. 198-199）

控制論探究的即是改變過程如何主宰不同層次的穩定或控制。從控制論的觀點來看，治療師不僅要能夠區辨出促使病症延續的單純反饋過程，還要能夠找出維持這些低層狀態的**高層**反饋機制。治療師的主要目標，就是要啓動能夠促使問題生態自我校正的反饋過程。

為行為科學提出適當的虛構概念

馮諾曼與摩根斯坦（Von Neumann and Morgenstern, 1994）曾主張，應該要有人爲行爲科學提出一項虛構概念，主要作用就像造就物理學的美麗虛構——牛頓粒
72 子。沒有適當的虛構或假設[21]，行爲科學就無法確立基礎。

具有反饋結構的遞迴網絡，就是可以應用在行爲科學上的虛構概念。米勒、蓋朗特與普利布拉姆（Miller, Galanter and Pribram, 1960）在《行爲的計畫與結構》（*Plans and the Structure of Behavior*）這本經典著作中也主張說：「我們應該採用的行爲單位」就是「反饋迴圈」（p. 27）。

我們應該以單純反饋做爲概念的基石或是假設。在

此基礎之上，我們便能夠建立一個關於反饋過程之遞迴層次的廣闊觀點，藉以描述心智與生命過程的特性。複雜系統的反饋具有階序性。必須謹記的是，該階序是一個遞迴網絡，而非層疊的金字塔。當我提到反饋過程時，我指的就是這樣的遞迴網絡。

此外，我傾向以階序性（遞迴的）的**負向**反饋來思考。採用這樣的觀點，就可以避免將「正向」與「負向」反饋視為二元對立。有時看似「正向反饋」的過程，實際上是高層負向反饋的一部分；各國的軍備競賽就是一個例子。在軍備競賽的情況下，核子戰爭的爆發，或許就是負向反饋過程中的校正行為。然而，人類現在卻一心以為，只要大家對於戰爭爆發這種自我校正行為懷有恐懼，就能夠促使各國重新調整軍備競賽。

因此，誠如貝特森（1972）所言，控制論的解釋必然是「負向的」（p.399）。我們所稱的「正向反饋」或「偏差擴大」，其實都是更廣的負向反饋過程中的部分弧形或序列。系統的逐步失控狀態，是觀察者標示的指涉框架所造成的結果。只要擴大指涉框架，就可以看到系統的「失控」其實是受制於高層控制的一種變化。[22]

控制論之控制論

73

在控制論發展早期，工程師經常提及所謂的「黑箱」（black boxes）研究。黑箱法的控制論工程僅限於檢視系統輸入（input）與輸出（output）之間的關係。根據輸出調整輸入，以修正之後的輸出，即形成控制論之關係。

舉例來說，火箭導航系統就是藉由不斷回輸目前航行位置的資訊，來引導之後的航線。這個觀點的不足之處，在於沒有將觀察者或工程師納入考量。譬如，火箭在經過幾次的試航之後，工程師必定調整火箭的導航機制。這個更爲廣大的嘗試錯誤序列（trial-and-error sequence），即是包含工程師在內的高層反饋過程。[23]

就拿調節室溫的控制論系統來說，室溫的單純反饋是根據屋主對於恆溫器的設定而校準的，所此這個系統必然包含人類。如貝特森（1979b）所言：「偏差值（反饋的校準）本身受另一個反饋過程控制。該反饋過程的感覺器官並不在客廳的牆上，而是屋主的皮膚。」（p. 198）大體而言，任何的「黑箱」系統都會受限於更高層的反饋控制，不論是火箭導航系統或是室溫調節系統皆是如此。

黑箱觀點假設有一觀察者獨立於系統之外。經常由此衍生的看法是，外在觀察者得以單方面地操縱或控制他所觀察的系統。當一個人必須負責管理某一系統時，這種觀點有時候是有用的。譬如，受法院委託治療一位問題少年犯的治療師，或許會很慶幸有這樣的黑箱觀點。即便從更高層的遞迴過程來看，黑箱觀點並不完整，但它卻能幫助治療師察覺維繫問題行爲的模式，並藉此找出對策。

當然，黑箱觀點並不完善，而且僅在某些需要單方管理的特定情況下，或是麥卡洛克所稱的「指揮系統」（command system, 引自 M. Bateson, 1972, p. 204）之下才
74 有用。在更高的遞迴層次中，治療師本身也是系統整體的一部分，並且受制於反饋。在此層次中，治療師無法單方面控制系統，而且可能促成或阻礙系統自我校正。

控制論隨後的發展超越了早期黑箱工程在認識標記上的限制，更進一步體認更高層的控制論過程。帕斯克（Pask, 1969）曾主張說，具有目的性之系統的基本概念，不見得有將高層遞迴考量在內。早期的控制論者並未體認到不同層次的目的，而是傾向以一個特定的、可察覺的目標來描述系統之單純目的。貝特森（引自Lipset, 1980）對於這種簡化的決定論觀點提出以下批評：

> 我們在思考目的之本質與相關概念時，多半偏重可察覺的目的。我想，以這種方式看待生物體，往往會太過狹隘。譬如，我可以說，我想讓你相信我的理論很重要，主要目的是提升自己社會階級……。但其實身爲生物之一的我還有其他更廣大的目的，包括追求幸福感在內。（p. 194）

爲了擴大控制論者的視野，幫助他們了解不同層次的目的，帕斯克（1969）將目標導向之系統分成兩種類型，或兩個層次——「無語系統」（taciturn systems）與「語言導向系統」（language oriented systems）；其定義如下：

> 無語系統是由觀察者表明或發現目標（系統內之目的）的系統。該目標就是所觀察系統的運作目的（purpose for）。相反的，語言導向系統可以在任何知道目標語言（object language）的

人詢問或指示之下接受目標，也可以採用相同媒介自行聲明或描述目標。（p. 25）

汽車的「巡航定速控制」（cruise control）即爲一種無語系統。駕駛事先設定車速，然後交由系統達成定速的目標。相反的，具備某種程式語言的電腦則爲語言導向系統。這類系統是藉由輸入提問運作，而非單方面接受指令來達成目標。譬如，電腦可能會有所回應，說你沒有提供適當的訊息，或是建議改問其他問題。

75 無語系統使觀察者得以如同置身於系統之外。舉例來說，烤麵包機、收音機和電視就是具有特定運作目的的系統。至於有人爲這些機器設定目標的高層遞迴過程，則爲求方便而被忽略。我們多半不會去注意操作者與機器之間的互動過程。在此目的層次上，任何連結人與烤麵包機之間的「迴路」，我們皆予以忽視，不過偶爾還是不得不注意到其中的連結，特別是被機器電到的時候。

在語言導向系統中，觀察者更明確地藉由定義或提出**他的**目的要求來進入系統。這屬於更高層次的目的；要使系統達成目標，觀察者必須做的並不只是按下啓動機器的按紐而已。使用烤麵包機時，我們不覺得人本身有做什麼事（除了拉下麵包升降鍵之外），但我們比較會將電腦操作員視爲電腦運算系統的一部分。電腦啓動之後，操作員必須持續與電腦互動來達成某一目標。在此情況下，「電腦是否會思考」的問題，可以從指出人機迴路的心智特性來思考。[24]

無語系統和語言導向系統的差異在於遞迴層次。我們不應將這兩種系統視爲二元對立。語言導向系統表徵的是比無語系統更高層次的遞迴過程，因此後者是前者的互補近似。因此，從更高的遞迴層次來看，任何由觀察者所標記的無語系統都是語言導向系統的一種簡略標示。

家族治療師過去面對案主時，是採取無語系統或語言導向系統的觀點。前者是將家庭系統視爲一個可以從外在觀察並且運作的黑箱；後者則是把治療師納入家庭系統來看，不容許治療師－案主之間的迴路連結產生任何中斷情況。

從黑箱觀點跳躍至黑箱**加上**觀察者的觀點，以及從 76
無語系統超越至語言導向系統，代表的是由原始認識論演變至所謂「控制論之控制論」的過程。誠如馮佛斯特（1973a）所言：「這時，我們才從控制論（觀察者只能透過設定系統的目的來進入系統）演變爲控制論的控制論（觀察者藉由設定自身的目的來進入系統）。」（p. 31）

「控制論之控制論」一詞原先由是米德（Margaret Mead, 1968）提出，代表一種描述觀察者如何納入並參與系統的方法。簡化的黑箱觀點認爲有一外在觀察者在試圖找出輸出輸入之關係的冗餘（或規則），而控制論之控制論則是超越一個遞迴層次，將觀察者納入被觀察的系統之中。

應用至社會科學與心理治療的控制論一向遵循黑箱模式。瓦茲拉威克等人（1967）即指出黑箱模式的優點：

> 將此概念應用在治療心理或精神疾病上，對於探究問題的有利之處是，我們不需就內在精神狀態提出一些無法驗證的假設，而只需著重在可觀察的輸入輸出關係上，也就是著重溝通關係即可。我們認爲這個方法呼應了現今精神醫學的重要趨勢，那就是將症狀視爲家庭系統的輸入，而非內在精神衝突的表現。（p. 44）

把家庭標記爲黑箱的觀點，即是將症狀與治療師的介入描述爲黑箱的「輸入」。這種觀點有助於規畫治療策略。在此情況下，治療師就像控制工程師一樣，可以藉由明確、有目的的規畫來「調整」、「重新校正」案主的家庭，或者「改變其結構組織」。許多有關治療實務的重要貢獻都來自此觀點。

然而，這種實務觀點的限制是忽略了觀察者與治療師也屬於系統的一部分。此外，那些層次更爲複雜、有時稱爲「無意識的」心智過程也可能在治療情境中被忽略。

77 諷刺的是，去情境化的實務觀點不僅是把家庭放入黑箱中，也把治療師放入另一個黑箱之中。還有一個更大的黑箱包含了這兩個畫分系統的複雜互動，而這個廣大黑箱很容易就會被忽視。控制論之控制論試圖採取的觀點是把這兩個獨立的黑箱打開，並視爲一個整體的遞迴系統。

之前曾經提過，維納（1954/1975）發覺反饋過程具有不同層次。他體認到，在人文科學的領域中，高層控制過程必然包含觀察者本身。因此他認爲，任何一個族群在經過人類學家的探究之後，絕對不可能「維持原狀」。更驚人的是，他還主張說：「研究股票市場，很可能會擾亂它。」（p. 164）可惜，早期的「控制導向控制論」並未清楚說明這些高層次的過程。現在，控制論領域的當務之急就是重新找回其遞迴本質。

侯艾與馮佛斯特（Howe & von Foerster, 1974）指出：「控制論的起源是發展一套認識論來理解和模擬動物及機器的第一序（first-order）調節過程；現今的控制論則提供了完善的概念架構來處理第二序（second-order）過程（譬如，認知、對話與社會文化互動等）。」（p. 16）單純控制論提出了恆定與適應的概念，而控制論之控制論則包含自我指涉、自主性，以及更為複雜的心智單元；以下將逐一討論。

自我指涉

客觀性的錯誤

控制論之控制論（或者是馮佛斯特所稱的「第二序控制論」）[25]將觀察者納入被觀察的系統中，所以一切描述皆為自我指涉。懷德海與羅素在1901年提出邏輯類型理論（參見本書第二章）的目的就是要避免形式邏輯與數學出現矛盾與自我指涉之弔詭。然而，在1931年，哥 78
德爾（Kurt Gödel）即以形式證明數學理論不可能達到一致性與完備性。實際上，他證明了自我指涉之弔詭內存於任何一種思考的形式系統，無論如何都不可能擺脫它的糾纏。在這些早期論述之後，甘特（Gunther）、羅夫根（Löfgren）等學者陸續開始探討自我指涉的概念系統，並且有所成果。馮佛斯特（1971）對於這段歷史的概述如下：

> 「自我指涉」在科學論述中一向被視爲是不合邏輯的，原因是一般認爲科學方法奠基於將觀察者排除在外的「客觀」陳述，也就是假設科學無法處理自我指涉、自我描述與自我解釋——即指涉包含指涉者、描述包含觀察者以及解釋包含公理的封閉邏輯系統。
>
> 這種論點是沒有根據的。馮紐曼、甘特、羅夫根與其他許多學者在探討描述系統應該要多複雜才能夠像被描述者一樣運作時，就已經指出這一點，並且也解決了這個問題。（pp. 239-240）

控制論之控制論在認識論意涵上一再強調「客觀性」的錯誤，因爲客觀性假設觀察者與被觀察者是分開的。依循此思維觀點，馮佛斯特（1976c）問道：「倘若觀察者本身不具備能夠描述事物的特性，怎麼可能做出描述呢？」因此他的結論是：「客觀性的說法不過是無稽之談！」（p. 12）

貝特森（引自Keeney, 1979b）提供了以下的例子說明，當我們忽視觀察者與被觀察者之間具有密不可分的關係時，是十分可笑的：

> 79 有人跟畢卡索說，他應該要按照事物原本的樣貌來畫——客觀的繪畫法。畢卡索喃喃地說他

> 不太知道要怎麼做。質疑他的那位男子從皮夾裡拿出一張他太太的照片說：「你看，這就是我太太原本的樣子。」畢卡索看了看照片說：「她應該蠻矮的，身材也算扁平對吧？」（p. 20）

馮佛斯特（1976b）進一步闡述了客觀性的荒謬之處，他表示：

> 主觀陳述由主體提出的說法，在句法及語義上都是正確的。相對地，我們應該也可以說客觀陳述是由客體提出，可惜這些該死的東西根本不會做任何陳述。（p. 16）

不幸的是，有關人類系統的研究多半充斥著客觀性的想法，連帶忽視了自我指涉的概念。例如，大部分的教育方式都遵循客觀性的前提。根據馮佛斯特（1972）的描述，這是使學生「平庸化」（trivialization）的教育法。在此情況下，學生一開始是被視爲是無法預測的生物。接著，他要學習的就是如何回答出可以預測的「正確」答案。在所謂的「客觀測驗」中拿到滿分，即代表徹底的平庸化：「學生完全是可以預測的，這表示他可以進入社會了」（p. 41）。馮佛斯特認爲，教育系統應該要容許「合理的疑問」——「答案未知的問題」。在此情況下，老師與學生之間具有遞迴關係，進而產生自我指涉的對話：老師必然參與學習；而學生也必然參與教導；教學相長。理想的教育應該包含「機械式的背誦」

學習以及蘇格拉底式的對話，而且兩者具有遞迴連結性。

同樣的批評也適用於治療。將案主系統視爲獨立黑箱的治療師，可能也將治療情境「平庸化」（trivialize）了。這些治療師認爲自己是單方面地「控制」案主，同時大肆讚揚「客觀」或「中立」的立場。

治療師將案主平庸化的其中一種方式，就是讓案主做「客觀的」診斷測驗。這讓治療師得以依照一個可預測的類別來治療。藉由將案主的行爲當作某一特定的行
80 爲**類別**來看待，治療師即塑造出病症的「現實」。這使得治療晤談變成了如何形成某種症狀的啓蒙和訓練課程。在這樣的情境下，案主學習到的是反而是形成某一類病症的技巧。

其他採取社會互動觀點的治療師，則可能會設計一些互動事件來引導案主改變其回應方式。舉例來說，治療師可能會限制家庭只能透過某些管道的某種特定方式溝通。治療師可能會要丈夫對太太說出他的「感覺」，而不是表達「意見」。同時，小孩則被要求在爸爸說話的時候不可以打斷他。在這樣的社會互動情境中，治療師扮演的角色就像交通警察，指揮著各種行爲序列的表現方式。

不論是以心理計量或是社會互動框架來包裝，這些治療師都是依循相同的基本假設，那就是他們「主導」治療性改變，同時必須讓自己保持在案主系統「之外」。控制論之控制論則是更深入地考量案主與治療師之間的遞迴關係——即避免以「客觀性」爲前提；文後將進一步討論這一點。

然而，馮佛斯特（1976c）也主張，不能因爲否定「客觀性」，便轉而贊同「主觀性」，因爲「否定一個無意義的主張，得出的結果同樣是無意義的（p. 12）」「客觀性」與「主觀性」代表一種互補配對，就像白天／黑夜與左／右一樣。因此，當「客觀性」成爲無稽之談，「主觀性」也同樣是無稽之談。

觀察的道德觀

顯然，我們必須超越客觀性與主觀性的完形觀點。控制論之控制論提出的另一個思考角度道德論。從道德觀點來看，我們不會問自己是否「客觀」或「主觀」，而是體認到觀察者與被觀察者之間具有必然的關聯性，並且進一步檢視觀察者**如何**參與被觀察者的系統。

這種觀點源自於認識論的基本概念，也就是要「認識」，就必須先做出區別。做出區別的行爲代表一種選擇或偏好。因此，治療師對於某一症狀的看法，是建立在某種偏好、意圖與道德觀的預設基礎之上。這意味著，一項描述不僅可以幫助我們了解被觀察者，也提供了關於觀察者本身的訊息，而且後者有過之而無不及。舉個明顯的例子來說，有位影評人將某部電影評爲「荒謬至極」，但其實這樣的評價往往透露更多關於影評人本身的訊息。同樣地，案主被送進療養院、被迫接受腦部電擊或靜脈注射的治療描述，都可以幫助我們這些案主的治療師。 81

對於改採參與式及道德論的認識論觀點，侯威與馮佛斯特（1975）的形容是：「從單向因果論，轉變至互惠共存的系統思維；從關注被觀察者之特性，轉變爲探究觀察者之特性」（pp. 1-2）。他們認爲康德是推動這項變革的先驅，而且這波典範轉移促使我們揚棄客觀性，轉而關注責任問題。由於每個人都有自己一套標記世界的方式，所以檢視這些標記習慣背後的意圖是很重要的。簡言之，我們爲了認識人類世界所做的區別具有道德基礎，而非具有客觀性或主觀性之別。

自我指涉的、參與性的認識論觀點，否定了許多傳統「科學方法」的基本假定。這樣一來，我們也必須重新定義科學，特別是應用至社會系統的科學。安帕比[26]（Umpleby, 1975）指出：「控制論主張建構一個更普遍的認識論；如此一來，古典科學方法便成爲其中的特例，故無法適用於社會系統。」（p. 27）[27] 馮佛斯特（1976b）在〈談生物的認識論〉（An Epistemology for Living Things）這篇經典論文中指出，在二十世紀前半葉，物理學家修改了主宰自然科學的基本觀念，但現今生物學家修改的是主宰所有科學的基本觀念：

> 「終極科學」（ultimate science）的古典概念意指不具主體之世界的客觀描述（「無主體的世界」），但此一概念其實存有矛盾。
>
> 82 要去除這些觀點，就必須將「觀察者」考量在內（也就是至少包含一個主體）：（i）觀察不是絕對的，而是相對於觀察者的視角（即其坐標系：愛因斯坦相對論）；（ii）觀察會影響被觀察者，藉以推翻觀察者的預測期望（意即觀察者的不確定才是絕對的：海森堡測不準原理）。

> 如此一來，我們即服膺一項不言自明的眞理，那就是（對世界的）描述隱含了描述者（觀察者）本身。我們現在需要的是關於「描述者」的描述。換言之，我們需要建構關於觀察者的理論……而這就是生物學家的任務。（p. 1）

生物學家發展出來的控制論之控制論提供了一個自我指涉與道德的觀點，讓我們得以思考自身如何參與經驗世界的建構與維繫。將單純控制論強行應用至人類系統，可能會形成缺乏人性與道德淪喪的主張；要改正這一點，就必須有所超越，改採控制論之控制論主張的自我指涉與參與觀點。從這個更高的過程層次來看，我們其實並沒有拋棄第一序觀點爲實務所帶來的好處，反而是藉由將治療師納入治療，將單純控制論的實務**脈絡化**。

現在，我們準備要進入控制論之控制論的核心。在踏進這塊領域之前，我們首先會很快地回顧一下造就上述這些高層過程思維的生物學研究。在此必須敬告諸位讀者，嘗試理解治療師何以身處治療之一部分的這段旅途，是充滿弔詭的。下一節將指出，充分考量系統的自主性，會幫助我們更深入了解治療的生態。

自主性

控制論者將控制論之控制論描述爲探究系統之「組織封閉性」（organizational closure）或「自主性」的方法，意即從一個不指涉外部環境的角度來看系統，所以系統界線沒有被打破。實際上，這是一種探究系統**整體**

性的嘗試，也是貝塔朗菲（1967）創立一般系統論（General System Theory）的初衷。由此觀點來看，我們描述的是：「封閉的系統；更激進的觀點是，從系統本
83 身的『視角』來看，系統完全是自我指涉的，而且沒有『外在』可言。這是現代的萊布尼茲觀。」（Maturana & Varela, 1980, p. v）

生物學家瑪圖拉納與瓦瑞拉就上述觀點提出了形式論述。他們的出發點是想回答一個研究問題：「生命過程的組織爲何？」換句話說：「生物系統的自主性具有那些模式？」瑪圖拉納與麻省理工學院的同僚雷特溫、麥卡洛克和皮茲首先從知覺現象著手。在「從青蛙的眼睛看青蛙的大腦」（What the Frog's Eye Tells the Frog's Brain, Lettvin, McCulloch, & Pitts, 1959）這篇著名論文中，他們假設青蛙的神經生理內具有特徵覺察細胞（feature detector），而這些細胞會選擇性地對週遭環境的特殊事件有所反應（例如：顏色、形狀，以及獵物和天敵的動作等）。這項假設依據的假定是，外在有一客觀現實或環境，而動物據此建立內在模型。因此，知覺被認爲是將外在環境事件與內在神經活動聯結的過程。

然而，當瑪圖拉納提出不同的研究問題時，上述這套認識論便開始崩解，那就是：「生物有沒有可能不是嘗試將視網膜的活動與外在物理刺激相連，而是與它本身的顏色經驗相連呢？（Maturana & Varela, 1980）」實際上，這個問題要問的是：「在不指涉任何外在刺激的情況下，生物的眼睛與大腦之間的關係爲何？」瑪圖拉納等人隨後提出的結論是，知覺並非取決於外在環境，而是內在神經系統的產物。雖然外在事件會引發整個神

經系統的反應，但知覺主要由內在產生。瑪圖拉納與瓦瑞拉提出的基本發現如下：

> 吾人必須關閉神經系統才能夠解釋它的運作模式……知覺不應被視爲是對於外在現實的理解，而是對現實的一種規範描述，因爲在神經系統的封閉網絡中，知覺與幻覺之間不可能有任何區別。（p. xv）

實驗認識論發現神經系統是自我封閉的，而這其實並不令人意外。生物必須在此機制下才能夠思考自身的
思維過程。這表示，感官知覺並不是一種基於外在輸入 84
的內在模擬（internal patterning）。知覺應該是：「神經系統結構的反映。」（Varela, 1979, p.247）誠如先前所示，控制論之控制論徹底顛覆了傳統認識論的觀點。

有了新的認識論後，才能夠去回答瑪圖拉納最初想探究的問題，也就是生物系統之組織爲何。簡言之，生物系統的自主性，即是具有一個封閉而遞迴的組織結構。換句話說，所有的生命過程皆體現了控制認識論。

然而，我們也必須體認到，維繫生物**整體**的控制過程層次，比工程師的單純恆溫器系統要複雜得多。瑪圖拉納與瓦瑞拉採用「自我再生」（autopoiesis）一詞，來描述生成或維繫生物細胞之整體性或自主性的過程層次。安德魯（Andrew, 1979）則將自我再生定義爲：「生物系統發展與維持組織的能力，而被發展與維持的組織與執行發展和維持的組織相同。」（p. 314）[28]

系統**最高層次**的遞迴與反饋過程定義、生成並維繫

系統的自主性。該反饋過程所欲控制的偏差範圍關乎整個系統的組織。系統一旦超出本身組織的界限，該系統即不復存在。因此，自主性指的是維持系統的整體性。在生物學中，自主性所維繫的則是「生命」這個變量。

瑪圖拉納與瓦瑞拉提出的概念呼應了貝特森的研究。這三位皆主張描述與描述之關係源自觀察者的區別行爲；區別行爲創造出一張認識論之網，來捕捉並且辨別現象。他們也都指出了控制系統整體的封閉遞迴性。如貝特森（1972）所述，系統的控制特性「內存於系統
85 **整體**之中」（p. 315）。以標記輸入輸出的方式打斷系統迴路，就等於是打斷整個系統。瓦瑞拉（1976a）表示：「除非你正視系統的相互性、封閉性，否則便掌握不了系統」（p. 27）瓦瑞拉（1979）也指出組織封閉性——最高層的反饋——與單純反饋不同，因爲「後者需要且隱含外在的指涉來源，而封閉組織完全不具此特性」（p. 56）。組織封閉性是由彼此相連的反饋迴圈組成的封閉網絡。該網絡沒有任何來自外在環境的輸入或輸出，而是進行自我反饋，就如同那條自我吞噬的遞迴之蛇。

雖然自主性系統的組織是封閉的，我們仍然能夠以各種方式與系統的**整體**互動。觀察者或治療師可以「採用各種不同複雜程度的方式與系統互動，像是戳戳它、拿東西丟它等等」（Varela, 1976a, p. 28）。這些互動都是對系統整體穩定性的干擾，而受擾系統的回應則是「進行補償，或者不補償」（Varela, 1976a, p. 28）。在補償過程中依然維持穩定的，是系統的整體性：系統會維持本身做爲某一自主性組織的特性。系統整體如同一種恆定

裝置，其功能是將組織維持在限度之內。[29]

以下這段達爾文（引自 Ardrey, 1970）的田野調查可以做爲封閉性組織的一個有趣實例：

> 在廣大的牧場上，他（達爾文）發現有一大群牛，數量超過一萬隻。在外行人的眼中，這群牛似乎沒有任何組織，但是放牧人都知道，牛群其實是以五十到一百隻爲一小組，而小組成員會盡量靠近彼此。某天夜晚，天空突然雷雨交加，而且一陣又一陣的。黑暗中的牛群每受到一次驚嚇，便開始四處亂竄。破曉前，這一大群牛就好像紙牌一樣不停地重複洗牌、再洗牌。對於放牧人來說，要把牛群趕回原先的排列組合，根本是不可能的事。然而，就在短短二十四小時內，每隻牛居然又都回到原來的小組中，並且恢復正常的社群活動。（p. 67）

從控制論之控制論的觀點來看，雷雨並非如同系統輸入 86
一般的線性干預，而是對封閉系統的擾動。在牛群的案例中，具有組織封閉性的社會系統即進行自我補償－成功地維持自主性。

做為自主系統的家庭

從最高的遞迴層次來看，家庭乃一種自主系統。在此社會有機體中，最高層反饋過程的功能即是維繫家庭整體的統一性。以遞迴觀點來說，家庭的組織模式所維繫的，是定義其爲家庭的組織。

我們先前曾討論過，家庭可以從不同過程層次來描述，包括特定行為片段、互動事件，或是更複雜的共舞系統。在此遞迴過程的階序中，最高層的共舞過程會與低層過程連結，藉此維持有機體做為有機體的特性。最高層的組織即是系統的封閉組織。改變這個組織模式，就等於是摧毀系統。當有機體無法維持本身的生存界限時，它便會死亡。

雖然遞迴層次的描述有時候看起來很奇怪、很冗長也很複雜，但它是理解生命過程之組織的形式方法。事實上在第二章的形式與過程辯證中，我們已經看過這類形式描述。鋸齒狀階梯的最底層是行為片段，接著逐層向上為各種互動與共舞模式，最後則是到達最高層次的界限。最高層的形式與過程，即是整體系統本身。

再次強調，系統的封閉組織、自主性或整體性不能變動。以家庭為例，一旦有所變動，家庭即不復存在。一個家庭系統要是失去了自主性，便無法被視為一個統合體。這樣一來，它也不再是可以辨識的完整系統。

這並不是說家庭不會改變。會改變的是它的結構，或是維持其組織的方法。瑪圖拉納與瓦瑞拉認為組織與結構分屬不同的邏輯類型：

> 定義機器為一統合體，並且主宰該統合體之互
> 87 動與轉變動態的關係，即為機器的**組織**。在某
> 一空間內組成具體機器之零件彼此的實質關
> 係，則構成機器的**結構**。（p. 77）

舉例來說，當賽爾維尼－帕拉佐利與其他米蘭學派

成員建議治療師要重視家庭的恆定性時，他們指的是最高層次的恒定，也就是家庭系統的封閉**組織**（Selvini-Palazzoli, Cecchin, Prata & Boscolo, 1978）。相反的，當治療師說症狀對個人和／或其家庭系統而言具有功能，他們意指症狀是系統維持其整體**結構**的一種方式。治療的目標之一可能就是促使家庭改變結構，以維繫其組織。

瑪圖拉納與瓦瑞拉清楚地解釋了結構與組織之間的差異；這意味著我們對「整體大於部分之和」這句關於系統的古老名言應該要有新的理解。[30]更正確的說法是：「整體是部分的組織封閉性。」（Varela, 1976a, p. 29）很明顯的，家庭的組織封閉性，即是對**家庭整體**的描述。

校準與反饋的辯證

必須再次強調的是，控制論之控制論並非主張揚棄單純控制論。它並沒有要我們拋開單純反饋的概念。控制論之控制論的遞迴層次比單純控制論高——它的稱名其來有自。控制論之控制論涉及恆定的恆定、控制的控制、穩定的穩定、改變的改變以及反饋的反饋。它幫助我們藉由高層遞迴的途徑來建構與覺察更複雜的控制過程。如先前所言，所有的系統與反饋迴圈都像母子盒一樣層層自我包覆。

畢爾（Beer，引自Maturana & Varela, 1980）指出了這類宏觀思維的意涵：

> 這表示，每個社會機制（在某些機制中，任一個體則是處於機制的交會之處）都被更大的社

> 會機制包覆，並且遞迴的方式層疊下去——而
> 88 且這些系統都是自我再生的。這就可以解釋爲什麼在任何一個遞迴層次（從個人到國家）的改變不僅很難進行，實際上也根本不可能發生——這跟「我想要完全改變我自己」的說法是一樣的。不可能發生的原因是，「我」這個自我維持且自我再生的「個體」，也是另外一個自我再生系統的**構成要素**……。試圖在自我再生的家庭系統中改變自己的個體，實際上根本無法徹底改頭換面，因爲家庭會促使他維持舊有的自己。（pp. 70-71）

系統如母子盒般自我包覆的概念意味著，每個個體都是各種層次之組織的一部分。當然，此概念早已成爲家庭治療的基本原則。

要釐清複雜的高層控制過程，其中一項途徑即是採用形式與過程之辯證的鋸齒狀階梯，如第二章圖一所示。各位應該還記得這張辯證圖的右欄稱爲「過程描述」。我們先前討論過各個不同層次的過程，包含單純行爲、互動與共舞。應用至控制論領域時，該欄就會變爲「反饋過程的描述」。

辨證階梯的左欄稱爲「形式分類」。在此欄中，我們會看到觀察者將觀察所得的過程組織加以分類：譬如，「遊戲」就是一種特定的行爲組織。應用至控制論領域時，形式分類則變成「校準分類」，也就是反饋過程之組織的規範描述。透過形式與過程之間的辨證，我們就能建構和區辨不同層次的控制校準與反饋。

以室溫控制爲例，最單純的遞迴層次包含一項反饋過程，即恆溫器與暖爐會對溫度變化有所反應。這個基層的控制迴圈取決於恆溫器的設定，稱爲室溫反饋的「校正」。然而，如同先前所言，反饋的校準本身亦受制更高層的反饋系統，那就是實際上調整溫度的屋主。生活在酷寒地區又喜愛待愛室內的人對於恆溫器的校準設定，可能跟生活在乾熱的沙漠地區而且喜愛戶外運動的人很不一樣。由此，屋主身處的氣候與生活型態即代表更上一層的反饋過程，而屋主的行爲受此反饋校準。

要跨越一個反饋過程層次，就必須先經過校準分類 89
的辯證擺盪，就像形式與過程的辯證一樣。關於家庭互動的一個典型案例，就是小孩的症狀行爲校正了父母之間的互動強度。譬如，父母之間的爭吵愈來愈激烈，一直到小孩突然氣喘發作才停止。孩子的行爲轉移了父母的注意力，因而校準了父母爭吵的劇烈程度。

然而，這個反饋過程還會受更高層的反饋再校準。譬如，治療師可能重整家庭組織，藉此協助家庭找到穩定互動的途徑。要達成這個目的，治療師可以採用的方法是促使夫妻校準彼此的對稱關係，避免這樣的關係逐步加劇至失控。治療師如果能夠建立一個脈絡來協助這對夫妻形成自我校正的系統，就能夠打破過去以孩子的症狀行爲來擾亂夫妻爭吵的校準模式。在此情況下，高層反饋過程包含了治療師、父母及小孩三方，而高層反饋過程會再校準低層反饋過程。換句話說，「治療師－父母－小孩的系統」改變了「父母－小孩的系統」。

我們可以藉由反饋與校準之間的辨證來認識不同層次的控制論。圖二所呈現的控制論辨證模型，即可幫助我們從單純控制論的觀點轉變至控制論之控制論的觀點。如圖所示，從單純反饋轉換到單純校準的過程涉及單純控制系統的組織。進入高層反饋過程時，單純反饋就會受到再校準——這就是控制論之控制論的層次。然而，到了最高層的校準與反饋時，此一辯證模式即達到極限——也就是瑪圖拉納與瓦瑞拉所稱的系統自主性。我們先前提過，自主性指的就是具有組織封閉性的系統整體。

控制論的辨證模式可以應用在觀察者（譬如：治療師）所區別的任何系統上。不論是個人、兩人關係、三人關係、家庭、社區或整個社會，都有可能被觀察者標記爲自主系統。此外，所有被標記的、想像得到的（和想像不到的）系統整體生態，也都從屬於另一個更廣闊的自主系統。

圖二：校準與反饋的辨證

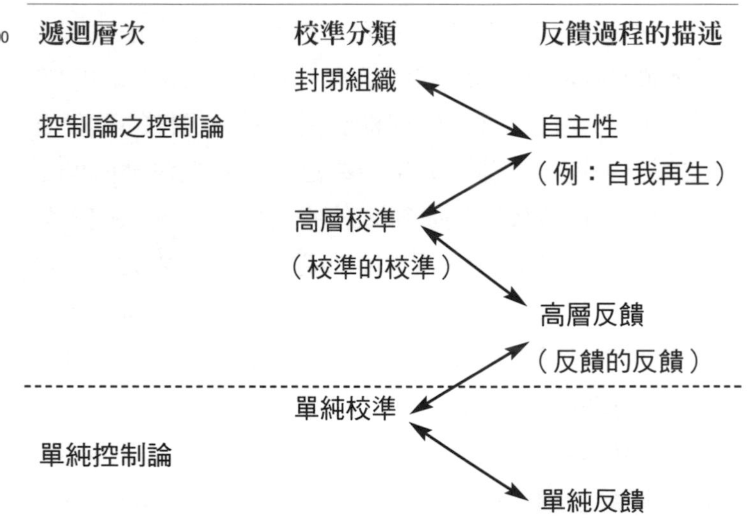

心智乃控制系統

貝特森最重要的貢獻之一，就是將「心智」定義為控制系統。由此觀點來看，心智為互動各部分的集合，並且具有反饋結構。[31]控制系統的複雜度從單純反饋到 91
貝特森所稱的心智生態都包含在內。這樣看來，心智僅在大腦之中的說法，即成了荒謬之言。只要具有反饋過程，即具備心智的特性。一位穿越馬路的盲人的心智，必然包含他的導盲杖。畢竟，在引導盲人的反饋過程中，導盲仗也是其中一項要素。同樣地，音樂家的樂器與木匠的工具在演奏和雕刻的過程中，也成為其心智系統的一部分。瑪麗．凱瑟琳．貝特森（Mary Catherine Bateson, 1972）[32]指出，以「心智」取代「系統」一詞，才能幫助我們了解「心智不只是單一生物體的特性，而是生物體之間的關係，像是由人與人、人與馬、人與花園、或金龜與植物之間所組成的系統」（p. 253）。這樣的觀點呼應了霍特（Holt）提出的隱喻：「雕塑家雕塑岩石，岩石也雕塑了雕塑家。」（引自 M. Bateson, 1972, p. 249）由此看來，麥卡洛克探究實驗認識論的著作以《心智的體現》（*Embodiments of Mind*）為名，顯然具有雙關意義 。[33]

從控制論觀點來看，治療的單位並非個人、雙人、家庭、社區或是社會。控制論著重的是**心智過程**。在治療中，心智可能內存於或甚至是跨越各種社會單位，包括個人、家庭次系統與家庭整體。控制論者著重於理解這些反饋過程的模式。

貝特森（1972）以下這段摘要描述了控制認識論最完整的意涵：

> 我提出的控制認識論代表一種新的思維方法。個體心智是內在的，但不只是存於身體之內。心智也存在於身體之外的途徑與訊息中，而且個體心智不過是廣大心智之下的次系統。這個更廣大的心智可比神，對於某些人而言，或許也就是「神」，但它仍然內存於相互連結的社會系統與地球整體生態中。（p. 461）

控制論讓我們得以思考系統整體的自主性與獨立性，不論該系統爲治療師、案主、人類還是地球。弔詭的是，充分考量控制論的自主性，就會引導我們採取心智的觀點，也就是體認到所有生命過程相互連結、且合爲一體。同樣地，充分考量最廣闊的、想像得到的連結模式，則反而會幫助我們認識到各種個別系統的自主
92 性。將這些弔詭視爲雙重觀點時，便能提醒自己體認一項外在眞理：在遞迴的宇宙內，從單一生物細胞中，就能窺見整個地球。

控制互補

控制認識論的主張是，對於觀察者所區別出來的兩邊，我們都必須要予以考量；這一點先前曾提過。在本書中，我一再強調治療師應該兼顧實務與美學、控制與自主性、單純控制論與控制論之控制論、甚至是線性與遞迴描述的雙重觀點。考量區別之兩邊的方法之一就是將其視爲「控制互補」。

控制互補提供了另一種檢視區別的框架。人們多半認爲一項區別代表的是二元概念、兩極性、相反對立，

或是隱含邏輯否定的表述（A／非A；對／錯；有用／無用；好／壞）。採取這種觀點，輸贏便成了一種零和遊戲。瓦瑞拉（1976b）主張從控制認識論的角度來觀察區別，而他的理論爲控制互補的概念奠下基石。

瓦瑞拉首先提出以下基本形式來檢視一項區別的兩邊：

「它」／「導致它的過程」

倘若你認爲這兩者有所差異，卻彼此相關，表示你已趨近於區別的控制論架構。這個架構將區別的兩邊視爲「**重疊的**層次（imbrication of levels）；而區別配對的其中一邊生於另外一邊」（Varela, 1976b, p. 64）。區別的兩邊具有自我指涉之關係，而且一邊爲另一邊的（再）循環。只要依循瓦瑞拉（1976b）提出的規則，即可產生一對控制互補：

> 將任何完整的（整體的、封閉的、完全的、全部的、穩定的、自我維持的）情境（範疇、過程、實體、觀念）放到／的左邊，再將與其對應的過程（組成元素、生成元素、動力）放在右邊。（p. 63）

舉例如下：

形式／過程
實景／地圖

描述者／被描述者
觀察者／被觀察者
主體／客體
現實／途徑
環境／系統
家庭／個人
脈絡／單純行爲
互動模式／互動過程
整體／部分
循環／直線
遞迴的／線性的
控制論／物理學
心智／身體
控制論之控制論／單純控制論
自主性／控制
穩定／改變
組織／結構
封閉組織／單純反饋
美學／實務
藝術／技術
右腦直覺／左腦邏輯
經驗治療／策略治療
想像力／嚴謹
空界／實界
存有／生成

值得注意的是，控制互補包含不同層次的遞迴，這顯示「互補配對（極、極端、模式、邊）彼此**相互關聯**，卻依然有所差異」（Varela, 1976b, p .62）。控制互補提供了一種將遞迴本質納入自然認識論的方法。

然而，有時候我們做出區別的目的，是爲了要描述屬於同一過程層次的一組對立。舉例來說，「掠食者／獵物」有時被認爲是相斥的對立概念。瓦瑞拉（1976b）指出，看到此類他稱爲「黑格爾式配對」（hegelian pair）的二元對立時，我們應該要了解，這樣的描述是不完整的。這些黑格爾式配對實則屬於更大的控制互補，而且只是其中一邊：「在每一個黑格爾式配對的形式之外－ 94
A／非A，還有更廣泛的〔形式〕；這些配對看似二元對立，其實同屬右邊的組成成分。」就拿「掠食者／獵物」的黑格爾式配對來說，它所屬的控制互補即是「生態系統／物種互動」。看到一組被視爲相互對稱的黑格爾式配對時，我們必然可以將其重新框架爲更宏觀之控制互補的其中一部分。在上述的例子中，兩個物種爭奪食物與領土的情形，只是一部分的描述。從更宏觀的控制觀點來看，物種之間的競爭是創造、維繫與穩定生態系統的手段或過程。

因此，控制互補的功能，即是藉由遞迴過程重新框定人們所做的區別。舉例來說，瓦瑞拉提出的基本形式——「它／導致它的過程」——可以用來框架「穩定／改變」的模式。根據先前的定義，控制論實際上就是探究互補關係的論述。

控制互補的觀點改變了我們的認識世界方式，使我們更接近詩人熟悉的美學觀點。在此觀點下，所有心智與生命過程皆具有遞迴性與互補性。與其相對的觀點，則是將世界畫分成無數種二元對立，使我們與自身經驗的各部分分離。

就美學與實務之間的區別來說，如果我們改採互補的角度看待這兩者，就可以避免在混亂的自由聯想與未經思索的技巧之間做抉擇。誠如貝特森（引自 M. Bateson, 1972）所言：「全然的嚴謹等於僵化，但純粹的想像則是瘋狂。」（p. 299）美學的探索，必然是在嚴謹與想像之間進行遞迴之舞。我們必須運用整個大腦來思考——不偏重右腦，也不偏重左腦。

現今的家族治療跟早期單純控制論有同樣的問題，即過於偏重技巧與控制取向的治療方式。治療實務應該要放在更廣泛的美學模式脈絡中來看。從單純控制論躍升至控制論之控制論的遞迴層次，即可做爲一種校正的途徑。貝特森（1972）點出了這種廣泛觀點的意涵：

> 我們這些社會科學家要是能夠克制自己，不要想去控制那個我們其實不甚理解的世界，便是功德一件……。我們的探索應該發自於一個更古老的、而且不再受到讚揚的動機，那就是——對我們身處的世界感到好奇。由此探索中得到的收穫並非權力，而是美。（p. 269）

95 討論[34]

治療師：何謂控制認識論？

認識論者：控制認識論提出一套方法來區辨與認識事件

之組織模式，例如探究家庭互動行為的遞迴序列。這與牛頓認識論截然不同。牛頓認識論是以撞球運動的性質與其中運作的力學來理解這些事件。控制論者的不同之處，即是從著重物質的認識典範，躍升至探究模式的認識典範。

治療師：你的意思是，治療師只能在控制認識論與牛頓認識論兩者之間擇其一嗎？那其他的認識論呢？我記得還有生態系統、一般系統、非線性和循環認識論等等。

認識論者：就認識論而言，最深刻的改變莫過於從物質的描述轉變為模式的描述。控制論是一般科學的分支，主要探究模式與組織。

「系統」、「非線性」、「生態學」或「循環」認識論不見得代表控制認識論。以家族治療而言，「系統認識論」往往只代表一種整體觀點，像是將家庭視為治療對象，而非局限於個人。然而，控制論基本上是將我們的理解觀點由物質轉變為模式，而非由部分轉變為整體。因此，不論是部分或整體，控制論要探究都是其中的組織模式。

治療師：控制認識論如何與家族治療連結？為什麼我們必須把控制認識論帶到家族治療領域中？

認識論者：控制論者認為心理學與社會科學的發展多半已迷失了方向。說得更直接一點，他們認為社會科學大多為無稽之談，有時候甚至主張將之揚棄。這顯然是相當激進的觀點。社會科學的荒謬之處在於選擇了唯物的認識論。控制論者認為，把撞球運動的物質認識論運用在探究人類現象上，就是一種瘋狂的表現。

96 當然，在社會科學過去的發展中，一直都有這樣的質疑存在。詹姆士（William James）[35]還開玩笑說，當心理學拋棄了心智之後，就成了沒有心[36]的心理學。最近，以馬斯洛（Abraham Maslow）爲首的人本心理學家也主張牛頓物理學並不適用於解釋心理現象。然而，控制論者認爲這些質疑的論點依然未深入根本。各位應該還記得，貝特森指出，人本心理學家使用「第三勢力」一詞，等於是將其理論與物理學的詞彙與認識論連結在一起。從他們採用的隱喻中，便可窺知其背後隱含的認識論。

貝特森對家族治療也提出了同樣的批評，而家族治療領域過去一向以採取另類指涉框架與認識論自居。貝特森一再警告家族治療師說，一旦採用了物理學的隱喻，即顯示出其所服膺的認識論，根本不是以形式來理解家庭事件的模式、形式與組織。貝特森批判的對象主要是哈雷。哈雷一直堅持以「權力」的隱喻來描述家族治療。拉布金（Richard Rabkin, 1978）認爲貝特森與哈雷之間的歧見，爲家族治療提供了一個探究認識論的支點。這兩種不同的論點突顯出模式認識論與物質認識論的差異。

控制論者主張，家族治療以及生物學（廣義而言）底下所有學科都必須包含控制認識論，才能夠眞正理解生命與心智過程的模式。否則，我們等於把自己與生命脈絡看成是跟一堆被移來移去的磚塊沒什麼兩樣的東西。如同控制論者所言，這樣的立場不僅是「荒謬的」，也會危害生命過程的生態。

治療師：我想要徹底了解什麼是家族治療的控制認識

論，不過我實在很難想像人際關係中沒有「權力」的運作。

認識論者：你必須了解到，在任何脈絡中都可以「看到」的權力運作，其實是某種標記方式的結果。你可能認爲治療師和案主之間是在進行一場「權力鬥爭」，但我的看法是，你標記治療情境的方式**建構**了這種觀點。「權力」掌握在標記者的手裡，不見得是在「被觀察者」身上。因此，認識論主要關注的議題，即是 97
某種標記習慣造成的**結果**。生物學家曾警告我們，以物理學的隱喻來標記生物現象，往往會因爲破壞了複雜度與連結模式而導致病症產生。這些「權力」隱喻的意涵將在稍後的章節中進一步討論。

治療師：請容許我延伸你剛剛的前提。假設我們所觀察到的現象是某種標記的結果，那麼模式認識論與物質認識論之間的區別一樣源自於某種標記方式。同理可證，世界觀即是經由標記與建構而來的一種概念，也是某種標記方法。

認識論者：控制論者發現認識的開始即是做出區別。譬如，你可能會先把自己跟你所治療的家庭系統區別開來。接著，控制論者還認識到伴隨區別產生的現象範疇——包括被標記的系統是一個不需指涉外在事件的自主單元，以及該系統亦與其他系統相互依存。因此，我們要面對的是密不可分的三重面向。依照瓦瑞拉（1979）的說法，這三個面向包含：「一個系統的**身分**，該系統與另一系統的**互動**表現，以及我們如何將這兩個範疇**連結**起來。」（p. xii-xiii）

治療師：一個家庭系統的「黑箱」模型是否屬於自主性

的現象範疇？

認識論者：並非如此。這看來似乎有些弔詭，原因是我們往往會認爲黑箱是與觀察者有所區別的東西。然而，我必須提醒你，黑箱的規範描述就是將來自外在環境的輸入轉變成對環境的輸出。這樣的描述意指系統與外在的互動，而且是從外在的角度來看。因此，系統的黑箱特性是屬於與其他外在系統相依存的現象範疇。

先前提過，瑪圖拉納與瓦瑞拉對控制論的貢獻，即是從系統整體的角度描述生命系統，而沒有任何關於環境或外在的指涉。瑪圖拉納（Maturana & Varela, 1980）經常用以下這段話來描述此觀點：

98

> 生命系統的運作模式如同儀表導航飛行。飛行員無法得知外界的情況，只能仰賴儀器的顯示值來操控飛機。他的任務就是從儀表的讀數變化中選定一個航線，可能是依照原訂的航線來走，或者是依據儀表的讀數判斷。這位飛行員步下飛機時，他的朋友向他表示恭喜，讚賞他能夠在一片黑暗中達成如此完美的飛行與降落。飛行員感到大惑不解，因爲他知道自己所做的不過是將儀表讀數維持在一定限度之內，而朋友（觀察者）對他的描述完全不是這麼一回事。（p. 51）

就定義上來說，要理解系統的自主性，就不能指涉外在，而是必須透過自我指涉來描述系統。換句話說，系統的自我指涉性即是指出系統自主性的方法。

治療師：我們什麼時候會指涉系統的自主性，而不是該系統與其他系統的依存關係呢？

認識論者：這跟身爲觀察者的你要從哪裡畫出區別有關。你可能會將一個家庭視爲封閉性組織，或是將你與家庭的連結模式視爲封閉性組織。就後者的情形而言，家庭和你同屬高層遞迴的一部分。

治療師：我如何做出區別，是不是也會有影響？

認識論者：沒錯。你應該還記得，任何一項認識行動都會影響你的行爲與認知——二者相互連結並形成遞迴的過程。在治療過程中，你或許可以選擇某種行爲與認知方式，使自己成爲高層遞迴之組織的一部分，藉以對家庭進行再校準。

治療師：有個問題一直很困擾我。你提到一些控制論的語言，包括恆定、反饋、學習、訊息等等。可是，有些治療師卻主張拋棄這些詞彙，然後創造新的詞彙。你對這種改變有什麼看法？

認識論者：就算創了新詞，也可能只是換湯不換藥。詞彙本來就有納入新意涵的彈性。從歷史脈絡來看，控制論領域一直是以自我校正的模式不斷演變。當控制論朝向更高層的遞迴演進時，辭彙的意義也隨之改變。從單純控制論轉變至高層控制論，並不表示非要揚棄像恆定這樣的詞彙，而是讓我們得以描述更高層次的恆定（例如：恆定的恆定）。

治療師：主張淘汰這些辭彙，是否背離了控制論的傳 99
統？

認識論者：某方面來說的確是如此。我們目前面臨到的兩難是，要不遭到誤解，就是自說自話。就拿瓦瑞拉提出的方法來說，他很明確地表示，單純控制論提出的「訊息」（information）典範並不適用於描述生命系統的自主性。他指出，從環境的層次躍升至控制論的組織封閉觀點，無法以輸入或輸出系統的外在訊息來描述。

然而，瓦瑞拉並未主張淘汰「訊息」一詞。他認爲當我們在探究系統自主性時，應該先從該詞的字源學意義著手，也就是「內部形成」（in-forming）的過程。在控制論之控制論中，訊息變成了形式的內部形成，或是貝特森所稱的差異的遞迴轉變。論及自然系統的自主性時，訊息變成是建構而來的，不具代表性或指示性。在此指涉框架之下，內在形成的訊息（in-formation）是以自我指涉的方式爲定義；所以沒有所謂的外在訊息。

治療師：你的意思是，到了控制論之控制論，訊息、恆定、反饋等詞彙應該都會有不同的意義。

認識論者：是的。在控制論之控制論中，所有描述語言的意義都會隨著指涉框架的不同而有所轉變。此外，控制論之控制論還提供了新的詞彙來描述單純控制論無法說明清楚的模式。譬如，自主性一詞即是用以指涉系統的整體性或系統本身，而不是採用像恆定、穩定性、循環組織或同調性等單純控制論的詞彙。自主性更清楚地指涉系統的上限，也就是恆定的恆定、穩定的穩定，或是同調的同調。

治療師：控制論之控制論是否比單純控制論更適用在家族治療上呢？

認識論者：這個問題問的不對。控制論之控制論可以用來描述整體系統的自主性，而單純控制論則是從其他系統對某一系統之輸入和輸出的角度來看。瓦瑞拉 100
（1978）曾一再強調，這兩種觀點不同，但卻是互補的。理想的控制論治療師必須兼備多元觀點，才得以洞察各種模式的自主性與連結性。

治療師：但是，我們如何判斷何時必須採用單純控制論的描述，而非控制論之控制論呢？

認識論者：你必須謹記的是，系統自主性是比系統的輸入輸出和單純的恆定、同調與反饋**更廣泛**的觀點。控制論之控制論探究的是某一現象範疇的整體性。如果要描述一個家庭的整體性（即自主性），那麼採用高層控制論描述較為適當。然而，我們或許也會需要將治療師與家庭視為不同但是相連的系統，這個時候就可以採用單純控制論的觀點。不過，如果是要指涉治療師與家庭混合的**整體**系統，就必須再回到控制論之控制論的描述語言。

有時候我們會需要把系統整體區分（即標記）成各個部分，然後探討各部分之間的關係。治療師可以選擇 98
觀察症狀行為如何校正某一互動的遞迴序列。接下來，他或許會把治療介入當作是對家庭系統的輸入，也就是新訊息，而這些訊息可能會促使家庭改變行為。

當我們將家庭或家庭加治療師的系統整體標記成不同的部分時，必須記得這些部分都是系統整體的**近似**。描繪這些部分弧形，以及區分世界的行為，都為我們帶來許多實務上的用處。譬如，將症狀行為與非症狀行爲區分開來，或許有助於治療師採取適當的因應策略。以「部分弧形」爲標記的缺點是，我們可能會忘記這些都是控制過程之整體模式的近似。一旦忘記「介入」、「症狀」、「治療師」與「家庭」都是廣泛模式的近似或隱喻，就會出現問題。這可能會造成我們把介入與症狀當成是一種神祕的東西，就像是自然界中的實體一樣。

101 這在治療界內是相當嚴重的問題。在此領域中，被標記的一連串事件往往會被具體化，還會依照所謂的「客觀」標準加以衡量。模式與形式並沒有「眞實性」，無法量化，也不能當成是受到力、權力與能量交互影響的「物質」來討論。

總而言之，我們可以隨心所欲地區分世界，但前提是要記得我們所做的區別源自於更廣泛的遞迴模式，而且是這些模式的近似。單純控制論與控制論之控制論具有一體兩面的互補性。因此，你剛剛要問的問題應該是：「何謂控制論的適當應用？」答案是，治療師對於單純與高層控制描述都必須隨時保持一定的敏銳度。採用其中一種觀點，卻遺忘另一種觀點的做法，就是錯誤的。

治療師：我們再回到一開始的區別行爲來談。如果我把系統與自己區別開來，我必須謹記幾件事。首先，我必須記得是我自己畫分了指涉框架。有了指涉框架，我就可以描述自主系統的現象範疇，但前提是不能假定該系統有任何對於外在環境的指涉。我在描述時，不能將自己視爲是身處系統之外的觀察者。這樣我才能夠描述系統依存性的現象範疇。

認識論者：你聽起來像個控制認識論者了。有了區別、系統自主性以及系統與其他系統之依存性的觀點，就可以開始思考家族治療的控制認識論。在這之前，我們先討論一下這三種觀點的意涵。

治療師：讓我猜猜看。做出區別或是標記的行爲，表示身爲治療師的我積極參與治療現實的建構過程。

認識論者：我們沒有辦法不做出區別。嘗試不去區別的行爲本身，即是一種區別。因此，你和案主必然都參與了認識論的建構過程。

治療師：系統自主性的觀點對我而言是有些弔詭的，因爲這表示我在描述系統時，必須不把自己視爲是在系統之外的描述者。

認識論者：你現在是在描述自己的描述，這跟系統自主性或組織封閉性的現象範疇並不相同。換句話說，你 102
的問題指涉的現象範疇，是觀察者觀察一系統。這也是探究系統的一種方式。至於被觀察系統的自主性，則是屬於不指涉外在觀察者的現象範疇。然而，如果你要**討論**這個現象範疇，就必須再度進入包含外在觀察者的範疇之內。總之，你對於描述者或觀察者具有自我指涉性的假定是正確的。這再度提醒我們，你自己正是做出區別的人。一般來說，描述會顯示出觀察者的特性。我們從治療師的觀察描述中，就可以窺知其認識論。

治療師：請你解釋一下，我要採取什麼樣的觀點，才能夠討論系統相互依存的現象範疇。

認識論者：這個問題也很棘手。我們再回到先前的討論來看。剛剛我們提到，身爲描述者的你如果不採用自我指涉的方式，便無法描述系統的自主性。因此，我們可以看到兩種不同的方式來描述自己和被觀察系統之間的關係。瑪圖拉納與瓦瑞拉認爲，我們在描述系統自主性時，應該將自己與該系統的互動視爲「擾動」，而非「輸入」。這提醒我們，我們對於自主性系統所做的任何行爲從未眞正滲入系統「之內」，而只是與系統**整體**互動。換言之，我們與系統的互動並未影響系統的任一部分，而是影響整體組織。

提及系統整體性或封閉性時，我們所指的是互動的同步性。在此描述層次中，整體無法依照因果循環區分爲具有時間差的輸入與輸出。同樣地，我們不能採用階序或邏輯分類來描述系統整體，也無法標記起點或終點。要維持系統的整體性，我們就必須把自己與系統的互動視爲是對其整體組織的擾動。

治療師：從家庭系統自主性的觀點來看，治療師能做的難道只是「擾動」家庭系統，然後看有什麼結果嗎？

認識論者：這是探究自主性所必備的觀點。家庭系統整體（即其封閉性組織）在面對擾動時，可能會補償，也可能不補償，而補償的方式可能是改變家庭結構。

103 治療師：請舉個簡單的例子。

認識論者：我先打個比方來說。你可以想像氣球是一個自主系統。要是你擠壓氣球，就是對氣球的一種擾動。你並不會穿入氣球系統的封閉界線，不然它就會破掉。如果你的擾動不是太嚴重，氣球頂多只是變形，也就是以改變系統結構的方式來補償。變形讓氣球得以維持完整。

在家族治療領域中，懷恩（Wynne, Ryckoff, Day &

Hirsch, 1958）曾提出「彈性柵欄」（rubber fence）一詞來描述家庭過程的形式。懷恩主張，認為治療師必然處於家庭系統「之內」的想法是錯誤的。當家庭面對治療師的擾動時，有時候只是像彈性柵欄一樣改變結構。

治療師：簡單來說，家庭是藉由改變結構的方式維持其社會有機體的運作。然而，組織指的是家庭系統的整體。組織一旦改變了，家庭即不再是家庭。組織描述的同樣是整體系統的自主性或系統本身。

認識論者：沒錯，我想你已經了解了。我們再回到剛剛的討論。在系統自主性的現象範疇內，我們與家庭之間的互動可能會引起系統以改變結構的方式補償。在此描述層次，自主系統所做的任何回應，都應被視為是維繫其組織的努力。

在家族治療史中，該過程層次往往被稱為「家庭的恆 104
定」。可惜的是，這樣的描述基本上犯了邏輯類型的錯誤。家族治療師想要指涉的並非單純的恆定，而是更高層的「恆定之恆定」，也就是家庭系統的自主性。當我們以「同調」來取代「恆定」一詞時（例：Dell, 1982），也犯了相同的錯誤。我們想要指涉的是「同調之同調」。主張超越恆定與同調，就等於是主張超越單純認識論。因此，當治療師呼籲要尊重家庭系統的恆定或同調時，實際上是建議我們要尊重家庭的自主性。

治療師：了解。我們還有一個沒討論到的觀點，那就是系統與其他系統相互依存現象範疇是什麼呢？

認識論者：這個現象範疇指的是身為觀察者的我們對於

系統與其他系統之**關係**的描述，有時候這個關係也包含我們本身。舉例來說，我們可能會將「目的」與「因果關係」歸爲某一系統的特性。描述一個系統具有某種目的，即意指該系統與其他系統的關係會造成某種結果。當我說汽車的目的是載我到各地去時，實際上指的是我與汽車**之間**的關係。汽車本身並不具備任何目的。誠如瓦瑞拉與瑪圖拉納所言，「目的」所屬的現象範疇是系統與其他系統的關係及依存性，而非屬於系統自主性的觀點。

瓦瑞拉將涉及系統關係生態之現象範疇的描述稱爲「象徵解釋」（symbolic explanations）。這類解釋指的是系統的行爲規律，但並非關於系統本身的運作，而是指系統與其他系統之間、或系統各部分之間那些可以觀察到的規律。相反的，「運作解釋」（operational explanations）指的是不涉及其他系統之關係的過程。譬如，系統本身的生成過程或是自主性就是一種運作解釋。

治療師：當我們說小孩的症狀發作促使父母和好時，我們指的是孩子與父母婚姻之關係的現象範疇。症狀、介入、家庭和治療師的目的與功能，必然是由觀察者針對不同系統之關係所做的象徵描述。

認識論者：是的。

治療師：這個觀點可以釐清治療界在「阻抗」一詞上產生的爭議。有些治療師認爲阻抗的概念沒有多大用處，應該予以捨棄。事實上，他們怕這個詞彙會被拿來做爲運作解釋，也就是指涉自主系統的現象範疇。在這種錯誤的觀點之下，治療師可能會怪罪案主是因爲產生「阻抗」，所以不願依照他的指示行事。然而，阻抗實際上是一種象徵描述，涉及的現象範疇是治療師與案主之間的關係。我們並不需要捨棄阻抗一詞，或者是其他像「合作」、友誼」、「關係」等相關詞彙。這些詞彙可以引導我們去探究系統之關係生態 105
的現象範疇。

認識論者：問題很少出在詞彙本身，而是出在我們對於詞彙所指涉之現象範疇的假定上。我認爲，不論是誰提出將某些詞彙、概念或想法捨棄的主張，你都應該要抱持質疑的態度。比較有建設性的做法就是找出該詞彙、概念或想法所適用的現象範疇。

治療師：爲什麼家族治療師必須區別兩個不同的現象範疇呢？

認識論者：這又回到了先前提過的「催眠原則」。舉例來說，我們可能會認爲依賴性、友善或敵意等「性格特質」是對個人的描述，而不是對個人與他人（如觀察者）之關係的描述。現在，我們可以將「催眠原則」進一步定義爲一種認識論上的謬論。當我們試圖以不屬於系統本身之現象範疇的描述來說明系統，而是指涉系統與其他系統之關係時，即形成認識論上的謬論。

治療師：換句話說，仔細注意不同的現象範疇，就是避免造成混淆與謬論的方法，對嗎？

認識論者：沒錯。控制認識論的主張是，我們人類造成的謬論與病症多半可以歸因於現象範疇的混淆。瑪圖拉納（1980）指出，這些現象範疇彼此沒有任何交集，而造成混淆的主要原因是「試圖將屬於某一獨立範疇內的現象硬是歸納到另一範疇之內」(p. 46)。麥卡洛克也曾打趣地說：「要是人類不會說話，精神醫學肯定會大有進展。」當然，這是禍也是福。有時候混淆現象範疇所形成的各種糾結，使我們能夠經驗到藝術與美的模式，不過這又是另外一個討論的話題了。

治療師：我們能不能說，自主性／控制、運作解釋／象徵解釋、控制論之控制論／單純控制論、整體／部分、穩定／改變等所有區別出來的控制互補，唯有在我們畫分的現象範疇之內才具有互補性呢？我們是否能夠在此現象範疇內觀察到這些控制互補之間的區別與關係呢？

106 認識論者：你說的沒錯。我們又回到榮格的「空界」與「實界」之別；前者是不具任何區別的世界。我們僅能藉由區分空界和實界之間的差異，來認識不具任何區別存在的空界整體。空界與實界之間的區別以及互補性都存在於觀察者畫分的範疇內。一切區別都屬於我們的認知範疇（即實界），故不適用於空界。

治療師：像恆定、目的、反饋和控制等概念指涉的是整體系統內部組成成分之間的關係；這些是否也只限於觀察者的描述範疇，而非自主系統的現象範疇呢？

認識論者：是的。我們還可以指出，瓦瑞拉提出的「運作解釋」是指描述自主系統之現象範疇的詞彙。相反的，「象徵解釋」則不屬於此現象範疇，而是指將某一系統與其他系統、或系統各部分相連的廣泛脈絡。

治療師：就像先前說的，當我們把這兩個範疇的描述與解釋混為一談時，就會產生問題。

認識論者：不幸的是，我們的文化累積了許多將象徵描述延伸至運作描述之範疇的陋習，所以現在必須重新釐清這些概念。誠如瓦瑞拉（1979）所言：「徹底思考這些問題，並且注意每個描述詞彙所指涉的範疇，在邏輯與認識論上絕對不會是徒勞無功的事情。如果我們想要充分利用目的與訊息等詞彙來描述自然系統，就不得不這麼做。」（pp. 68-69）

治療師：當我們遺忘了觀察者的角色，往往就是問題的開始。倘若我們能夠留意自身所做的區別，以及這些區別指涉的現象範疇，就不容易陷入混淆的困境。

認識論者：如果我們試著去釐清那些用以指涉生命與認知過程的既定詞彙，就會發現象徵描述的詞彙過多，而運作描述的詞彙不足。探究模式與組織的科學領域面臨的一大挑戰，就是要建構一套運作觀點，也就是瓦瑞拉與瑪圖拉納經常提及的結構觀點。在貝特森、瑪圖拉納與瓦瑞拉等先驅的帶領之下，生物學界已經開始推動這項變革。

治療師：在探究「自主性」和「封閉組織」等運作描述 107
的過程中，我們也不能忘記另外一個探究不同系統整體或系統各部分之依存關係的現象範疇。

認識論者：的確，要是我們遺忘了系統依存性的觀點，我們可能會掉入一個陷阱，那就是將我們對自主系統的標記認定爲「本體實在」（ontological reality）。「什麼是什麼」和「什麼不是什麼」不過只是觀察者的描述而已。瓦瑞拉主張，我們**唯有**謹記更廣泛的關係觀點，才能夠避免將描述與「本體實在」混爲一談。

治療師：我們可以將一項區別的兩邊視為**相生**的概念——控制互補的陰陽兩面。瓦瑞拉（1979, p. 273）表示：「觀察者的行為一點都不神祕，他不過是在自身經驗中找出彼此的關係而已。」

認識論者：當一項假設成立（也就是在實徵、邏輯與實務上獲得證明），然後被視為是確立的本體實在時，問題就產生了。控制認識論者提醒說，當我們提出像「現實世界的結構是什麼？」這類本體論的問題時，應該要特別謹慎。控制認識論傾向引導我們提出認知性問題，像是：「經驗世界的結構是什麼？」

治療師：這樣看來，治療師如果從本體論著手，很容易就會造成混淆。「什麼是眞」的問題，對於治療來說往往無關緊要。在治療的認識論世界中，我們觀察的是各種模式與結構。

認識論者：家族治療師本身就是認識論者，因為他們體現了認識與建構治療現實的模式。如先前所言，要了解一個人如何認識和建構經驗現實，就必須認識其認識過程。前提是，我們必須能夠觀察自己的建構過程，同時在觀察過程中建構自身。當我們躍升到此一遞迴層次時，就會了解到認識論必然是一個自我指涉、層層遞迴的過程。換言之，認識論本身即是一種控制過程。就此而言，認識論與控制認識論即合而為一。

治療師：也就是說，控制認識論並非一種地圖、描述、理論、模型、典範，也不是典範的典範，而是認識、建構和維繫經驗世界的過程。

認識論者：容我進一步解釋。只要你充分思考認識世界以及建構世界之間的連結，就會發現我們經驗到的是生命過程的組織。誠如控制論者所言，知覺與行爲之間具有遞迴連結。你應該也記得，瑪圖拉納和瓦瑞拉發現神經系統具有遞迴組織。在社會有機體的領域內，貝特森等實驗認識論者則是發現互動具有遞迴組織。在生命過程的各個層次，都可以發現遞迴組織的蹤影。

治療師：你的意思是，控制認識論的過程等同於生命過程嗎？

認識論者：當今最爲深刻的洞見，或許就是將生命過程等同於心智過程。心智與自然的統合，即是貝特森、麥卡洛克、瑪圖拉納、瓦瑞拉與馮佛斯特的主張，也是所有提出上述種種概念之控制認識論者的主張。

治療師：所以，家族治療的控制認識論，就是生命的認識論嗎？

認識論者：是的。當你把行爲視爲心智或生命過程，就是將該行爲放在一個更廣闊的生態之舞中來看。由此看來，家族治療即成了一個大熔爐，廣納各種生命與心智所上演的戲劇事件。

治療師：假如我能夠完全理解控制認識論的洞見，這對我的臨床實務與日常生活會造成什麼樣的改變？

認識論者：當你體認到自己是控制認識論者時，就會發現自己一直都在參與經驗世界的建構過程，包括建構治療現實。這種參與式的宇宙觀再度顯示家族治療奠基於道德，而非客觀性。完全不牽涉觀察者，而且能夠客觀衡量的情境描述根本不存在。認識造成建構，而建構導致認識。我們的認識在世界的（再）建構過

程中不斷循環。正如維根斯坦所主張的，道德與美學本屬同一範疇。現在我們應該很清楚這一點，因爲我
109 們的認知取決於行爲，而行爲又受限於認知。觀察者必然在被觀察者中；治療師必然在臨床問題中；認識者必然在被認識者中。

治療師：家族治療師現在應該朝什麼方向邁進？

認識論者：在幾個層面上，家族治療師必須有所超越。首先，治療師可以從物質的典範躍升至模式的典範；這會帶領他進入控制認識論的脈絡。進入之後，他便能夠體現單純控制論與控制論之控制論的互補完形。這樣一來，治療師才能在兩個不同的遞迴層次中來回遊走。具備這種全面性的觀點，家族治療師便能趨近生命模式的自主性與連結性，並且領會其中的複雜與美感。

治療師：一定要完全理解控制論，才能成爲一位好的家族治療師嗎？

認識論者：當然不是。控制論只是一種擺渡的工具，還有其他可行的途徑，尤其是詩人的創作。貝特森曾指出，詩人布雷克採用另外一種象徵系統把這些概念都重新包裝了。

治療師：看來，要做的工作很多。

認識論者：還有很多人不知道認識與行爲是密不可分的。更少人知道控制認識論的本質即是生命本身。如瑪圖拉納與瓦瑞拉所言，認知生物學即是生命的組織。

治療師：眞正體認到心智與生命過程之間的連結，自然能夠理解心智絕不限於腦袋瓜裡面的東西。心智存在

於生物圈內的各種組織模式之中。

認識論者：我們也不能忘記，將治療師的各種經驗與家庭或案主系統的經驗連結在一起的心智系統，同樣也跟現在正在交談的你我，以及生物圈內所有的模式相連結。

治療師：你是說，在控制認識論中，治療師、家庭、生態學家、城市、海岸與森林都是毫無分別的嗎？

認識論者：這些事物之間的區別與連結性勾勒出生命與心智的控制認識論……

治療師：以及家族治療的控制認識論。

註釋

1. 譯註：此句應爲原作者誤植。這段話原本出自於金銀島的作者羅伯特·路易斯·史帝文生（Robert Louis Stevenson）所寫的寓言故事〈可憐的傢伙〉（The Poor Thing）。
2. 作者註：貝特森特別採用「生物學」（biology）一詞來代表關於「心智過程」的研究，不論是內存於海岸、森林、電腦系統或人類的過程，皆包含在內。
3. 作者註：機械論解釋最基本的定義即是著重模式與結構的解釋（參見Varela & Maturana, 1973）。人文科學對於機械論解釋一直有極大的誤解，批評機械論解釋將複雜的生命過程化約爲低俗的機械類比。貝塔朗菲（Bertalanffy, 1967）即針對控制論的機械式觀點提出批評，並提出了「一般系統理論」。他主張一般系統理論是「非機械式的觀點，因爲規律性的行爲並非由結構或是「機械」因素主宰，而是取決於力的互動」（p. 67）。他選擇採用力的隱喻，而非模式的隱喻，後果就是犧牲了自己的認識論。把這類生機論的描述應用在複雜的生命與心智過程上，才是一種低俗的觀點，而不是美學的觀點。
4. 作者註：瓦瑞拉與瑪圖拉納（1973）也提出同樣的觀點：我們主張，機械的結構是以關係來定義，故機械的結構無關乎物質性，意即無關乎那些組成零件的實體性質（p. 378）。
5. 譯註：諾斯底教派（Gnostics），又譯靈知教派，主要盛行於二世紀。「諾斯」一詞源於希臘語gnosis，意爲「知識」。此一教派強調得到救贖的方法，就是藉由祕密啓示獲得有關宇宙起源以及靈魂的知識。

6. 譯註：山謬・巴特勒（Samuel Butler, 1835~1902），英國詩人兼小說家。

7. 譯註：威廉・布雷克（William Blake, 1757~1827），英國浪漫主義詩人。

8. 譯註：派普特（Seymour Papert, 1928~），麻省理工學院教授。他是人工智慧的先驅，也是Logo程式語言的創始人。

9. 譯註：馮諾曼（John von Newmann, 1903~1957），原籍匈牙利的美國數學家，對量子物理、數學邏輯、氣象學和電腦科學的發展有極大貢獻。

10. 譯註：皮茲（Walter Pitts, 1923~1969），美國邏輯學家，與麥卡洛克共同提出神經元最早的數學模式，開創了腦神經科學理論的研究。

11. 作者註：然而貝特森和米德（1976）的說法是，該會議的討論主題是催眠，而羅森布魯斯、維納與畢格羅所寫的論文——〈行爲、目的與目的論〉（Behavior, Purpose and Teleology），實際上是在眾人閒談與午餐之餘才提及。

12. 譯註：庫比（Lawrence Kubie, 1896~1973），美國精神分析師。

13. 譯註：克呂韋爾（Heinrich Kluver, 1897~1979 ），美國實驗心理學家與神經學家。

14. 譯註：艾力克森（Erik Erikson, 1902~1994），德國的發展心理學家。

15. 譯註：勒溫（Kurt Levin, 1890~1974），德國出生的心理學家，也是社會心理學的先驅之一。

16. 譯註：貝弗列斯（Alex Bavelas），社會心理學家。

17. 譯註：諾索普（F. S. C. Northrop, 1893~1992），美國哲學家、耶魯大學教授。

18. 作者註：這些會議記錄由馮佛斯特負責主編，約西亞梅西二世基金會出版。Lipset（1980）與Heims（1975, 1977）的文章中皆有關於會議的摘要。

19. 作者註：米朗，米朗與諾瓦寇斯卡（Mihram, Mihram and Nowakowska, 1977）在〈「控制論」一詞的現代起源〉（The Modern Origins of the Term "Cybernetics"）文中主張，「『現代控制論的創始者』應該是安培（Ampère），而不是維納。」（p. 411）他們並指出，安培將控制論定義爲：「在每個情況中掌控和選擇能做什麼以及必須做什麼的藝術。」

20. 作者註：不過，「動力」一詞的問題是，它往往會讓人聯想到物理學的力與能量。我們或許應該只用「負向反饋」來描述穩定與改變之間的控制關係。

21. 作者註：貝特森（1972）在一段後設對話（metalogue，譯註：討論某一棘手主題的對話）中將「假設」定義爲虛構的概念，主要功能是做爲「科學家之間的一種協議，讓他們能夠就此打住而不再需要往下解釋」（p. 39）。

22. 作者註：我們依然可以選擇把「正向反饋」一詞當作高層負向反饋的近似。由此觀點來看，負向反饋與正向反饋就像遞迴認識論與線性認識論一樣具有互補關係。

23. 作者註：貝特森與米德（Bateson and Mead, 1976）指出，維納並非只關注黑箱的輸入與輸出關係，也包含更大的迴路內發生的事件，而觀察者也在其中。

24. 作者註：貝特森（1972）認爲，「電腦只是更廣大迴路之中的一段弧形。此廣大迴路必然包含人與環境；接收的訊息來自該環境，而電腦輸出的訊息亦作用於該環境。因此，我們可以合理地說，這整個系統或集合顯現了心智特性。」（p. 317）

25. 作者註：馮佛斯特（Howe & von Foerster, 1974, p. 16）把**第一序控制論**（「被觀察系統的控制論」）與**第二序控制論**（「觀察系統之控制論」）區分開來。這兩者分別等同於單純控制論與控制論之控制論。不幸的是，丸山（1968）卻將「第一序與第二序控制論」分別用來指涉負向反饋與正向反饋系統的控制論。他描述的是二元對立的概念，而非遞迴層次，因此與我先前討論的控制論思維傳統並無關聯。

26. 譯註：安帕比（Stuart Umpleby, 1944~）：喬治華盛頓大學管理科學系教授，曾任美國控制論學會會長。

27. 作者註：貝特森（1972）也主張社會系統的基本科學必須依循模式認識論，而非古典物理學：

【行爲科學家】在形式與物質這兩個古老二元概念中似乎是選錯邊了。能量與質量守恆定律關乎物質，而非形式，但是心智過程、觀念、溝通、組織、差異化、模式等皆關乎形式，而非物質（p. xxv）。

28. 作者註：目前仍有爭議的是，自我再生一詞是否僅適用於那些會形成拓樸邊界的化學網絡，譬如生物細胞。瓦瑞拉並未將此概念的範疇延伸至非拓樸性質之系統的自主性，例如動物社會或家庭網絡。瓦瑞拉認爲，將自主的社會系統描述爲自我再生，即爲一種錯誤的分類；這一點我也贊同。

29. 作者註：瓦瑞拉（1979）提出的定義是：「自我再生機器是一種恆定（或者說是關係穩定的）系統，而其組織（明確的關係網絡）爲基本不變量。」（p. 13）

30. 作者註：事實上，整體大於部分之和這句話有一部分是無稽之談。譬如，2+2 ≠ 4顯然是錯的。「二加二等於四」是數學的套套邏輯。馮佛斯特（1963）指出，我們想表達的其實是：「部分之總和的計算大於部分之計算的總和。」（p. 28）

31. 作者註：瓦瑞拉（1979）讚揚貝特森是第一位提出心智爲一控制系統、而非等同於大腦的人。因此，心智不僅內存於單純生物系統之中，「也存在於生態集合、各種社會單元、大腦、對話等許多系統內，不論系統的空間分佈或壽命長短。」（Varela, 1979, pp. 270-271）

32. 譯註：瑪麗．凱瑟琳．貝特森（Mary Catherine Bateson, 1939~），貝特森與米德的女兒，也是著名的文化人類學家。

33. 譯註：其中一層意義是指心智的涉身性，另一層則是指心智的化身，也就是體現心智特性的系統。

34. 作者註：以下討論片段曾刊於〈何謂家族治療之認識論〉（"What is an Epistemology of Family Therapy?", *Family Process*, 1982, 21, 153-168），並已取得轉載許可。

35. 譯註：威廉．詹姆士（William James, 1842~1910），美國心理學之父與哲學家。

36. 譯註：原文爲mindless，亦有愚蠢的雙關之意。

【第四章】

家族治療的控制論描述

就算世界眞的開始旋轉，也沒有暈船的道理。

——史維渥

區別的模式 110

語言是一把認識論之刀，將世界畫分成各個部分，並賦予名稱、名稱的名稱，以及名稱的名稱之名稱。爲家族治療建構控制論描述的第一步，即是檢視幾項語言畫分出的基本區別，像是治療師與案主、疾病與健康、系統與生態等。本章將說明這些區別如何用來建構家族治療的控制論描述。

自我／他者

首先來檢視我們的文化如何區分人類與環境之間的關係。人與環境各自獨立的觀念，就是一種認識論上的區別。我們對於人類互動的思維多半奠基於這項區別。這項認識標示有許多形式，包括觀察者與被觀察者、治療師與案主、個人與家庭、理論家與實務工作者、反叛者與國家，以及人類與自然。

以上每一組區別的預設是，在環境脈絡之外有一獨立的、界線明確的自我；抽掉「自我」之後，剩下的即是環境。由此角度來看，環境便成了「他者」與自我互動的獨立實體。這項關係的典型描述是單向行爲的交流 111
——人類對環境採取行動；環境對人類產生影響。

上述情境提供了兩種看待人類與「他者」之關係的基本觀點。其一是「拳擊模式」（boxing model），也就是人類與環境彼此競逐。換句話說，其中牽涉某些變量的最大化或最小化。人類不斷開發自然資源即是一例。另一種觀點是「共生模式」（colleagual model），也就是人類與環境具有互補關係。在此情況下，人類試圖與環境共存，而非與其競爭。

兩種觀點皆源自於將人類與環境區分開來的認識行爲。在家族治療領域中，治療師與案主（發病者，或稱「客戶」）[1]之別亦屬於同樣的畫分形式。治療師與案主被視爲是不同的實體，而兩者的關係可能處於「拳擊模式」或「共生模式」，或是在兩種模式之間交替。以致勝策略、權力運用、操縱與控制等概念來描述治療師與案主之關係的治療理論，即屬於拳擊模式的觀點。共生模式觀點則傾向將治療師與案主的關係描述爲相互成長、共同演化或是彼此合作的探索之旅。同樣地，這兩種觀點皆源於將治療師和案主區別開來的行爲。

控制認識論則是從描述這些區別之兩邊的遞迴模式著手。控制論並不是將治療師與案主視爲分離且相互作用的行爲者，而是探尋藉由反饋結構連結兩者的模式。再拿室內溫度調節的例子來說，控制論者觀察到的並不是一個打開暖爐的獨立行爲者，而是連結行爲者與暖爐之間的反饋模式。人類的感覺器官、恆溫器和暖爐等實體上所體現的反饋模式則是偶然產生的。

觀察者如果把這個遞迴系統畫分成獨立的部分，就會破壞模式，也會看不清控制過程。遺憾的是，長久以來沿用的語言多半用來描述獨立的部分，而不是遞迴過程。在家族治療中，「系統」、「症狀」、「發病者」、「治療師」、「介入」等基本辭彙，主要是用來區分治療脈絡內的個別部分、實體、行爲者，或事物。 112

談到治療的時候，似乎很難不把治療師與案主當成獨立的行爲者來看。然而，控制論就是要我們捨棄傳統的認識方式，並且找出治療師與案主、症狀與療法、診斷與介入之間的遞迴連結，藉此重新建構世界。要達到這個目的，我們就必須跳脫這些用詞所隱含的認識論意義。我們不太可能不使用名詞描述治療（例如：「治療師」和「案主」），所以可行的方法應該是舊詞新用。我們可以重新框定名詞的意義，使其成爲表徵完整控制過程模式的近似、簡略語、符號或是代碼。舉例來說，在控制論中，「觀察者」一詞即是指涉「觀察者－被觀察者」關係的簡略語。同樣地，症狀、發病者、家族、治療師和介入也都指涉更廣闊的控制過程。簡言之，要描述治療，其實不需捨棄舊有的用詞，而是需要將它們重新框架爲模式的指稱，而非物質的指稱。

因此，本書避免將以下這些區別視爲二元對立，包括意識與無意識、個人與家庭、發病者與治療師、症狀與脈絡、行爲序列與互動序列、線性與遞迴描述，以及實務和美學取向。我們應該將這些區別看成是控制互補。然而，當家族治療師和研究人員把家庭過程的自然史畫分成各個部分、組成元素、功能和機制時，有時候會造成一對控制互補的崩解。這樣一來，我們可能無法洞悉家庭整體的遞迴連結。

舉例來說，學者將家庭過程區分爲溝通、衝突、問題解決、認知、恆定等部分。我們一旦在這些部分之間

畫出明確的界限，很容易就會忘記它們基本上都是更廣
113 闊之控制過程的簡略指稱。如果我們說家庭的「恆定」是造成症狀延續的原因，就等於在恆定機制與恆定所維繫的症狀行爲之間畫下一道界限。在此思維觀點下，治療師會認爲要先解決「恆定」的問題，才能夠改善症狀。這樣一來，他不僅是將症狀從所謂恆定的事物或功能之中區別出來，也讓自己與想要治療的問題分離。

同樣地，區分恐懼、憤怒、愛、恨等情感的詞彙，往往暗指這些情感經驗是獨立運作的，而非屬於一個更爲廣闊的生態，即感覺的遞迴系統。愛必然與恨相伴，而且仔細觀察的話，就會發現愛與恨等情感在高層遞迴過程中是交替出現的。

當我們忘記名詞是指涉關係與遞迴過程的代碼，就會產生問題。這有一部分要歸咎於我們的生物限制。瓦茲（1961）解釋說：

> 唯有當我們遇到緊密糾結而且無法理清的模式時，才會產生物質的知覺。用肉眼觀看時，銀河就像是一顆遙遠的星星，而一塊鋼鐵就像是一團連續、堅固的物質。然而，一旦放大倍數來看，就會發現銀河的結構是渦狀星雲，而鋼鐵則成了在廣大空間內迴旋的電脈衝系統。物質的概念，不過就是當我們的感官或工具不足以洞察模式時所感受的有限經驗。（p. 177）

因此，當我們面對人類互動的遞迴組織這類具有相當程度的複雜系統時，在沒有能力洞悉高層模式的情況下，

可能會導致我們犯下懷德海所稱的「錯置具體感的謬誤」（fallacy of misplaced concreteness）。然後，我們「就從關係與互動經驗中抽取出『物質』，並且賦予『特性』。」（Bateson, 1976a, pp. xv-xvi）控制認識論主張捨棄這些唯物主義的抽象思維，轉而建構描述關係與遞迴模式的區別。

制論描述的辯證 114

大體而言，要了解遞迴過程，我們就必須謹慎地建構觀察與描述，避免採用僵化的方法區分各個部分或是機制。對於控制論者來說，將某一行爲或功能從控制過程中獨立出來檢視的做法極爲荒謬。麥卡洛克（引自M. Bateson, 1972）曾提出相當貼切的比喻：「如果你問我某個細胞的功能是什麼，就好像在問每個英文字的第二個字母有什麼功能一樣。」（pp. 65-66）

要建構「控制論描述」，就必須維持（和激發）對於遞迴組織系統的覺察力。然而，西方語言往往隱含二元對立的意義，我們要怎麼使用這樣的語言來描述遞迴模式呢？其中一項途徑就是進行辯證，使原本被畫分爲二元對立的概念得以重新連結。

採用辯證法，即是體認到我們面臨的弔詭困境——任何陳述必然只是更廣大區別的其中一邊。脫離二元框架的其中一邊，必定會陷入另外一邊。辯證過程則是鼓勵我們持續努力擺脫任何困境——跳脫某一區別的兩邊，也超越區別本身。

顯然，我們不能也不應停止區別行爲，但卻可以採用辯證法持續找出區別的兩邊。由於控制認識論本身也處於區別框架之內，所以同樣必須採用辯證法來避免掉入二元論的陷阱。控制認識論必須不斷地釐清和質疑本身的主張。[2]

以下這段虛構的對話或許可以幫助我們理解此一辯證過程：

讀者：如果我的理解沒錯的話，你的意思是，剛剛提到的（以及接下來要說的）控制論、認識論和家族治療等議題都不是定論。換句話說，你的論點同樣有所不足，也可接受質疑，對嗎？

115 作者：我不能斷言有什麼東西是不能（或不應該）加以質疑、重塑和駁斥的。當然，這也包括我現在所做的陳述。

讀者：可是這不就是一種弔詭嗎？

作者：我無法避免弔詭。我說的話都是弔詭，因為所有的陳述皆隱含自我指涉。同樣地，你也無法避免弔詭。

讀者：但照你的說法，我也可以主張弔詭的概念是錯誤的。或許我還可以說服你說，「弔詭」一詞指的是一種「東西」，或者是說某些東西看來「很弔詭」，原因是觀察者的心智中具有某種形式的象徵結構。如果你重新框架認識世界的方式，弔詭或許就不存在了。

作者：我還是可以說，你的論點有一部分是弔詭的。譬如，當你描述世界的方式是將它與觀察、標記、框架或描述世界的人分開，你就是採取二元論的觀點。在二元論之下，你可能會忘記你所經驗的世界，也是部分的自己（或是類似自己的部分）。你的世界必然像是一個攬鏡自照的空間，或者如控制論者所言，世界是奠基於自我指涉的弔詭之上。

讀者：那麼，你的著作是否也必定是一種自述，或甚至是自傳？

作者：對我來說或許是如此，而你所讀到的則是你的自述。從另一個角度來看，我爲你描述某些概念的作爲，實際上是我們互動的產物，而且是從我的角度來看。換句話說，我對你的想法所做的最佳預測，會引導我現在所說的話。同樣地，你從閱讀我的字句中得到的概念，則是從你的角度來看這場互動之舞的結果。你對我的想法所做的最佳預測，會引導你現在的閱讀。

讀者：你是不是想說，理解我跟你－作者與讀者－的關係這個過程本身，就是通往控制認識論的途徑之一？

作者：唯有當我們採取更廣闊的視角來消弭我倆之間的二元性，並與遞迴之舞相連時，方能達此目的。

讀者：我們或許可以共舞，但是將我跟你區別開來，有時候還是有用的。不然的話，你搞不好得把這本書的版稅分我一點。

作者：假如你還記得我們一同參與建構你我之別的過 116
程，同時也有其他區別形式的可能，就思想交流上，我很樂意了解你如何看待我們之間的「差異」。

讀者：可是，你其實是要我接受你對區別所做的區別吧？我難道不能選擇不同的指涉框架，而不要以建構的觀點來看世界嗎？比方說，我可以刻意採取傳統的、線性的，非控制論的觀點，而且決定安於此道。

作者：如果你意識到自己做了選擇，那麼你就是預設了另類觀點的存在。只要體認到這項差異，我們就有可能成爲廣大完形模式中的互動片段。

此外，就算你選擇不採取線性觀點，也必須有人這麼做。或者反過來說，假設你提出遞迴的控制論觀點，也必定會有人將與其互補的觀點描述出來。

讀者：你是說，線性與遞迴觀點相互依存，所以接觸到其中一種觀點，必然也會碰到另一種觀點嗎？這背後是否具有控制互補性？

作者：我能不能以不會被冠上「線性」或「遞迴」觀點的方式回答你？或者，某些針對我的論點所做的**詮釋**，有沒有可能在我看來是線性的，但在別人看來卻是遞迴的？再說，其他評論家有沒有可能把我們的對話都歸到區別的同一邊呢？

讀者：我的問題是否暴露了我的認識論？

作者：暴露給誰呢？

控制系統

定義

上述討論提醒我們，所有用詞都是由觀察者的描述系統建構而來。現在，我們必須探究家族治療的基本用詞如何能夠具備控制描述的形式。首先，家族治療面臨的一大問題是理解「系統」的意涵。大多數的定義都未指出控制論的遞迴模式。「系統」往往只是用來代表觀
117 察單位的大小。這類非控制論標記的表現形式之一，就是將家庭等社會組織描述爲系統，但個體卻排除在外。

從控制認識論的角度來看，社會單位的大小不見得能夠定義控制系統。不論觀察與治療的對象是雙人組、

家庭、社區，或整個文化，皆無法界定治療師是否採取控制論觀點。控制論的基本原則，就是將事件視爲具有遞迴反饋過程的組織。譬如，症狀行爲可能是個人行爲與經驗之遞迴序列的一部分。以控制論觀點來描述，懼曠症患者的問題是陷入一個惡性的遞迴序列，而且其中包含自行解決問題的行爲。在此情況下，他愈試圖避免進入開放空間，愈使自己加逃避開放空間。案主嘗試解決問題，卻反而助長了問題的形成與延續。要改變這種模式，就必須鼓勵懼曠症患者反其道而行（參見 Watzlawick et al., 1974）。另一個可能是，懼曠症患者所表現的症狀行爲，有時候是家庭互動之遞迴模式的一部分。在此情況下，其他家庭成員可能會鼓勵懼曠症患者運用「意志力」來克服困難，或是採取一般的解決方法。當家庭行爲助長了問題情境的存在時，就需要藉由治療介入來改變其社會互動的模式。

辨識控制系統的基本準則有二：第一，必須覺察其遞迴組織。因此，症狀行爲被視爲是行爲遞迴序列的一部分。舉例來說，治療師可能會發現，在先生的焦慮發作之前，太太沒有準備晚餐，而發作之後，兒子在學校就惹了麻煩。這個涉及三人的行爲序列，可能呈現出促使先生產生焦慮的遞迴模式。

更重要的第二項準則是，控制系統必然具有反饋結構，也就是說，控制系統的遞迴過程必定包含自我校正。[3]將症狀發作前後的事件依照順序排列出來，不見得能夠辨別出控制系統。然而，如果這些事件具有反饋 118
的遞迴結構，就表示發現了控制系統。

家族治療界多半將控制系統視爲「恆定循環」

（homeostatic cycles）。霍夫曼（Hoffman, 1976）曾在〈打破恆定循環〉（Breaking the Homeostatic Cycle）一文中討論症狀行爲如何在遞迴反饋的互動序列中形成。她提供了一個實例說明家庭過程中的「恆定循環」，其中描述父母與兒子的三人關係：

> 這個三人關係包含一個無法發揮權威的父親、有點叛逆的兒子，以及總是與兒子一國的母親。父親一再爲了兒子抽菸的事跟他鬧得不愉快。雖然父母雙方都不准兒子抽菸，但母親總在父子倆吵得不可開交時跑來替兒子說話，之後父親只好讓步。到最後，父親甚至不等母親來就直接讓步了。（pp. 503-504）

霍夫曼認爲，治療師的任務就是找出有問題的遞迴循環，然後採取因應的介入策略。霍夫曼概述了幾種區分這些循環的方法：治療師可以在診療過程中分析家庭的遞迴循環，或是著重於分析涵蓋家庭以外（例如：醫院和學校）之系統的循環。互動與策略取向家族治療的文獻多著墨於行爲遞迴循環的描述，以及因應的治療介入技巧。探究事件的遞迴組織，確實是家族治療界的一大洞見。

然而，對於「恆定」或「自我校正」等控制論用詞，家族治療界有時候也會提出諸多批判。這些批評家認爲應該要採取改變與演化[4]的觀點看待生命系統，而非穩定與控制的角度。誠如先前所言，提出這種說法，表示對控制論的遞迴與互補本質有所誤解。早在幾十年前，克沃拉德（Cadwallader）就發現社會學家對於控制論也有同樣的誤解：

> 許多關注社會變動議題的社會學家對於平衡、 119
> 恆定或穩定的概念一概表示反對。他們主張說，要是將這些概念納入社會理論的中心，就不可能探究改變。他們認爲穩定與改變不僅是相互矛盾的概念，也是完全不相容的兩個過程……。他們忽略的是，至少有一種穩定的類型必須仰賴改變，同時也是改變帶來的結果。控制論主要關注的就是這類穩定。（pp. 154-155）

就暖氣系統而言，系統內部的改變導致了整體系統的穩定。當系統進行自我校正時，溫度變化與恆溫器的調節桿會促使系統各部分關係維持穩定。在家庭中，行爲的變化與差異可能會促使形成這些行爲的互動過程達到穩定。由此看來，霍夫曼所謂的「恆定循環」，是一個藉由改變行爲來使各互動成分維持穩定關係的循環。「凡事愈變，愈不變」指的就是控制互補的一體兩面。系統組成成分之間的變動、改變或差異，都會使其遞迴組織維持不變。

在家族治療中有許多描述控制系統的方法。譬如，我們可以將「個人」視爲自主系統，或是由各種單純控制過程組成的複合系統。此外，個人的某些部分與身體以外的某些部分之間可能具有遞迴連結，如盲人與導盲仗即是一例。控制認識論告訴我們，控制系統跟區別方式一樣有各種不同的形式。

衡量

不過，我們以什麼方式區分控制系統，是否會有所影響呢？在治療脈絡下，治療師可以採用兩種指涉框架來衡量畫分出的系統。如果畫分出的控制系統能夠促使症狀有所減緩，就可能判定該標記方式是適切的。就互動和策略取向治療而言，基本上這就是唯一的判準。指出一個控制系統的目的是要規畫治療策略。倘若該治療介入沒有效果，治療師可能會再畫出另一個系統。

120 舉例來說，一位互動取向的治療師發現害怕公眾演說的案主會習慣性地採取一連串解決問題的行爲。上臺之前，他可能會試著放鬆聲音、冥想，或是服用鎮靜劑。結果發現，他愈想放鬆，反而愈緊張。瓦茲拉威克等人（1974）指出，必須阻斷這些目的性解決行爲的**集合**，治療才會有效。治療師可能會建議案主在演講一開始就先向觀眾表明自己的焦慮。這個程序可以改變建構其行爲的惡性遞迴模式，最後促使問題與解決行爲一併消失。在此案例中，接受衡量的控制系統僅限於連結問題與解決行爲的遞迴模式。

另一個衡量的指涉框架是檢視治療介入的高層效應，也就是去探究受改變的系統本身是否會造成更高層次的問題。就上述例子而言，我們會去思考，治療師幫助案主克服公眾演說的恐懼，是否會造成另一層次的問題。也許案主會養成遇到困難就尋求治療師協助的習慣。如果案主的依賴成了問題，治療師就必須改變治療案主的方式。

另外一個例子是酒癮的問題。人在清醒時面臨的問題，往往可以藉由飲酒獲得暫時的舒解。覺得自己無法融入社會團體的人，可能會藉由喝酒滿足社交上的需求。然而，這種暫時性的解決方法可能會導致並且助長酗酒問題。隨後，酗酒者便陷入了兩難困境：喝酒可以解決眼前的痛苦，但長期下來卻造成了另一層次的病症（酗酒）。如第一個例子所示，治療師的介入可能也會造成類似的效應。

將高層控制過程完全考量在內，我們就會發現醫療機構很可能培養了一群患者。貝瑞（Berry, 1977）[5]甚至警告說，不論是夫妻之間、左鄰右舍之間或政客與河川流域之間，只要出現生態脫勾的現象，「由產、官、學界就會組成營利機構，結果是導致更嚴重的生態浩劫」（p. 137）。因此，治療師必須自問的是，提供解決之道與療法的治療社會系統是否反而會助長問題。

治療師往往只注重當下的療效，而未將眼光放遠。 121
同樣地，研究人員也多半專注在解決眼前的問題，或者最多只是衡量解決方法的成效，像是了解病患的改善程度、復發情況，或是探究案主的社會互動脈絡中是否有其他問題產生。以上種種檢視的是治療介入在單純控制過程中的效果，但在高層控制過程所造成的效應往往會被忽略。

忽視高層控制論的後果非同小可。貝特森（1972）指出，從DDT的發展過程，就可以看出我們對於它的高層效應所知甚少。DDT在1939年發明，但一直到1950年，科學家才發現它對許多動物都有致命的殺傷力。當時，DDT早已大量生產，害蟲產生了抗藥性，吃掉害蟲的動物反而被毒害，同時世界各地的人口也大幅增加。直到1970年，我們才開始「限用」DDT。如貝特森所言，不幸的是，「在濫用DDT的情況下，人類要是繼續食用現有的食物，不知道能不能存活。就算現在立刻禁用所有DDT，它依然會殘留至少二十年」（p. 489）。

艾爾頓（Charles Elton, 引自Hardin, 1978）[6]以下這段敘述進一步說明了控制論系統與整體生態之間的遞迴連結：

> 有些園藝家一心想要把夏威夷打造得更美麗，便引進一種名爲「馬纓丹」（Lantana camara）的植物。在原產地墨西哥，它並不是一種有害植物。這時，也有人爲了美化環境而自中國引進斑鳩。和本土鳥類不同的是，斑鳩特別喜歡吃馬纓丹的果實。馬纓丹具有旺盛的生長力，再加上有斑鳩幫忙散播種子，結果導致過度繁殖，嚴重危害了牧地的生態。另外還有引起印度的八哥。八哥也吃馬纓丹的果實。幾年之後，這兩種鳥的數量爆增。不過，同時還有另一面的發展。之前，草地和甘蔗的幼苗原本遭受大量的夜盜蛾幼蟲侵害，但由於八哥也吃夜盜蛾幼蟲，使得幼蟲不至於過度繁殖而造成嚴重損害。這時，夏威夷爲了控制馬纓丹的繁殖，便引進了幾種昆蟲。某些種類的昆蟲（特別是潛蠅）確實摧毀了許多種子，所以馬纓丹的數量開始減少。結果，斑鳩的數量亦隨之下

降，導致夜盜蛾幼蟲又開始大肆繁殖。後來發現，很多地區在移除了馬纓丹之後，其他外來種的灌木隨即進駐。有些灌木甚至比馬纓丹還難根除。（p. 169）

上述這些例子顯示，留意改變所帶來的高層效應極爲必要，但也絕非易事。雖然成果研究有助於衡量治療方法所帶來的單純效果，但在涉及高層系統改變的期間，很難去評估它對整體生態的效果。就像研究外來物種對於某一生態系統的影響一樣，等我們了解到治療技巧造成的高層效應時，往往已經來不及改變行爲了。認眞看待這項困境的治療師會審愼規畫治療介入，也必然會關注治療的高層效應。

總而言之，我們討論了衡量治療脈絡的兩個實務層次。第一個層次著重當下的時間架構——治療介入對於症狀的影響。另一個層次涉及更廣大的時間架構——改變後的單純控制系統對於其所屬之廣大生態的影響。

貝特森一再呼籲家族治療要注意高層的治療實務。他建議治療師要像研究煤礦業、石油開採工程、昆蟲控制等過程的生物學家一樣，徹底地檢視自己的治療介入方法。這種倡導生態觀點的理念，源自於將效果之遞迴效果形式化的控制論。

病症與健康

症狀

先前提過，控制論主張把症狀放在遞迴反饋的脈絡

中來看。要完全了解這個觀點，我們就必須謹記，所有系統都是藉由改變的過程達到穩定，不論是個人或是家
123 庭皆是如此。舉例來說，太太對先生的情感可能會在愛、恨、沮喪、興奮等之間交替變換。如果她的情感具有自我校正的系統組織，我們就會說她有「平衡的」或「穩定的」情感生活。另外一種組織模式則是涉及某一情感或行爲的加劇。譬如，原本的沮喪情緒可能會加劇爲後設沮喪（metadiscouragement），也就是所謂的「臨床憂鬱症」，或者可能在兩個加劇的情緒之間擺盪，例如躁症和鬱症交替發作。

從上述這些組織模式，就可以看到疾病和症狀如何藉由改變達到穩定。也就是說，症狀是一種「加劇的單一化」（escalating sameness）。眞正改變的是某一情感的強度，或是某一行爲的極端程度。症狀行爲如同身陷於流沙之中；愈是掙扎，就陷得愈深。

換句話說，症狀代表系統將某一行爲或經驗盡可能最大化或最小化。這個過程會造成看似逐步失控的情況。任何人一旦被視爲是失控行爲的「發源地」（site），就會被貼上壞的、瘋狂的或是病態的社會標籤。然而，失控行爲最終會受高層反饋過程約束和校正，像是被治療師或警察送進療養院，或施以鎮靜劑。我們必須了解的一點是，逐步加劇的症狀行爲往往會受周圍的社會系統校正。

由此症狀觀點來看，將某一變量極大化或極小化的行爲模式即是病症的特質。凱斯（Keith, 1980）就發現，憂鬱症患者的家人即便沒有憂鬱傾向，也可能具有病症特質。他呼應懷特克的主張，並指出，「總是笑臉

迎人」、「永遠保持理性」，以及「行爲一向『中規中矩』」都是病症的一種。懷特克（參見Neill & Kniskern, 1982）將此類型的精神病症稱爲「白騎士」（the white knight）（p. 335）。因此，一個人的「憂鬱」加劇，可能與另一個人過度的「完美主義」、「樂觀」或是「理性」有關。這兩種不同形式的情感和行爲持續相互連結，形成一個完整的互動系統。因此，鼓勵那位白騎士不要這麼完美主義，就成了減輕憂鬱症的一種策略。

從上述的觀察與概念中可以得知，問題家庭中的每 124
位成員有時候會出現相互連結的逐步失控行爲或經驗。這不令人意外，因爲就像先前指出的，行爲片段或單純行爲必然是互動過程的一部分。很明顯地，所謂「精神病症」的行爲同樣屬於某一互動脈絡的組織。因此，每位家庭成員的行爲和經驗模式，都可能跟其他家庭成員一樣帶有病症（或一樣正常）。這樣的觀點使治療師得以將整個家庭視爲治療對象，並且採取「轉移症狀」（moving the symptom）的策略。

不過，很重要的一點是，維繫症狀的控制系統不見得包含整個家庭，也不一定限於家庭這個社會團體。瓦茲拉威克與科因（Watzlawick and Coyne, 1980）提出一些治療「憂鬱症」的介入法，而重點在於「阻止其他家庭成員的自責行爲，轉而支持和鼓勵患者。」（p. 13）他們跟懷特克一樣主張「有效的治療介入往往包含改變其他人的行爲」。然而，他們只注意到那些直接參與相關反饋過程的個人；這樣的看法依然過於保守。

由此看來，我們可以將症狀定義爲某一控制過程的集合。換句話說，症狀代表的是加劇行爲與經驗的遞迴反饋循環，而這些行為與經驗屬於整體互動系統的一部分。在社會互動的層次中，一個人的症狀行為代表與他人之間的某種遞迴關係。

由於症狀行為是人際關係完形的一部分，個人的症狀可能就是其人際關係的隱喻。譬如，先生長期胃痛的毛病，實際上可能象徵他的婚姻問題。就此個案而言，稱之為「社身症」（sociosomatic）或許比「心身症」（psychosomatic）更為貼切。在更高的遞迴層次中，婚姻或許也是整個社會生態的隱喻，包括子女、父母和祖父母三代在內。從更廣泛的觀點來看，症狀即是整體關係的指標。

125 奈森·阿克曼（Nathan Ackerman，參見Hoffman, 1981, pp. 225-228）曾經會談過一個家庭個案，主述問題是家中的兩個青少年嚴重不和。會談過程中，他發現母親習慣對著先生的臉打嗝，而父親自述的問題是「失去性欲」。阿克曼愈深入了解這個家庭，就愈難判定那一位家庭成員才是「帶有病症的人」。更正確地來說，每位家庭成員都因為彼此牽連而帶有病症。成員各自的特異行為，使整個家庭達到某種平衡狀態。

現在我們應該知道，精神醫學根本還沒有為所有的症狀「命名」。在任何社會脈絡中發現某種「病症」時，所有相關成員可能也都帶有病症。當治療師遇到一位患有「憂鬱症」的太太時，往往會發現她的先生過度積極、理性、樂觀或循規蹈矩。這些逐步加劇的行為都具有互補形式，顯示診斷醫師或許還需要其他病症的名稱，像是「精神官能式正常」、「精神病式樂觀」和「更年期快樂」。

控制論並不是要我們將認識標記由「受精神困擾的個人」改爲「受精神困擾的家庭」，而是指出個人**與**家庭藉由遞迴過程相互連結的模式。控制認識論主張不去責怪發病者或他的家庭，而是將症狀視爲整個生態的隱喻。這個觀點將帶領我們進入貝特森（1958a）稱爲「謙卑而孤獨」的思維境界。當我們不再怪罪或遷怒於任何基因、化學製品、個人、團體或文化時，就會感受到瓦茲（1961）所稱的「自由的孤獨」。

生態極相（Ecological Climax）

個人與家庭也可能藉由其他的改變過程形成組織模式，而這些改變過程不見得呈現出加劇的單一化。在生物學中，當一大群多樣性物種之間的互動達到平衡狀態，即稱爲「生態極相」。生態系統達到多樣性的平衡，就是健全的一種定義。之前曾指出，相對於健全，則是生態系統內某一變量的極大化或極小化。著重系統 126 某一部分的單系觀點，就會破壞生態系統的多樣性平衡。某個成員得利，就會犧牲另一個成員。誠如生物學家所言，生態系統內沒有白吃的午餐。

生態學中有個弔詭的現象，那就是適應力最強的物種，往往也是最無趣的物種。當適應力很強的物種不受生態系統控制時，生態極相就會被破壞，最後只剩下雜草。貝特森（引自Brand, 1874）曾提出以下相關討論：

> 健全或健康的概念必然與極相的概念有關。因此，病症的定義就是：破壞極相的東西。原本有五十種物種，最後可能被破壞到只剩下五

> 種。這些病症會使世界變得毫無生氣……。愈是亟欲改變什麼……破壞得愈嚴重，到最後只剩下雜草可以存活。人類社會亦是如此。（p. 18）

由此看來，健全的人類生態系統，係指多樣性的經驗與行爲達到「必要的平衡」（vital balance）。尋求某一行爲和經驗的極大化或極小化，而不是保持多樣性的話，就會導致加劇的單一化，即我們所定義的病症。馬斯洛（1970）的研究指出，健全的個體會避免簡化和二分法的描述形式。[7]這些人無法歸類於任何一種特質的極大化或極小化，而是包含各種差異對比的兩面。如馬斯洛所言，「在健全的個體身上，心與腦、理智與本能或認知與意動這類陳舊的二元對立不復存在，而是統合爲一了。」（p. 179）

上述概念將健全的個體描述爲各種差異的整合與統一。因此，一個「完整、健全且統合的個人」不見得就是「沒有任何病症」的人。就這些個人而言，健全與病症是控制互補的一體兩面。此觀點引導我們體認到一項弔詭，即病症是廣大整體系統近似或一部分，而此一廣
127 大的整體即爲「健全」。因此，健全的個體表面上看來可能具有病症，也可能沒有病症，一切取決於觀察者觀察的時機（與方式）。

根據懷特克（1979）的描述，健全的家庭脈絡是家庭成員不斷交換扮演的角色，讓每個人都能輪流擔任「代罪羔羊」：

> 我想，如果家中的每位成員可以輪流扮演代罪羔羊的角色，這個家庭就會健全。某天他們嘲笑兒子幼稚，隔天說爸爸自大、媽媽過度焦慮，再隔一天又責怪女兒顧著爸爸打情罵俏，而不去洗碗。這樣一來，每個人都會輪流擔任代罪羔羊——扮演被罵得「體無完膚」的角色。沒有人會因爲必須一直背負家中所有的焦慮問題而陷入恐懼。（p. 112）

懷特克的觀點與馬斯洛對於健全人格的看法相同，他認爲健全的家庭同樣會避免二分法的描述形式。健全的家庭會依循多樣性的互動共舞模式，因而達到生態極相或平衡。在這樣的家庭中，代罪羔羊以及白騎士的角色由各個成員輪替擔任；成員間的聯盟組合不斷變換；每位成員都會歷經與家人時而疏離、時而團結的感受；而家人之間有爭吵，也有擁抱等等。

就本質上而言，生態極相是描述健全與病症的美學隱喻。家庭就跟紅杉林一樣具有錯綜複雜的連結模式。健康的樹林會促進多樣性物種之間的互動連結與自主性。同樣地，健全的家庭也會促進成員的多樣性與連結。治療師應該像一位盡責的森林管理員一樣，隨時關注整個生態的各個過程與複雜層次。

我在先前的章節曾主張說，我們應該要對行爲片段、互動主題及更複雜的共舞系統保持一定的敏感度。現在，我們可以從各種過程層次來看健全與病症。在單純行爲的層次中，我們可能會觀察到同樣或多樣形式的行爲逐步加劇的現象。轉移到互動過程層次中，某一成

128 員的加劇行為往往與其他成員的加劇行為相伴而生。兩者之間可能具有對稱關係，如夫妻之間愈益激烈的爭吵；或者也可能具有互補關係，如表演者與觀眾之間不斷加溫的互動關係。最後，能夠幫助我們清楚區分健全與病症的層次，即是互動主題的共舞。在此層次中，互動序列的單一循環代表病症，而各種互動序列之間的自我校正組織，則是健全生態系統的主要特色。

可惜的是，我們將大部分的時間心力都花費在描述那些被視為是壞的、瘋狂的或病態的行為片段上。貝特森（1976c）一再強調，這種觀點只顧及到「一個關係系統的一半」。由於行為片段必然是廣大互動過程的一部分，所以應該採取更廣的觀點。然而，互動過程的模式與行為片段一樣並非健全或病症的表徵。這些互動事件還與更高層的過程相互連結，也就是先前所說的共舞系統。

採取共舞觀點，就可以更清楚地區分健全與病態的系統。譬如，夫妻爭吵的重複序列可能就是病症的象徵。當然，這只是將我們已知的常識以形式語言描述出。也就是說，一次的夫妻爭吵並不構成病症的模式，而是唯有爭吵一再出現時，才會形成病症。

共舞觀點可以幫助我們理解個人行為與經驗的轉變，以及涵蓋這些行為與經驗的互動之舞。共舞系統會顯示低層模式的連結方式。文化人類學家霍爾（Hall, 1977）的學生提供了一個極端的例子說明行為與互動如何進行共舞：

午餐時間，有一群孩子在學校遊戲場內又跑又跳。他躲在廢棄車後面，把整個情況都拍攝下來。一開始，這群孩子看起來像各玩各的。過了一陣子，我們注意到有一個小女孩的動作比其他人都激烈。仔細觀察後，我們發現她跑遍了全場。這位年青人依照我所教導的程序，以不同的放映速度將影片看了又看。他漸漸察覺到，這一整群孩子是以固定的節奏同步進行動作。最爲活躍、動作也最大的那位女孩，其實是扮演指揮者的角色。她主導了整個遊戲場的節奏！除了節奏之外，他們的動作還有節拍，而且是耳熟的節拍。後來，我們找了一位玩搖滾樂的朋友幫忙看影片。重複看了幾次之後，終於找到了可以配合節奏的旋律。接著，我們將那段旋律與孩子的遊戲同步播放，結果發現影片與音樂同步的時間整整有四分半鐘之多！（pp. 76-77） 129

霍爾從上述研究得出結論是：「人際關係的互動，就像是一種共舞，只是我們沒有意識到彼此的同步動作，而且是在沒有音樂陪襯或是刻意相互配合的情況之下進行。」（p. 71）

藉由上述方法，治療師就可以學會觀察連結行爲與互動的共舞系統。基本上，所以的過程層次與組織關係都是我們關注的焦點。我們就像交響樂團的指揮一樣，必須注意每位樂手的表現、不同樂器組合所形成的和諧與不和諧，以及全體合奏時的樂音。

治療師

不論如何，治療師必然會影響接受治療的系統。相對的，接受治療的系統同樣也會影響治療師。如貝特森（引自 Lipset, 1980）所言：「當研究人員開始去探索宇宙的未知領域時，探測器的尾端必然是抵住自己身體的重要部位。」

觀察者與被觀察者之間具有海森堡式[8]的連結，顯示治療師並非單方面地觀察案主，而是與案主一同觀察彼此的關係。蘇利文（Sullivan, 1953）指出，在診斷過程中，治療師必然是被觀察的一部分；這一點與上述概念相呼應。同樣地，哈雷（1973a）也主張「治療師必須把自己納入對家庭的描述之中」（p. 161）。對於控制認識論者而言，這些論述都是陳腔濫調。他們早已體認到，地圖必然在實景之中，觀察者必然在被觀察者之中，治療師也必然在被治療的系統之中。

130 我們必須了解的是，治療師的認識論會主宰他與被治療系統之間的關係。譬如，治療師與案主系統之間的關係，有時候是以「權力」的隱喻來描述。哈雷（1976b）就將治療師描述爲「權力的中介者」，掌控家庭權力的分配與運用。誠如之前所言，這類描述形式與控制論觀點背道而馳。控制論描述的是模式，而非物質與能量。

貝特森一直都認爲哈雷採用的權力隱喻是一種認識論上的錯誤，而且是自我合理化的、可能導致病症的錯誤。近來他（Bateson, 1976b）還指出：「哈雷對於我跟他在認識論上的歧異，實在是太輕描淡寫了……。我一直都認爲，權力的**迷思**絕對會腐化，因爲它代表的必然是錯誤的（即便是傳統的）認識論」(p. 106)。

對於貝特森的批評，哈雷從未充分回應。在討論雙重束縛理論之發展的某個註腳中，他簡短地提及此議題：

> 權力與控制的一直都是備受爭議的問題……。過去，我試圖將觀察的焦點從個人轉移至系統上，並且將權力鬥爭視為系統需求的產物，而非個人需求的結果。現在，我依然主張此觀點……。（Haley, 1976a, p. 78）

同時，哈雷也同意貝特森的看法，認爲一個人「試圖控制」他人，「並不是描述兩人**關係**的方式」，而是「將『需求』強加於個人之上」(Haley, 1976a, p. 78)。

因此，哈雷犯了一個邏輯類型的錯誤，那就是把只能描述個人的「需求」概念拿來描述社會組織的特質。但更重要的是，哈雷採用的「權力」隱喻並不在控制認識論的範疇之內；它僅適用於描述物質世界，而非心智世界。

貝特森在批判「權力」的概念時，並不是在玩語義上的遊戲。誠如他（1972）所言：

> 權力的概念會腐化，是不爭的事實。相信權力的人腐化得最快，而他們也是最渴望獲得權力的人……。
>
> 或許根本沒有所謂一方獨大的權力。畢竟，「掌權」的人也必須仰賴資訊才能夠「呼風喚

雨」。如果戈培爾（Goebbels）[9]沒有靠間諜、記者或民意調查來了解德國人的想法，就不可能掌控德國的人心。他必須根據所得的情報調整說詞，然後再觀察人民的反應。這就是一種互動，而不是線性的情況。（p. 486）

當然，權力的**迷思**極具影響力。世界上大部分的人多少都有此迷思。當每個人都信以爲眞時，迷思就自我合理化了。不過，這依然是認識論上的謬言，而且必然會導致各種災難（p. 486）。

貝特森對於「權力」的批判有一部分是針對以下假設：權力愈大，影響力也愈大。嚴格來說，這個概念並不適用於生態學。生態產物（如族群、氧、蛋白質、金錢、個案的數目、治療工作坊等）不具遞移性（intransitive），而且一旦超過最適值，就會變得有害。只要你認爲改變是治療師單方面的責任，就代表你是以遞移、線性的角度看待治療師與案主的關係。接著或許會進一步假設說，治療技巧愈好的治療師，就愈有「能力」造成改變。這項假設可能是有害的，而且到了某種程度後，治療師會愈來愈缺乏靈活性與創造力，也漸漸無法扮演好治療師、老師和學生的角色。

生態學家指出，就是因爲那些受「權力」認識論主宰社會政策，致使我們的地球面臨各種「無法逆轉」的危機。那麼依循隱含「權力」之認識論來實行改變的治療師，又會建構出什麼樣的生態病症呢？對此，貝特森曾一再提出預言式的警告。

權力的迷思會自我合理化，因爲它是一種標記習慣。麥德尼斯（Madanes, 1981）以下這段話說明了這一點：

> 有人甚至主張權力是一種迷思，也是危險的隱喻，所以應該加以質疑。可是，大國對小國、或富人對窮人的影響力也不容忽視……。然而，權力在人際關係中是一項重要因素……。當人類囚禁、謀殺他人，或爲他人犧牲奉獻時，很難說這當中沒有權力的關係……。（pp. 217-218）

控制論者並不是在爭辯「權力」是否存在。該問題與認 132
識論無關，原因是它已經預設了權力的存在具有客觀證明（或反證）。控制論者的批判主要針對慣以權力標記世界所造成的**後果**。貝特森想證明的是，這種標記方式會使那些相信「社會權力」之「現實」的人變得更加貪婪與腐化，不論他們是否認爲自己擁有權力。要預防這類病症，就必須避免以權力的隱喻來標記生物世界。

談到人際關係，卻不提及權力的運作，似乎是有點說不過去。事實上，對某些治療師來說，要他們不去看人際關係中的權力問題，幾乎是不可能的事。此一困境或許就是控制認識論世界與傳統牛頓世界截然不同的最佳寫照。在控制論中，力是屬於機動車與核子發電機的範疇，而非心智過程的範疇。

如果不採用權力的隱喻，可以改採「生態系統之一份子」的隱喻。如同貝特森（1974）所提醒的，系統內的重要個體（例如：治療師）必然屬於系統的一**部分**，所以必須受治於該部分——整體關係中的各項限制與需求（p. 27）。這項觀點將治療師描述爲被治療系統的「一份子」或「一部分」，而非外在的觀察者、操控者或權力的中介者。

治療師加入某個家庭（或家庭的一部分）之後，可能不會造成顯著的改變，或者是他的介入正好對應到產生顯著改變的事件。治療師進入系統後，有時候看似造成了某些改變，但我們必須體認到，「控制」指的是整個自我校正的系統，而非治療師或任何其他成員的單方影響。不過，治療師的存在會影響一個控制系統的組織方式。家庭成員會根據治療師加入反饋過程的方式來組織回應的行爲。然而，治療師也會根據他們的反應組織自己的行爲；如此不斷地循環。

從控制論的角度來看，治療師能做的，最多就是改變自己的行爲，了解週遭社會產生後續行爲，然後依照
133 這些反應調整自己的反應。倘若治療師能夠根據其行爲對他人產生的效應來改變自己的行爲，反饋機制就建立了。這樣一來，治療師並不是在控制家庭成員的行爲，而是了解雙方對彼此行爲的反應。

即使是訓練一隻蚯蚓，也不代表訓練師是單方面地控制蚯蚓。蚯蚓的有所爲與有所不爲，也會影響訓練師的行爲模式。所有的學習系統皆仰賴訊息相生的遞迴反饋過程。換言之，訊息是在整個控制系統內部產生的。這呼應了帕斯克提出的教學相長理論。貝特森（1972）同樣也指出，包含有機體與其環境在內的控制系統是一個共同演化的單位。治療就是一個控制系統；治療師與案主都是共同學習與共同演化過程的一部分。

治療師要在控制系統中發揮作用，就必須能夠改變自己的行爲，並且了解自己與所有成員的行爲造成的效應。改變自己的行爲，即是我們所稱的「介入」，而了解這些介入的影響，或許可以稱爲「診斷」。如哈雷（1971）所言，家族治療師「會著重在診斷家庭如何回應治療介入」（p. 282）。採取介入與診斷的雙重觀點，即是體認到這兩者必然屬於控制過程的一部分。

當我們將治療視爲控制系統時，便無法區辨誰做了什麼貢獻。在治療中，控制系統是由兩個主要關係場域交織而成，這兩個場域的節點分別以「被認定的發病者」與「被認定的治療師」爲代表。「被認定的治療師」一詞提醒我們說，治療師的角色就跟發病者一樣具有變動性。兩個角色都只是整體系統的標記。

做爲系統的一部分，我們想要了解的是馬斯洛（1969）所謂「成爲和**做爲**其所稱」的過程。這就是道家思想的無爲與過程導向。貝特森（1972）將這種「對於循環性的意識或體認」稱爲「智慧」（p. 146）。

相反的，有意識、有目的心智過程無法體認到控制過程的整體模式。貝特森（1972）指出其限制所在：

> 呈現在意識「螢幕」上的內容一旦取決於目的 134
> 考量，自我與世界的控制本質即無法被意識覺察。目的的論述形式通常是：「D是理想情況。B導致C；C導致D，所以藉由B和C就可以達成D。」然而，倘若心智整體與外在世界本來並不具備這樣的線性結構，而我們又將此結構強加於其上，就會對自我與外在世界的

控制循環性視為不見。有意識的取樣無法呈現出整個迴路的樣貌，在選擇性的注意力之下，我們只能截取出脫離原先矩陣的弧形片段。（pp. 444-445）

只專注在意識「螢幕」上的治療師，多半會對控制論系統視而不見。要矯正這樣的短視問題，就必須關注更高層次的控制過程。接下來，我們將一同探索生態觀點如何幫助我們深入了解治療的控制系統。

生態

針對治療做出區別，就可以畫分出無數個控制系統。區別出的每個系統必然隱含某種部分／整體的互補關係。舉例來說，治療師在與家庭會面之前，可能會根據他人的說法預設該家庭具有某種互動遞迴組織。此預設立場會將家庭的組織與治療師的組織區分開來。這時，治療師即假設家庭是一個獨立、自主的系統。

然而，在家庭與治療師會面的當下，新的系統就誕生了。治療師與家庭之間交織而成系統如同波紋模式；意即兩種不同的模式互動生成另一種自主的混合模式。在這樣的波紋系統中，治療師便無法將自己與家庭區分開來。

這時，我們會發現到，這兩個具有不同標記的系統形成第一層部分／整體的互補關係。家庭系統整體（治療師加入以前）變成更廣闊的家庭－治療師系統的一部分。再把這些標記延伸出去，在單面鏡後方的觀察者還可以將診療室內的混合系統與包含他自己在內的高層系

統之間畫分開來。當觀察者把觀察所得的訊息提供給治 135
療師、影響其行為，隨後再給予更多訊息，然後導致後續行為的調整，高層反饋過程即隨之誕生。此觀點形成另一層的部分／整體互補關係，也就是家庭－治療師系統變成了家庭－治療師－觀察者系統的一部分。

在梅寧哲基金會婚姻與家庭方案之下的一項實驗計畫中，甚至可以畫分出更高層次的遞迴過程。在此計畫中，有一群團隊在單面鏡後方觀察並督導治療師與家庭。另外還有一位更高層次的觀察者觀察家庭、治療師與督導團體三方的互動過程。這項實驗計畫顯示多層次的控制過程是可行的，也為治療研究開創了新的領域。[10]

我們討論了幾種在不同的社會過程中區辨出控制系統的方法。從最宏觀的角度來看，所有系統、系統層次以及各系統之間的交互關係就稱為生態。如羅薩克（Roszak, 1977）[11] 所述，生態學的觀點即是自然界的萬物系統皆相互連結。他評論說，如果「將此概念無限延伸，就會發現包括我們自身與所有文化在內的整個地球，即是一個獨立的生命演化系統」（p. 30）。因此，除了將「個人」與「家庭」區分開來之外，我們還可以採取更為全面的標記方式。譬如，美國的印第安人認為大地就是一個生物體，河川與土地分別是血管與身軀。生態學家勒弗洛克（Lovelock, 1979）也主張以大地之母蓋婭（Gaia）來比喻地球，並且將其中相互交織的系統視為一整體系統。

生態的自我校正

當我們從生態角度思考時，就能體會道家思想中強
調不干涉萬物，任其自然再生的道理。生態本身具有遞
迴結構與自我校正之機制，所以只要我們任其發展，受
136 到干擾的部分必然會自我調整。舉例來說，如果以人爲
的方式讓森林中某個物種減少一定比例，十年過後它必
定會回復到原來的數量（假設沒有其他干擾的話）。從
關注控制過程之整體生態的道家觀點來看，家族治療應
著重於幫助個人、家庭或系統進行自我校正。

了解生態系統如何自我復原的方式之一，是檢視我們過去對於人格系統重整的解釋爲何。這些解釋多半基於一項弔詭的主張，那就是人格系統必須先分離，而後才能夠統整。舉例而言，人格系統或許會被區別成無意識及意識兩個部分。隨後，這項區別的兩面會歷經一段辯證過程，使人格系統中分離的部分得以組織成一個自我校正的、統整的生態系統。

唐望將此辯證過程描述爲「nagual」與「tonal」之間的交互作用；我們大略可以將前者解釋爲無意識的過程，而後者爲有意識的過程。爲了讓卡斯塔尼達體驗另類的經驗世界，必須藉由一些把戲使他跳脫自己過去區分與標記世界的習慣。唐望採用的方式，就是打破卡斯塔尼達的慣性，並且以禪宗式的公案混淆他、擾亂他。藉由這些混淆視聽的技巧，唐望帶領卡斯塔尼達進入巫師所稱的「做夢」狀態。唐望（Castaneda, 1974）對卡斯塔尼達解釋說：

「對於巫師而言，**做夢**是鍛鍊自己的有效方

> 法，」他說。「他們不是笨蛋，而是很清楚自己在做什麼。他們會訓練自己將**tonal**拋開一段時間之後再拾回，以藉此發揮**nagual**的功能。你或許沒有辦法理解這樣的說法，但這就是你一直以來在做的事：讓自己放空，同時卻不失去理性。」（p. 245）

唐望對於「做夢」的解釋，與艾瑞克森對於無意識過程的描述有異曲同工之妙。艾瑞克森指出，當意識的注意力被分散時，無意識便得以浮現，因而爲改變提供了新的途徑；或者以控制論的語言來說，它提供了再校正的機會。

意識與無意識，或者tonal和nagual，也可以被視爲
是心智生態中不同層次的控制過程。這些控制過程不見 137
得只存在於人腦之內，也可能是其他生物或社會組織層次的一部分。在控制論的領域中，從意識過程轉變爲無意識過程，就是低層反饋過程受高層反饋過程再校準的隱喻。

唐望要我們暫時拋開tonal，才能夠發揮「nagual的功能」，而下一步則是「重拾」tonal。在tonal與nagual或意識與無意識過程之間來回擺盪，即是形式與過程之辯證的另一種描述方式。因此，意識過程、tonal或左腦思維，都是形式分類的描述。各位應該還記得，在先前的辯證過程中，這是屬於以形式建構現象的那一方，包括形式的命名或反饋的校準。另一方則是無意識過程、nagual或右腦思維。這些指的都是過程——也就是標記系統所欲區分的赫拉克利特斯變化旋風。[12]

在臨床上，我們可以將形式與過程的辯證描述爲意識與無意識之間的遞迴互動。藉由辯證過程，我們就能夠建構並且區分出不同反饋與校準層次之間的關係。治療師的工作，就是將問題情境與高層反饋過程連結，以形成校正機制。高層反饋過程是一種控制論描述，指的就是艾瑞克森所稱的「無意識心智」，也是唐望所謂的「nagual」。

看待家族治療的一種觀點，就是將其描述爲一種辯證過程；此辯證過程是透過某一社會脈絡的中介將分離的個別成員整合起來。我們可以從薩提爾（Satir, 參見 Grinder & Bandler, 1976）的完形治療技巧來了解此一觀點。採用這項技巧的治療師首先會要求案主從團體中選出幾位成員，分別代表其人格系統的各個組成成分。譬如，案主可能會選擇不同的成員來代表憤怒、愛、沮喪、希望和學習等。在此過程中，治療師可以幫助案主藉由建立自我校正的反饋機制來整合團體的行爲。在團體的反饋過程與案主對這些過程的校正之間進行辯證，案主就能藉由隱喻的方式進行人格重整。

138 完形治療技巧提供了一種看待家族治療的觀點。個體可以被視爲是每位家庭成員之各個部分的表徵。當治療師幫助家庭統整爲一時，也會促使個別成員重建並整合其人格系統。然而，必須謹記的是，此觀點將每位家庭成員都視爲案主——每位成員有不同的分離形式，卻也彼此相連。重整家庭的同時，也重整了每位家庭成員。以形式語言來描述，整體家庭系統的再校正，也會帶動個別系統的再校正。

美學觀點的理解

必須強調的是，任何形式的治療都必須考量個人身處的家庭與社會脈絡。將治療局限在個體**內部**，對整體生態是沒有益處的。認爲治療師應該著重於幫助「健全個體」發展的看法，等於是試圖將系統內的單一變量－個體的健全－最大化。然而，超過某一限度之時，原本的健全在另一過程層次中反而會變得不健全。中國中部地區的森林就是一個例子：由於每根樹木長得太過茂盛，危害到鄰近的樹木，最後導致整片森林死亡。[13]

個體的健全受限於當下所處之脈絡的健全——即家庭的健全。家庭也必須維持其所屬之生態社會文化脈絡的健全；如此不斷遞迴下去，直到我們能夠建構出一個健全的星球爲止。

生態學提出一種新形式的「圖騰崇拜」（totemism），也就是以我們週遭世界的整體系統結構「做爲隱喻的來源，使人類得以了解身處於社會組織中的自己」（Bateson 1972, p. 84）。貝特森、瑪圖拉納、瓦瑞拉與其他控制生物學家的研究，都是圖騰崇拜的表現。透過觀察生物細胞、海岸、青蛙和海豚，我們就能夠更深入了解人類，以及人類在治療等社會脈絡之下的行爲組織。

控制論鼓勵我們去尋找生命過程的連結模式。貝特 139
森（1979a）是這麼形容這項挑戰的：

> 是什麼模式把螃蟹連到龍蝦，把蘭花連到櫻草，又把前述四者和我全部連結起來？連結你和我的模式是什麼？把我們六個全部連結起來，一邊連到阿米巴原蟲，另一邊連到精神分

裂症患者的模式又是什麼？（p. 8）

探尋「連結模式」的過程將帶領我們體驗生態系統的美學。

佛教華嚴宗有一則典故可以做爲以美學觀點理解生態的隱喻。該典故爲著名的「因陀羅寶網」（引自Cook, 1977）：

> 忉利天王因陀羅的宮殿，覆有一張無窮無盡的瑰麗大網。爲了輝映天神，工匠在網「目」上都鑲了一顆閃耀的寶珠。殿網無窮，故網珠無量。網珠明亮如星，燦爛奪目。隨意選擇一顆網珠仔細端看，就會發現在那明鏡般的珠面上，映現出**一切**珠影，而每顆映現的網珠亦映現其他一切珠影；如此珠珠相映相攝，重重無盡。（p. 2）

意識到生態系統內的成員同樣具有重重無盡的交互關係，我們就能夠更加了解連結彼此的廣大遞迴模式。整個生態系統如同華嚴思想中的宇宙一般，沒有階層，也沒有中心，或如庫克（1977）所言：「一即一切。」（p. 4）

「因陀羅寶網」所呈現的華嚴觀點告訴我們，整體與部分並無區別。一個人可以指著自己的鼻子說：「這是我的身體」。然而，這個事件的觀察者可能會對他做出區別，並回應說：「這只是你身體的一部分」。庫克（1977）解釋華嚴思想時則指出：「這是我身體的一部分，但同時這也是我的身體。」他進一步補充說：「堅持鼻子**只是**身體的一部分，就會陷入謬誤的觀點之中，即部分屬於整體，而整體是一獨立存在的實體。」在生態學中，部分和整體是一種控制互補，「我們所指的部分，只是整體的抽象」（Cook, 1977, p.10）。

在生態學中，部分和整體非一也非二。生態整體需 140
要各種控制互補做爲其組成成分，包括生**與**死、成**與**敗，以及健全**與**病症。庫克（1977）引用了禪學大師鈴木大拙（D. T. Suzuki）的一段話，幫助我們更了解生態觀點：

> 跳蚤，蝨子——
> 馬兒撒尿
> 枕頭邊
>
> 鈴木大拙在評論松尾芭蕉這首俳句時指出，現實世界中有跳蚤也有蝴蝶，有馬蠅也有年份香檳。對於眞正領會此理的人而言，一切並無好壞之別。（p. 11）

那些「有成就的」治療師或醫生，往往自一開始即抱持著要根除人類所有問題與疾病的想法，到最後必定會與生態的運作背道而馳。這樣的人致力於將「病症」最小化，而將「健全」最大化。不過，生態學家馬上就會告訴我們，根除一種病症的同時，就會有另一種病症出現。[14]我要再次強調，更廣闊的生態觀點就是將健全與病症描述爲控制互補。[15]

對於西方人（包括本書作者在內）而言，最難理解的一點或許是，不論我們怎麼做，自然終將自我復原。史萊特（Slater, 1974）曾針對這一點提出以下討論：

> 縱使人類有再遠大的夢想，終究脫離不了身處的生態系統，並且受制於各種生態過程——因此，當我們的機械式思維達到危機的臨界點時，校正過程就會啓動，並且開始扭轉我們的思維與行爲方式。（p. 180）

事實上，本書中闡述的觀點，以及其他相關理念，或許就是現今文化正在進行的自我校正的寫照。我們唯一的希望，就是在毀滅這個星球之前，學會怎麼啓動必要的高層反饋機制。

141 不論我們如何努力減少或擴大那些被認定爲內在的因素，類似的事件必然會在外在重演。同理可證，我們對於那些被認定爲外在因素所採取的行動，也會反映於內在。當我們透過控制認識論來理解經驗世界時，就會發現它即是一種心智生態。如瑪麗．凱瑟琳．貝特森（1977）所言：「這或許可以做爲一個出發點，促使我們學會尊重身處之世界的結構。」

然而，光是在認知上理解心智生態依然是不足的。我們還必須能夠將此理解化爲行爲習慣的基礎。以下這段故事說明了何謂體現生態或「控制認識論」。一位僧人如此描述：

> 我能夠修成今日的成果，都要歸功於師父的教

導。每日做完早課後，師父都會到寺廟四周的護法殿上頂禮。某日早晨，師父行經護法殿的途中，在水溝裡看到一根筷子，就把它撿了回去。他把我叫到他的房裡，然後拿出筷子問道：「這是什麼？」我回答說：「是筷子。」「沒錯，是筷子。它不能用了嗎？」他繼續問道。我說：「不，還能用。」大師說：「的確是。不過，我在水溝裡的一堆垃圾中找到這根筷子。這表示你取走了這根筷子的生命。你一定聽過一句諺語：『多行不義，必自斃』。你殺了這根筷子，也必定會爲其所殺。」大師花了四、五個小時訓誡我，並且教導我要如何修行。當時，我才七、八歲大。大師的教誨，我謹記於心。自此之後，我對萬事萬物無不抱持戒愼恐懼的態度。（Cook, 1977, pp. 18-19）

控制認識論強調，不論是標記爲內在或外在的經驗，我們都應該要予以**重視**。庫克（1977）提醒我們說：「即使是認爲一根筷子無用而將之丟棄，都是一種分別心的表現。最後，我們終將爲自己的分別心所滅。」（p. 19）

貝特森（1972）指出：「聖經中最有力的一句話，就是聖保羅對加拉太說：『神是欺騙不得的。』」（p. 504）。你一旦傷害了生態系統的任何部分，不論是筷子、流域、還是治療，都會促使週遭的生態開始校正**你的**行爲。貝特森解釋說：

> 不管是辯稱環境污染或開發並不嚴重，或者說這是無心之過、一切出於善意，還是說：「就
> 142 算我不這麼做，別人也會做」，都是沒有用的。生態過程是欺騙不得的。（p. 504）

討論

治療師：為家族治療建構控制描述時，最應謹記的重點是什麼？

認識論者：我們不能忘記的是，我們觀察到的控制系統，是做出區別之後的結果。

治療師：之前討論了幾種區分系統的方式，像是家庭整體系統、家庭－治療師系統，或家庭－治療師－觀察者系統等。哪一種標記方式才是最恰當的？

認識論者：對誰、以及對什麼情況而言是恰當的？這個問題必須回到你身上，也就是由區分出系統的觀察者來回答。

治療師：那我換個方式問。哪些標記方式屬於單純控制論，而哪些又屬於控制論之控制論？換句話說，在以上這些區別中，是不是有些指涉黑箱系統，而有有些指涉自主系統？

認識論者：任何一個區別出的系統，都可能被標記自主系統，或是與其他系統交相輸出輸入的系統。譬如，由觀察者在單面鏡後方觀看的家庭，可能會被視為是自主系統。如果採取這個觀點，我們就會把自己對家庭的行為視為擾動，而非輸入。如此一來，我們並非

依循黑箱模型將系統標記成「輸入／過程／輸出」，而是觀察系統如何藉由改變其結構來維持組織的穩定。

治療師：是，詞彙我還記得。我想問的是，自主性的標記有什麼用處？

認識論者：首先我想提醒你，自主性在治療界中並非新的概念。事實上，早在家族治療興起之前，自主個體的概念就已經成爲行爲研究的核心。

治療師：那麼爲什麼自主性會被認爲是新的概念？

認識論者：過去，自主性的概念僅限於描述個人。現在，我們開始將其他系統過程的層次標記爲自主系 143
統。

治療師：像家庭整體系統、家庭－治療師系統、家庭－治療師－觀察者系統都是嗎？

認識論者：這些控制系統都可以標記爲自主系統。既然我們可以從系統與其他系統的依存或附屬關係的觀點來看，那麼將任一系統視爲絕對自主的看法就是狹隘的。從家庭整體系統的觀點轉變至家庭－治療師系統等諸如此類的觀點，代表的是自主性與依存關係之間的辯證過程。

治療師：換句話說，將一個家庭視爲自主系統只是個開始而已？

認識論者：沒錯。當本身亦爲自主系統的治療師進入家庭之後，我們就可以畫出另一個現象範疇。治療師與家庭這兩個自主系統之間的互動則可以視爲擾動。在此情況下，這兩個系統即形成瓦瑞拉與瑪圖拉納所稱的「結構耦合」（structurally coupled）。然而，我們也可以畫分出更高層的自主系統，把這兩個相互依存的系統包含在內。

治療師：那一種觀點比較正確？

認識論者：請記得，每一種觀點都是觀察者區分的結果。此外，自主性與依存性之間具有控制互補性——非一，也非二。

治療師：總而言之，我們應該保留兩種觀點，並且運用在雙重描述上，是嗎？

認識論者：是的。假設治療師能夠將治療畫分成無數種區別，並且指出無數種自主／依存的控制互補，那麼誠如控制論者所言，他就具備了不可或缺的多樣性。

治療師：你的意思是，這樣他就能夠創造出無數種區分控制系統的方式？

認識論者：沒錯。

治療師：這樣有什麼好處？

認識論者：如果治療師能夠畫出各式各樣的模型，就不容易受到限制。

治療師：這樣一來，要是區分出的控制系統，或是你所說的模型，沒有達到原先預期的成果，就可以改畫另一個系統，對嗎？

144 認識論者：沒錯。

治療師：所以，不管是理論家、研究人員、老師或是實務工作者，只要是主張某種觀點或模型比較正確的人，就表示承認自己選擇採取沒有彈性的做法。換句話說，他決定以有所局限的方式標記治療世界。要是案主像之前那位研究生的雪貂一樣，完全無法適應他所標記的行為框架，那麼案主可能會受苦。

認識論者：不只是案主而已，他的學生和同事也可能會受害。在此必須提醒你的是，即便我們能夠體認到區分出各種模型的益處，最後決定採用什麼模型，就會造成很大的差別。大體上來說，每個特定的治療情境都需要獨特的模型。

治療師：關鍵在於判定自己建構的模型是否可行。

認識論者：要是能夠將可行與不可行的模型區分開來，你就會知道何時該改變控制系統的模型。治療案主的時候這麼做，就是在建立反饋機制。

治療師：要是我理解的沒錯，辨別一位治療師如何建構控制系統的模型，然後（根據他在此模型中與案主互動的過程）改變其模型，就是觀察治療控制過程的另一種觀點。

認識論者：確實如此。控制論，或者採用隱喻來說——**心智**，內存於所有生命過程的組織之中。

治療師：你認爲這本書也是生物嗎？

認識論者：你的問題讓我想起貝特森說過的一句話：「我的書具有生命。我每日以淚水灌溉、滋養它。」

治療師：那麼你、我、這本書、治療經驗以及其他現象範疇都屬於生命過程的一部分。我們又回到生態的概念上了。

認識論者：是的。徹底思考自主性的意義，必然會再度回到連結各部分經驗的整體上。思考個人的自主性，就會幫助我們體認到到個人爲自主家庭系統的一部分，而家庭系統又是更爲廣闊的自主生態之一部分。

治療師：我們要如何從生態觀點來看家族治療？

認識論者：你想要連結的是什麼？

治療師：家族治療中有這麼多種不同的觀點和模型。我很難想像其中會有連結所有觀點的模式。

認識論者：爲此連結模式建立一個**可意識到的**模型，或許超乎我們能力所及。

治療師：那麼我要如何看待治療領域中的這些差異呢？

認識論者：我們來做個實驗。治療師有時候稱它爲「引導式想像」（guided fantasy）。想像你要舉辦一場重要會議，把家族治療內的所有學派都結集在一起。你可能會邀請哈雷、米紐慶、瓦茲拉威克和懷特克等大師一同參與。現在所有人到齊了。我要你想像這個會議是由一位禪師主持，而他早期曾是一位完形治療師。在簡短地開場致詞之後，主持人說想要邀請一位自願者上臺。然後，你就自告奮勇地上臺去了。禪師問你願不願意參與「完形部分派對」（gestalt parts party），你應該還記得本章曾討論過這個治療方法。禪師解釋說，他想出一個獨特的方式來使用這項技巧，讓治療師本身得以受惠，而不是案主。我們可以開始了嗎？

治療師：好，我願意試一試。

認識論者：現在，禪師要你選出一些人，分別代表你對家族治療各個學派的理解。有些部分或許代表你過去曾經依循、或不完全依循的理念，而現今在你的立即記憶中，這些理念已爲其他模型所取代。提出這些觀點的大師可能就坐在觀眾席。你可以請他們上臺來代表各個部分的理念。

治療師：我從哈雷、米紐慶和瓦茲拉威克身上學會如何組織治療行爲，所以一定要請他們三位上臺。同時，包文（Bowen）曾提醒我說，在同一過程層次中，我是循環生命史的環節之一，也請他上臺吧。另外，當我拜讀懷特克的著作時，我不得不承認，治療不僅涉及概念理解、家庭重塑與策略技巧而已。我一定要請 146
懷特克來代表這一部分。我還可以這麼一直邀請下去。

認識論者：假設在你的家族治療理念發展中代表各部分的人全都上臺了。這時，禪師開始幫你把這些部分統整爲一個整體組織。他告訴你說，我們不需要將實務與美學、左腦思維與右腦思維、策略與經驗看成二元對立。他教導你如何將這些概念視爲控制互補。經由他的引導，你才能夠提供一個會議平臺，讓哈雷、懷特克、瓦茲拉威克、包文等大師開始進行眞誠的對話。幾天下來，整個會議並沒有變成爭辯誰是誰非的口水戰，而是一場差異的共舞。在禪師的協助之下，你主導了這場對話之舞。

治療師：那麼觀眾看到了什麼呢？

認識論者：一開始，觀眾會覺得這是很不一樣的完形部分派對。他們看到禪師扮演治療師的角色，而治療師則是扮演案主的角色。他協助身爲治療師的你統整自己對家族治療之理解的各部分，一場會議才正式展開。當然，不消多久，觀眾就會發現，禪師對你做的實驗其實是一種手段，目的是讓家族治療各個學派的大師進行對話，而非彼此爭戰。自願擔任案主角色的你，也領會到這一點了嗎？

治療師：經過一陣子後，我開始了解這是怎麼一回事了。經由統整自己的各個部分，我確實發現我是在幫助禪師舉辦整場會議。這是很奇特的經驗。

認識論者：你在這場幻想中所做的事，就是爲那些在家族治療中往往被視爲二元的觀點建構新的組織方式。以控制論的語言來說，藉由校正各個家族治療學派之間的互動模式，你也得以重新校正自己對家族治療的認識論。

治療師：這些家族治療的各部分統整之後是什麼樣子？

認識論者：家族治療各部分的控制組織，只能夠從整場
147 會議來檢視。任何的互動片段——譬如哈雷與懷特克之間的對話，都無法幫助我們看到更廣闊的模式。連結各個學派及其差異的模式必然涉及整場會議。

治療師：爲什麼沒有人舉辦這種會議來重新校正家族治療界呢？這個領域中有許多無謂的爭辯與歧見，其實是可以藉由會議好好檢視的。

認識論者：不需要特別舉辦這種會議，因爲會議一直都在進行。換句話說，整個家族治療史，就是我們剛剛一直在談的會議。一切的爭論、激辯與歧見，都是這個廣闊會議的組成要素。

治療師：會議本身是否也是討論的主題之一，就像觀察者在被觀察者中一樣？

認識論者：是的。我們又回到另一個控制互補了。

治療師：在我們繼續討論之前，我想要釐清一個問題。你說家族治療史和整個治療就是一場會議，或是所謂的「部分派對」，我不是很清楚這是什麼意思。倘若我們本來就在努力統整各的部分，爲什麼家族治療界到現在依然爭論不休、各持己見呢？

認識論者：這個領域必須有所改變，才能夠維持組織的穩定。你應該還記得，控制論關乎改變與穩定的互補

關係，而在你剛才提到的情況中，則是歧見與和諧、或爭論與決議的互補關係。認為有穩定、和諧或決議，就沒有改變、歧見或爭論，是極為荒謬的想法。這些區別的兩邊皆具有控制互補關係。

治療師：這表示我應該相信家族治療的所有理論觀點嗎？像有些治療師就嘗試要建立「折衷的觀點」。

認識論者：在此我必須要提出另一項弔詭，那就是選擇依循一種理論觀點是很重要的，而且至少要維持一段時間。我們姑且將它稱為「結構的」、「策略的」、「互動的」、「經驗的」、或者你剛剛所稱的「折衷」觀點。徹底地遵循某一理論信念，你才會有充分的準備來認識和接觸不同的觀點。在此過程中，你與自己 148
的**對話**，會成為控制互補中更為廣闊的一方。

治療師：我能與自己對話嗎？

認識論者：只要你很清楚區別之所在，就能做得到。不過，這種嘗試有時候確實會讓人陷入一片混亂。

治療師：所以你是說，選擇依循某一種理論觀點，並且堅信該理論的前提，是很重要的。這樣當我們接觸到其他部分的理論觀點時，就會產生更為廣闊的觀點。對話的任何一方，在一開始時都無法察覺這樣的廣闊觀點。

認識論者：所有治療師都需要具備雙重觀點。一方面需要依循某一特定框架；另一方面也要體認到此框架是不完整的，所以必須藉由自我校正的方式與另一種框架進行更宏觀的對話。

治療師：那麼，本書作者的理論觀點是什麼？

認識論者：就是「控制認識論」。

治療師：如果治療師決定要依循控制認識論，誰會是他的老師呢？

認識論者：我不太知道要怎麼回答這個問題。我只能說，治療師遇到的每個人，包括案主在內，都可以做爲他的老師。這就是體認到，當對話得以進行時，就會產生更高層的學習過程。另外一種回答你的方式，就是從治療界中列出幾本代表控制認識論的書籍。

治療師：我來猜猜你指的是哪幾本書。我想心理研究中心（Mental Research Institute）爲單純控制論在治療中的應用奠下了堅實的基礎，而畢文、費雪、哈雷、傑克森、瓦茲拉威克與威克蘭等人皆貢獻良多。

認識論者：沒有徹底認同他們的研究，就不能說自己依循的是控制認識論。他們的組織名稱中指涉「心智」的概念，其實並非巧合。有了他們的貢獻，我們得以進一步了解高層控制論——也就是所謂控制論之控制論。屆此，我們才知道，在對話的脈絡之下，不同的觀點有多麼重要。更廣闊的控制模式會帶領我們進入
149 整個心智生態。在心智生態中，天地萬物皆我師。

治療師：正如本章所言，即使是被丟棄的舊筷子都有其價值。

認識論者：丟棄的行爲本身亦有其價值。

註釋

1. 作者註：哈雷（1980）以「客戶」（customer）來指稱那些願意付出金錢接受他治療的人。
2. 作者註：這再度強調，控制認識論並非只是主張將舊有的用語替換成新詞（例如：個人改爲家庭、恆定改爲演化、線性改爲遞迴、實務改

爲美學），而是關注形成區別的**脈絡**。

3. 作者註：自我校正的遞迴層次不一定顯而易見。各位應該還記得，看起來即將失控或是劇烈擺盪的單純遞迴層次，實際上受制於更高的遞迴層次。

4. 作者註：改採「演化的」家族治療觀點，可能只會導致其他形式的混淆與混亂。威廉詹姆士（引自Perry, 1935）曾提出一個諷刺性的演化定義：「演化就是藉由持續相繫與部分相離的過程，從不知何謂的、無法言喻的單一化，轉變爲有所謂的、可言喻的非單一化。」（p. 482）

5. 譯註：貝瑞（Berry Wendell, 1934~），美國詩人與自然作家，也是文化經濟評論家。

6. 譯註：艾爾頓（Charles Elton, 1900~1991），英國生物學家。

7. 作者註：馬斯洛認爲健全的人會避免採用二分法，像是「仁慈－無情、具體－抽象、接受－反抗、自我－社會、適應－適應不良、疏離他人－認同他人、嚴肅－幽默、酒神精神－阿波羅精神、內向－外向、嚴謹－隨興、傳統－非傳統、神秘主義的－現實主義的、主動－被動、男性化－女性化、慾望－愛，以及慾望之愛（Eros）－神聖之愛（Agape）」（p. 179）。

8. 作者註：著名的海森堡「測不準原理」指出，觀察者所觀察到的事物，會由於觀察這個干擾行爲而不斷改變。

9. 譯註：戈培爾（Joseph Goebbels, 1897~1945），納粹德國時期的宣傳部長。

10. 作者註：我們必須體認到，當行爲者加入系統，並且成爲其中的活躍份子時，也可能會助長問題的延續。一旦發生這樣的情況，家庭－治療師（或任何其他參與者）系統便成了發病者。如此一來，介入的對象應該變成是家庭－治療師系統（或者**再加上**督導師）。

11. 譯註：羅薩克（Theodore Roszak, 1933~），美國學者與社會思想家。

12. 譯註：赫拉克利特斯（Heraclitus，535~457B.C.）爲古希臘哲學家。他主張火爲萬物之源。火的轉化是首先成爲海，而海的一半成爲土，另一半成爲旋風。在此世界中，只有永恆的變化存在。

13. 作者註：中國森林死亡的例子，或許也是當代社會的寫照。馮佛斯特（1976a）估計，照目前人口成長的速度來看，到了2027年，「每平方英呎的土地上面都有一個人，最後每個人會因爲過度擁擠而死亡」（p. 10）。

14. 作者註：伊利契（Illich, 1976）將那些由醫師診治時引起的疾病稱爲「醫源性疾病」（iatrogenesis）。他還警告說，現代醫學對於我們的健康就是一大威脅。

15. 作者註：貝特森（1979a）即主張，要發揮「生態系統的自我復原能力」，疾病和死亡都是不可或缺的（p. 222）。

【第五章】

治療性改變的控制論

戴奧吉尼斯：天地萬物瞬息萬變：我們沒有一刻是不變的。

亞歷山大：（打他一巴掌。）

戴奧吉尼斯：你爲什麼打我？

亞歷山大：我打的不是你。如果我理解的沒錯，我剛剛打的一定是別人。

在控制論中，改變與穩定代表一種互補完形。因此，「凡事愈變，愈不變」這句法國諺語，也可以反過來說：「凡事愈不變，愈變」。走鋼索的人必須藉由不斷晃動來保持平衡。同樣地，站在獨木舟上時，保持平衡的方法就是讓它搖晃。貝特森（引自 Bateson & Brown, 1975）將此觀點應用在社會系統上，並指出：「結了婚，而不跟太太吵架，是不可能的事。」（p. 47）

不論是走鋼索特技還是婚姻，維持「不變」或「平衡」的，是自我校正的控制系統；而改變的，則是控制系統中的行爲——相互連結的部分藉由改變來維持整體的完整。然而，一個完整系統本身亦屬於高層控制系統的一部分；依此不斷類推下去。要描述高層系統的穩定，就必須指出高層系統的改變。

在治療脈絡中，當我們試著去指出什麼應該改變——有待改變的「東西」爲何，改變的問題就會變得十分棘手。應該改變的是一個人的性格、婚姻關係、家庭
151 結構，還是鄰近生態呢？控制認識論提出改變必然涉及

控制過程的主張，藉此重塑我們的思維模式。

本章的宗旨是從控制論觀點理解治療性改變。雖然我們將持續使用「改變」一詞，但我們不能忘記改變不過是其中一面，從屬於更廣的控制互補——「穩定／改變」。因此，讀者應該將任何有關改變的指涉視爲該控制互補的簡化表徵。[1]

爲模式建立模型

在雙重束縛計畫發展早期，甚至是在「雙重束縛」的概念尚未成形之時，貝特森與其同僚曾在理解精神分裂症的本質上遭遇瓶頸。維納提供了一些建議，他採用的方法是向貝特森提出一項要求，說：「我是工程師，而身爲客戶的你必須向我說明，一個機器要具備哪些特質，才能稱它爲精神分裂。」（Bateson, 1979b）這項建議主要是鼓勵他們建立形式模型。隨後，他們便提出以下描述：「當電話交換機將用戶在通話中提到的數字誤認爲用戶名稱時，在形式上就可稱它爲『精神分裂』。」（Heims, 1977, p.151）譬如，我在電話中跟你提到我住在大街1497號，而這時電話交換機卻撥打1497號。電話交換機將我的地址描述與撥打號碼的要求混淆了，就像犯了邏輯類型錯誤的精神分裂症患者一樣。

維納提供給貝特森的建議也爲治療師指引了方向：在面對問題或症狀時，治療師可以建構或找出當下問題的模型。我們必須了解，這指的是機械模型——其中只有模式與關係，而非體現該模型的物質。

依循控制論的治療師，必定會先建立一個體現當下 152
問題關係的模型。這些模型的基礎可能是案主的生活狀況，或者涉及更多元的議題範疇。舉例來說，一對夫妻的性生活問題，或許可以從其飲食習慣來著手，據此建立形式關係的模型。[2]或者，治療師也可能從這對夫妻過去相處的歷史中找到相關的問題模式。後者的做法是根據過往事件建構家庭問題的模型，藉此解決現今的困境。譬如，依循早期米蘭團隊模式的治療師，會從家庭的過往事件中挖掘「資料」，然後依據這些資料建構敘述或「假設」，以解釋家庭眼前困境或痛苦的原因。這項治療策略隱含的概念是，倘若治療師的敘述能夠多少反映出家庭組織現狀，做爲其模型、同構或縮影，那麼以稍加修飾的方式將此模型呈現在家庭面前，就治療而言是很有用的。艾瑞克森開創了許多治療模型。他能夠採用極爲多元的解釋、敘述和療法來爲案主的問題脈絡建構模型。

雖然治療介入的有效與否並非只取決於模型，但我們應該體認到，以控制論觀點理解治療性改變的第一步，就是學會如何察覺治療的形式與模式。

文後將闡述，要察覺模式就必須探究過去。藉由比較被觀察情境的不同模型，才能夠看出其中的模式。其運作方式可以用惠斯登（Sir Charles Wheatstone）[3]發現的視覺原理來說明，以下是蘭德（Land, 1977）對此發現的描述：

> 1838年，惠斯登手拿著一塊立方形的積木，然後畫出兩張草圖；一張是用右眼看到的圖像，另一張則是用左眼看到的圖像。他在周圍擺了幾面鏡子，好讓自己能夠同時看到分別以右眼

> 和左眼視覺畫出的兩張圖。此時，積木的立體圖像即顯現在他的面前。（p. 2）

換句話說，藉由描繪左右眼分別看到的圖像，並且透過 153
立體鏡同時觀看兩張圖，他便能夠體驗到「深度視覺」（depth perception）的高層模式。

這又讓我們回到先前討論認識論基礎時提及的「雙重描述」概念。同時考量每位互動者的觀點，就能夠描述出社會互動的情形。如此即建立了高層模式。

差異的知覺

雙眼視覺、雙重描述與波紋模式皆驗證了韋伯與費希納[4]（Weber and Fechner）提出的一項基本發現，那就是我們知覺到的必然是「差異」。差異爲「知覺之對象」的概念即隱含在控制認識論中，而貝特森（1979a）也將它列爲「每位小學生都應知道」的基本觀念之一。在模式的世界中，事件主要由差異引發，而非力與能量。舉例來說，假設你沒有收到派對的邀請函，但你的朋友有收到（或者原本你以爲自己會收到）；這之間的差異可能會引起你對主辦人產生某些反應。當貝特森在思考如何將實景轉變爲地圖時，他了解到差異的功能所在。跨越實景與地圖之界線的是「差異的訊息」，即形成差異的差異。差異內存於物質世界，如海洋與海岸之間的界線分別，而這也是地球地理圖上所顯示的樣貌。從實景轉換至地圖上的絕對不是**事物**，而是**差異**。

心智過程之運作係以差異爲基礎的概念，在神經生理學與知覺研究中亦獲得證實。我們普遍都有的一個經驗是，冷氣關掉之後，才發覺冷氣聲停止了。我們只會注意到有聲與無聲之間的差異，沒有變化的事物就不會察覺到。研究發現，如果能夠讓視網膜上的影像保持不變——專有名詞稱爲「穩定視網膜像」（stabilized retinal image），你本來看得見的物體就會逐漸消失。如果你持續注意該物體，它就會再度顯現，但最後依然會消失。
154 隱藏的事物會顯現出來，但顯現的事物會再度被隱藏。[5]

爲了不讓知覺世界在顯現與消失之間擺盪，我們的眼球會不斷移動，如此便形成了一種控制系統。在此系統中，眼球的動作會生成不同影響，以維持視覺的穩定。大體上而言，我們意識到的知覺皆築於世界的多重觀點之上。因此，欲觀察任何模式，就必須先建構出模式的各種模型。

如同眼球必須不斷移動以生成不同的影像，治療師也必須運用其認識論之刀來畫分出治療情境的各種模型，否則他就會像看到穩定影像視網膜一樣，陷入擺盪的困境。這樣的治療師會迷失方向，也無法看清治療過程中每一刻與每次晤談的變化。如此一來，治療會變成一個擺盪不定的世界，如同穩定視網膜像一般不斷地顯現又消失。

家族治療領域本身具備一項優點，那就是能夠提供治療師多元的視角：每位家庭成員都會向治療師呈現自己的觀點。治療師如果想窺見整體生態，就必須建構出連結不同觀點的模式。採取將單純行爲、互動與廣闊模式連結起來的認識論，就能夠看到居高臨下的視野。雙重描述即是幫助治療師察覺高層社會共舞模式的途徑之一。

變動的模式

繼續討論之前，我們必須先提醒自己，我們所知覺到的模式，必然是標記習慣的結果。這在「影像錯置」（displaced images）的實驗中獲得強烈的印證。美國心理學家史崔頓（G. M. Stratton）曾發明一種特殊的眼鏡，它利用鏡面系統與望遠鏡的裝置來改變視網膜像。
這副奇特的眼鏡會將影像垂直和水平倒轉，徹底顛覆了 155
我們眼見的世界。戴著這副眼鏡過了幾天之後，史崔頓很驚訝地發現，他看到的事物都變得「正常」了。他甚至可以很自在的行走，也能欣賞眼見的一切。在另類的視覺世界中待了一陣子後，他決定要拿下眼鏡。這時，他發現：「上星期才逐漸適應的事物樣貌全部又顛倒了，使人不禁對眼前所見的一切產生莫名異樣的感受，而且持續好幾個小時。」（引自Gregory, 1971, p. 205）別人眼中「不失真的世界」，在他看來反而變得「扭曲」了，所以他必須學習再去適應這個世界。

我們觀察所見的模式，不論是上下顛倒或扭曲與否，皆取決於觀察的透鏡，又稱指涉框架。改變觀察的透鏡，必然會歷經一段混亂或過渡期。要是觀察者能夠忍耐渡過這段混亂的時期，新的框架就會帶來另類的次序。認識論的轉變亦是如此，只不過過程更爲劇烈，也愈形困難。透過控制認識論的框架來觀察，一個另類世界終將會顯現。就像卡斯塔尼達（1974）所說的，只要有「堅定不移的意志」，我們就能「停頓世界」，也才能「見其所見」。

此一道理，藝術家總是瞭然於心。有人批評畢卡索畫的葛楚・史坦因（Gertrude Stein）一點都不像她，畢卡索回答說：「無所謂，總有一天會像的。」同樣地，欲建構和覺察控制組織的高層模式，也需要耐心、磨練，與堅定不移的意志。

學習的層次

針對某一情境建立體現形式關係的模型時，可能必須先得知該情境所需的學習層次。因此，我們首先必須進一步了解「學習層次」的意義爲何。爲達此目的，我們必須參照貝特森的一篇重要論文，標題爲〈學習與溝通的邏輯類型〉（The Logical Categories of Learning and Communication）（Bateson, 1972）。

貝特森首先描述何謂「零學習」（zero learning）；它指的是「刺激」與「反應」之間具有既已連結的因果鏈，以工程師的語言來說，兩者已經「焊接起來」了。
156 意思是指，反應完全受基因主宰，或者說反應皆出於自動化，以致於沒有校正的可能。其他的學習層次皆牽涉「嘗試錯誤法」（trial-and-error）。因此，一個生物體的行爲可能受制於校正過程。當某一行爲被標記爲錯誤時，生物體就會持續嘗試其他行爲，直到正確爲止。

「第一層學習」指的是已知的選擇受限於某一特定的行爲群組。採用古典模式、工具模式與機械學習法的實驗心理學，多半著重於探究此一學習層次。值得注意的是，所有的隨機學習——涉及「嘗試錯誤法」的學習——都可以從反饋過程的角度來探討。生物體的行爲與另一系統之行爲具有遞迴連結，以致於一項行爲所產生的效應會修正後續行爲。至於這些校正過程的進行方式，則取決於學習的脈絡。

第一層學習牽涉「改變反應的特性」，或者是在特定脈絡之下學習某一項單純行爲。第二層學習，則是指學習**認識**某一學習脈絡。此一層次涉及學習如何辨識自己的行爲是某一特定脈絡的一部分，以及如何依此組織行爲。譬如，每當訓練師要教狗學習一項新技巧（第一層學習）時，他會重複同樣的工具性程序。經過一連串的學習過程後，狗就學到這些不同的學習情境都具有同樣組織形式——也就是狗認識到牠與訓練師之間具有工具性的關係。在此情況下，我們就可以說，狗學會辨識將自己的行爲是特定脈絡的一部分，並且依此組織它的行爲。

第二層學習並非基於比較不同的行爲，而是比較各種學習的機會。因此，歷經一再重複的工具性學習脈絡之後，狗便「學會如何學習」。之後，牠會習慣性地把往後的訓練經驗都標記爲「工具性學習」。

貝特森（1972）指出：「在第二層學習中學會的是**標記事件**的方法」（p. 300），而不是特定的行爲反應。他進一步指出，任何一種標記方式的適應性都是有限度的。當標記方式所設定的行爲群組無法提供適當的解決方法時，就會遭遇困境。第二章曾提及的巴夫洛夫實驗即是一例。在該實驗中，狗學會將實驗標記爲分辨橢圓形與圓形的脈絡。當實驗者的安排讓狗無法再進行分辨 157
時，狗就被置入了不同的學習脈絡。在新的脈絡中，狗要是做出正確的選擇，就會被懲罰：基本上來說，牠所做的行爲原本是對的，只不過是處於錯誤或不當的脈絡之中。

如果狗想要在新的脈絡之下做出正確的行爲，牠就必須認識到自己處在一個不同的脈絡之中。要是狗眞能察覺新的脈絡，牠大概會選擇打盹或是對實驗人員狂吠，而不是浪費在區分橢圓形和圓形上。另一方面，狗一味地按照分辨橢圓形和圓形的脈絡來組織行爲，最後就會導致「帕夫洛夫式精神官能症」，或是「貝特森式精神病」。任何嘗試區分這兩種幾合圖形的行爲，都將造成不當的改變層次，也就是瓦茲拉威克等人（1974）所稱的「第一層改變」（first-order change）。

如果造成錯誤的主要原因是標記脈絡，而非行爲反應本身，就必須學會以不同的方式標記脈絡。這類改變指的是「修正行爲選擇群組」（Bateson, 1972, p. 287），也就是瓦茲拉威克（1974）等人所稱的「第二層改變」（second-order change）。在帕夫洛夫的狗這個案例中，原先的分辨脈絡所設定的行爲群組包含所有涉及區分圓形與橢圓形的行爲。任何代表此類行爲的改變，皆屬於第一層改變。對狗來說，要產生第二層改變，就必須改採不同的行爲群組：可能是打盹、吠叫，或甚至是在實驗人員身上撒尿。

引發第二層學習與改變的反饋過程，必然涉及比較各種不同的脈絡、框架或標記。像帕夫洛夫一樣把動物置於犯錯的情境中，或許可以達此目的，不過還需要稍做改變——實驗人員、訓練師或治療師必須偶爾給予隨機的獎勵。貝特森舉夏威夷海洋生物公園的海豚訓練爲例，來描述這類高層學習的過程。每當海豚的行爲近似訓練師教導的動作時，訓練師就會立刻給一條魚做爲獎勵。貝特森發現，海豚學會幾種動作之後，也學會了如何學習其他動作，其他動物亦是如此：也就是說，訓練師教新動作的時候會變得更容易。然而，貝特森也觀察到，倘若實驗人員不犒賞已經學會幾項動作的海豚，海豚就會嘗試各種不同的行爲，似乎是想從中找出訓練師要求的動作。要是海豚的行爲都沒有獲得系統性的強 158
化，驚人的情況就發生了：海豚會突然開始展現在這類生物中從未見過的行爲。換句話說，海豚變得有「創造力」了。海豚將習慣的行爲群組替換成前所未見的行爲群組，因而躍升至另一個學習層次。

其中一位訓練師凱倫．普萊爾（Karen Pryor, 1975）描述他們如何利用這一點來訓練海豚的「創造力」：

> 當牠終於搞懂這是怎麼回事，並且知道只要牠做新的動作，我們就會吹哨，牠就開始大展身手了……。在以往的每節訓練中，牠通常會做出兩到三種不同的反應。現在牠在一節訓練中就可以展現八種不同反應，而其中四種是前所未見的行爲。另外，在空中翻轉與轉圈這兩個動作上，牠從一開始表現得淋漓盡致。在這節訓練中，牠一共做出一百九十二次的反應，幾乎是每分鐘九次，之前則是每分鐘三到四次。訓練接近尾聲時，牠絲毫沒有慢下來的意思，動作反而愈來愈快，極盡瘋狂地甩動身體、飛躍、濺起水花、拍打尾巴和側身繞圈；速度之快，我們三個人就算是同時說話也無法描述眼前的情況。（pp. 241-242）

很重要的一點是，這些海豚身處的「後設脈絡」與帕夫洛夫的狗不太相同。在海豚池中，訓練師會跟海豚培養出深厚的情感，而且不忍心看到牠們受苦。因此，他們不時就會丟魚給海豚吃，以維繫跟海豚之間的關係。帕夫洛夫的狗則是處於嚴苛的實驗控制情境，並沒有獲得豐厚的食物獎勵，最後終於發狂。

僅管如此，在大體上來說，帕夫洛夫的狗與普萊爾的海豚受限於類似的組織模式。狗與海豚處於同一類的後設脈絡模式之中，該模式即爲「雙重束縛」。同樣的模式之下，前者產生精神病，但後者卻發揮創造力，其中的差異就在於隨機的食物獎勵。在海豚的案例中，食物的強化作用有助於維繫人類與生物之間的關係。

159 治療師有時候會面臨相同的情況。訣竅就是讓案主處於犯錯的情境，但同時也要偶爾給予隨機的獎勵，藉此維持治療師與案主的關係。同樣地，禪師必須出難題考驗弟子，像是要弟子修禪定、參公案，但他也會不時以香板警惕打瞌睡的弟子，表達他對弟子的關注。

貝特森（1972）還提出「第三層學習」，也就是「行爲選擇群組的**系統**產生校正改變」（p. 293）。這並不是指改變特定反應（第一層學習）或脈絡標記（第二層學習），而是改變整個標記系統所隱含的前提。貝特森指出，第三層學習極爲難能可貴，不過時而在「心理治療、信仰的轉變，和其他涉及深度人格重整的情況中」可以見到（p. 301）。

第三層學習之所以如此遙不可及，是因爲我們往往不會意識到自己的標記多半出於同樣的前提。在相同前提的基礎之下比較不同的標記，只會產生第二層學習——我們更擅於在同一系統之下創造新的標記。舉例來說，西方文化的思維大多建立在觀察者與被觀察者有所區別的基本前提之上。改變這些認識論前提，就會創造出全然不同的標記系統。這類改變即代表第三層學習，而其蘊含的變革有時可稱為認識論的轉變。

簡而言之，從不同的學習與改變層次，就可以將人或人類系統遭遇困境的層次歸納為三類：框架、框架群組，或框架群組之系統。受困的層次則會主宰解決方案的層次。

總是以單一觀點看待世界的治療師，會囿於某種標記習慣的自我驗證之中。這樣的治療師似乎很容易遇到標記習慣與其互補的案主。舉例來說，總是以階層式的社會控制為思考出發點的治療師，可能就會遇到一群欠缺父母管教的問題少年。

學會另一種標記方式，即構成第二層改變（第二層學習）。然而，處於第二層學習的治療師，可能會從一種理論標記方式轉換為另一種，然後發現自己不知如何面對各種不同的觀點。有些人總是在同樣狹隘的觀點之 160
中轉換，而其他認為沒有任何理論可以趨近眞理的人，或許會試圖維持多元的觀點。

廣納多元理論的途徑之一，即是採取兼容並蓄的觀點。譬如在某一情況下，治療師可能採取「完形治療」，在另一情況下則改用「策略取向家族治療」。該治療師的理論與技巧就如同一場融合多元曲風的音樂會——不同的時間演奏不同的音樂。

另一個途徑則是整合各方理論。治療師可以從不同的理論觀點中擷取片段，然後自行「統整」為一個模型。這種方式與兼容並蓄的觀點並不能等而視之。更正確地來說，任何一種統整的觀點本身即構成新的理論。將貝多芬與巴哈融合在一起，不會得到貝多芬或巴哈，而是全新的音樂。「統整的理論」本身即是一種新的理論，而一位兼容並蓄的治療師，也會將其納爲多元觀點的一部分。

上述這些做法都是爲了避免讓自己局限在第二層學習的某種標記習慣之中。在這個改變層次之內，治療師只能不斷地學會學習不同的標記方式。然而，如同先前所言，我們還可以超越至另一個學習層次。分辨出不同的認識論時，就會產生第三層改變，或稱第三層學習。走入比較認識論的重重迷宮之中，意謂著跳脫理論的層級，並且能夠察覺出差異，而這項差異對我們的臨床理解與行爲或許會產生最爲深刻的影響。

無意識過程

高層學習與改變可以說是一種無意識的心智過程。要了解此一觀點，我們必須先體認到，愈是「基本」的前提，愈不容易意識到。就像巴特勒（Samuel Butler）所說的，我們愈是「知曉」的事物，就愈不容易意識到它的存在。此外，控制呼吸與知覺等生命過程的前提預設於不容易意識到的心智過程層次，其實是符合經濟效益的。

貝特森經常引用安姆斯（Adalbert Ames）的實驗來說明知覺的無意識前提，其中一項稱爲安姆斯室錯覺（Ames Room Illusion）。這項實驗顯示，當觀察者預設所看到的房間爲長方形，但實際上爲不規則形狀，他看
161 到的房內物體就會產生大小扭曲的錯覺。在這項錯覺實

驗中，觀察者透過窺孔觀看一個呈現不規則的房間，房內有兩個人分別站在不同的角落，其中一角距離觀察者較遠。在無意識前提主導的知覺過程之下，觀察者**預設**房間爲長方形，所以房內的兩個人看起來會變成一大一小，但實際上兩者一樣高。

最耐人尋味的是，即使讓觀察者事先知道整個房間的設計與實驗過程，他依然會產生扭曲的視覺影像。有意識地了解安姆斯室錯覺的運作方式，並不會改變無意識前提對知覺的影響。另外值得一提的是，倘若實驗參與者來自慣於居住在圓形房屋的文化，就不會產生這樣的錯覺。他們對於「房間的視覺空間」預設了不同的認識論前提。

既成習慣且無法意識到的前提即構成無意識的心智層次。無意識心智層次的主要特性是體現**關係的前提**，而這些前提絕不會指出某項區別的任一邊、時態(時間)或提出否定。換句話說，無意識的心智過程無法如實地描述「某事」、「過去曾做」、「將來會做」或者「從未做過」。無意識過程無法直接指明「某事」必須改變。它不能明確地指出過去的某項行爲、互動或共舞系統必須改變，亦無法指出它能改變。最後，無意識過程亦無法直捷了當地說「不」。無意識過程是以間接的方式傳達訊息，而文後將闡述這一點。

校準的結構

由於無意識心智的前提只涉及關係，故體現了控制認識論的廣闊模式。意識層次對這些遞迴與關係之整體模式所造成的扭曲，極有可能引發病症。譬如，人類與環境之間的整體遞迴組織可能會區隔成二元對立的關係。要修正這樣的扭曲，就需要與更廣闊的、涉及整體關係的無意識前提重新連結。

有些治療師提出的主張隱含此一概念，艾瑞克森即
162 是其一。他將無意識心智描述爲一個具有修復作用的主體。無意識過程具有遞迴組織，所以是一個自我校正的系統。當治療師與案主揚棄有意識、有目的性的行動策略，轉而致力於道家主張的「爲無爲」，即是關注無意識的心智層次。榮格（1939）建議我們要「傾聽 無意識對於情境的表述」（pp. 31-32）。西方文化多半不甚了解的一項生態基本前提，就是不去干擾生態系統的話，它就會自行復原。如前所述，生態系統之所以能夠自我校正，是因爲它體現了反饋過程的遞迴組織。放任生態自行復原，並不等於怠惰或不負責任。無爲，其實是要引發更高層的行動。由此看來，治療就成了促使系統自我調整的脈絡。

系統進行自我校正的方式之一是產生症狀行爲。症狀行爲就像「某處發癢」、「一盞明燈」或是「號角聲」一樣，目的是引人注意。如此一來，家人、朋友、鄰居或治療師可能就會嘗試「給予協助」。他們的協助若不是促使症狀行爲進入自我校正過程，就是導致失控或擺盪。

有個極端的例子可以說明失控或擺盪造成的後果，那就是在清醒與酒醉狀態之間來回擺盪的酗酒者。每擺盪一次，酗酒問題即更加惡化，而且一旦失控，後果甚至會致命。酗酒的擺盪模式包含了失控的行爲序列，因爲每一次的酗酒，都具有一杯接著一杯的失控現象。這

種逐步加劇的酗酒模式，終將會受到高層反饋機制校準。譬如，酗酒者可能會喝到不醒人事，或者是別人不願再給他酒喝。這個校準過程可以幫助酗酒者恢復清醒。然而，恢復清醒的過程同樣也是一個逐步失控的過程。這個失控模式往往包含他人的「協助行爲」，但是當酗酒者的酒癮一發不可收拾時，清醒的過程再度被校準，隨即引發另一次的失控酗酒行爲。

每回酗酒或清醒的事件序列，都是高層擺盪模式的一部分。擺盪的幅度也會不斷擴大（即逐步失控），直到遭受更高層的反饋過程控制爲止。因此，這類生態系 163
統的控制組織可能包含開始酗酒與漸漸清醒的加劇模式，以及這些加劇模式本身的再加劇。

一般來說，任何接受治療的控制系統都有激烈擺盪或是失控的問題。治療師面臨的挑戰，即是透過介入促使系統進行適當的自我校正。可惜，家族治療師往往認爲負向反饋（即自我校正）是家庭維持症狀行爲的途徑，而正向反饋才是產生治療性改變的過程。從宏觀的角度來看，症狀行爲必然受制於某種形式的高層控制。[6]因此，導向治療性改變的途徑，即是引發另一種形式的高層自我校正反饋，使系統以更具適應性的方式維持整體組織。

很重要的一點是，治療師進入家庭之後所形成的控制系統同樣會自我校正、擺盪，或失控。治療師無法避免成爲該控制系統的一部分；在此系統中，他的行爲與其他成員的行爲將形成遞迴連結。治療的目標，就是發揮控制系統的功能，爲低層的症狀加劇過程提供另一種高層反饋校正。

連結模式與校正模式

貝特森對於酗酒問題的分析，可以幫助我們從控制論觀點來思考他人的協助如何助長或是校正問題行爲。他認爲，酗酒者最根本的問題是預設了二元畫分的認識論前提，而其形式通常是自我／環境或是身體／心智。（前文曾提及，有意識的心智層次會扭曲無意識的關係前提，指的就是這類畫分）。貝特森的描述是，酗酒者會陷入身心對抗的困境，主要是因爲抱持了錯誤的心身二元觀，其表達形式可能是：「我的『意志』足以抵抗
164 身體對喝酒的『渴望』。」「意志」是意識**心智**的一部分，而它試圖要控制**身體**對酒的「渴望」。在此脈絡架構之下，身體與心智並不是一個具有校正反饋的控制系統，而是形成對稱關係。

酗酒者首先會將身心之間的對抗表述爲：「我可以克制自己不要喝酒。」心智與身體之間的對稱關係，會衍生出另一個錯誤的認識論前提，稱爲「自我控制」，即系統的某一部分可以單方面地控制其他部分。雖然酗酒者的自我控制會激勵他讓自己不要喝醉，可是當他能夠成功地保持清醒時，反而失去了自我控制的必要性。換句話說，他愈試著不要喝醉，愈可能喝醉，而且反之亦然。

當心理治療、家庭和社會網絡開始介入，並且安慰酗酒者說：「沒關係，下次你會做得更好」，等於是強化了自我控制的前提，及其隱含的心身二元觀。酗酒者聽到的會是：「下次你就能夠克制想喝酒的欲望了」，而這將再度引發惡性的擺盪模式。不幸的是，每每在清醒與酒醉之間擺盪一回，問題就會更加惡化。一開始是

試圖克制喝酒的欲望，接下來是盡量不要喝醉，到最後變成是只要活命就好。

其他形式的症狀行爲同樣帶有這類逐步加劇的過程。一般來說，案主愈是努力控制症狀，以「意志」對抗「症狀」的錯誤認識論前提就會更加強化。隨後，案主將陷入逐步失控的情況，直到到達「極限」或「臨界值」爲止。譬如，當案主試圖阻止「焦慮發作」，焦慮就會增強。試圖對抗焦慮，反而會促使焦慮逐步加劇，直到案主放棄並且感到絕望爲止，而這時，焦慮才會舒緩下來。

在自我校正系統中，症狀的另一個功能是與周遭的社會脈絡溝通。瓦茲拉威克（1967）等人主張症狀是一種溝通的方式，想傳達的訊息是：「並不是我不願意（或願意）做，這不是我能控制的，而是我的神經、疾病、焦慮、眼疾、酒、成長背景、共產黨，或我太太的問題。」（p. 80）就認識論而言，症狀傳遞的訊息有一部分是很確實的，即——沒有「自我控制」這一回事，而且我們必然屬於高層自我校正系統的一部分。由此觀 165
點來看，症狀傳達的是有關高層控制過程的訊息。

依循上述觀點，貝特森（1972）認爲酗酒者努力嘗試克制自己、保持清醒與想辦法活命，都是「決意挑戰『自我控制』的表現」，同時帶有一個「沒有明說的目的，那就是證明『自我控制』根本是徒勞無功的可笑行爲。」（p. 327）一般來說，我們可以將症狀行爲視爲是朝向高層自我校正的努力。症狀行爲首先會試圖去否定形成問題經驗或互動序列的扭曲前提。藉由這個方式，生態系統才能夠進行自我復原。唯有當生態系統開始對症狀行爲做出適當反應時，才有可能產生治療性改變：光是讓症狀發聲是不夠的，必須讓整個系統都知道症狀的存在。

無意識過程無法直接陳述「什麼事不對勁」，或是提出「改變框架、前提或標記」的要求。無意識心智層次的表達方式，就是將想要否定的命題行動化。對於酗酒者而言，「瀕臨極限」就是針對自我控制這項前提的行爲反證。當一個人覺悟到自己無法掌控情況之時，往往就是「瀕臨極限」之際。他會經驗到的是，「發現它（某一系統……）超乎自己的力量，因而感到恐慌」（1972, p. 330）。以認識論的觀點來說，瀕臨極限的經驗會讓原先被視爲二元的自我與症狀得以重新連結，藉由這樣的方式，症狀便能促使案主開始自我校正。[7]

不幸的是，就在校正當下（或校正開始之後），案主週遭的社會網絡往往會鼓勵他再度努力嘗試改善，結果更加強化先前的身心二元觀。即便案主正逐漸復原，一旦有人對他的「改善情況」、「意志力」或「自制力」表示鼓勵，可能就會促使症狀復發。在此情況下，二元的認識論前提可能會被強化，反而助長了問題脈絡的延續。

因此，治療介入要發揮效果，就必須阻絕這些強化
166 作用，讓系統能夠自我復原。治療師的任務之一，即是鼓勵案主不要抵抗自己的症狀。這並不表示治療師在面對案主的困境時不應有所回應，即便他做得到這一點。相反的，治療師必須協助建構一個學習脈絡，使治療師與案主雙方能夠確實回應症狀行爲所傳達的自我校正訊息。

助長症狀行爲的治療技巧所帶來的成效，在家族治療和催眠治療領域中已有所聞。針對這種「弔詭介入法」（paradoxical interventions），[8]瓦茲拉威克等人（1967）曾提出以下說明：

> 假設有人被要求做出某一類型的自發性行爲，那麼他無論如何都無法達成，因爲要求本身已經否定了自發性的可能。同理可證，如果治療師命令案主表現出症狀，等於是要求一種自發性行爲。藉由這種弔詭的指示，治療師就能迫使案主改變行爲。（p. 237）

我們還可以進一步解釋說，症狀處方所傳達的訊息，實際上與症狀本身表達的訊息是一致的，即——否定自我控制的前提。指示案主自發地表現症狀行爲，案主就會發現自我控制是不可能的。我們無法「刻意」引發症狀，亦無法「刻意」消除症狀。經由這樣的論證過程，生物系統就會了解到，試圖自我控制症狀的行爲是極爲荒謬的。

懷特克提出「荒謬的心理治療法」，同樣也是體認到以症狀爲處方（prescribing a symptom），以及「採用歸謬法反證加劇的家庭問題」這兩個方法之間有所關聯（Whitaker, 1975, p. 11）。他採用以下的隱喻來描述歸謬法（Whitaker, 1975）：

> 每位尋求治療的案主都像一座比薩斜塔。治療師的工作並不是把斜塔扶正，而是往上層層加

建，直到它倒塌爲止，而且倒的時候是整座斜塔一同倒下，並非只有治療師加蓋的部分而已。（p. 12）

家族治療師謝哲（de Shazer, 1980）曾經治療一位聲稱已經「失去上帝」的神職人員，因而聲名大噪。這位神職人員不論是靠自己的力量，還是尋求其他治療師的協助，都無法解決問題。他來見這位家族治療師的時候，大概會哀傷地敘述上帝如何走出他的生命。身爲一位神職人員，採取這樣的指涉框架對他的工作其實沒有任何幫助。治療師開的處方，是要他造訪鎮上每一間教堂。倘若他在自己居住的鎮上無法「找到上帝」，那就到其他城鎮去繼續尋找。

在治療師的驅使之下，一頭霧水的神職人員隨即啓程去「尋找上帝」。在這趟造訪教堂的旅程中，案主最終將會碰到一堵荒謬之牆，就如同酗酒者瀕臨極限一般。此時，區分「人類與上帝」的二元認識論前提——或者普遍來說，區分「自我與他人」的前提，將在這趟歸謬法的旅程中消失殆盡。如此一來，神職人員便不再能夠把他的「問題」當眞。

將歸謬法發揮得最爲淋漓盡致的家族治療大師當屬艾瑞克森。依循其治療取向的治療師遇到「一位有尿床問題的案主」時，可能會要求他在上床睡覺**之前**都先尿在床上，而且要持續六天，只有第七天不這麼做。或者，在面對一位隨身拿著木造十字架的精神病患者時，治療師可能會建議他再打造一座十字架。艾瑞克森的主張就是去「順應」案主帶來的任何問題，並且把問題當成是解決之道的參考。哈雷（1973b）將艾瑞克森的解釋轉述如下：

> 艾瑞克森打的比方是，有個人想要改變河道，倘若他試圖阻擋河流的去向，河水只會滿溢而過。然而，要是他改以順應水流的方式引導，河流就會自行開出一條新的水道。（p. 24）

由此可見，症狀可以爲治療師指引方向，讓他知道應該從何著手。簡而言之，控制系統可以藉由症狀行爲表達某一項認識論前提是扭曲的、錯誤的或是無用的。源自無意識過程的校正機制，則是藉由將歸謬法行動化 168
的方式來啓動。行動化提供了一個平臺，使扭曲的認識論前提得以改變。

社會反饋

治療的目的有二：一、促使症狀的行動化，藉此以歸謬法反證。二、協助系統改變結構，以維繫其組織。以控制論觀點來看，目的一涉及建構適當的自我校正反饋機制。當症狀行爲的表現能夠讓個人、夫妻或家庭體悟到自身的行爲、互動或共舞所隱含的前提是荒謬的，自我校正反饋便得以啓動。目的二則牽涉系統校正錯誤前提過後所建立的另類結構。我們在稍後就會看到，系統形成的新模式與結構，往往會讓治療師與案主雙方都大感驚訝。

如前所述，阻止症狀行動化的治療師可能會強化了錯誤的認識論前提，而且可能導致系統問題加劇，結果形成更高層的病症。控制論主張，治療師採取的技巧必須允許症狀行爲爲問題系統製造一個戲劇化的情境。藉由配合症狀的溝通方式，案主或許就可以歷經歸謬法的反證過程。這些「配合式」（cooperative）[9]的治療技巧包含以症狀爲處方、正面肯定症狀，並且刻意放大症狀的荒謬性。

促使案主歷經歸謬法如同執導一齣劇：症狀即爲劇本，而家庭成員就是演員。治療師的角色就像導演一樣，只負責設置舞臺以及引導各個場景的進行。同樣地，瓦茲（1961）認爲「心靈超脫大師」的任務，就是設計一種情境來刻意放大「弟子」的錯誤預設立場，藉
169 此證明其荒謬性。瓦茲的描述如下：

> 心靈超脫「大師」必須盡其所能地說服弟子按照自己的幻象行事，因爲任何迫使弟子卸下防衛的作爲，必然會遭到阻抗。大師教導弟子的方式並不是給予解釋，而是向弟子指出各種可以實踐錯誤前提的新方法，直到弟子自我頓悟爲止。（p. 68）

治療師扮演的角色亦是如此。他必須謹慎地促使症狀行爲發作，使一齣荒謬劇得以就此上演。

治療師能夠爲治療系統帶來**社會反饋**：也就是說，家庭與治療師構成的混合系統會形成類似生理反饋的社會形態。人類可以藉由生理反饋學會改變生理狀況，例如自發性地製造出生物電的「α 腦波」。要做到這一點，就必須採用電子儀器監測大腦皮質的活動，並且將

結果反饋至大腦。治療師與家庭所形成的高層控制過程，即是類似生理反饋的控制系統。當家族治療師能夠「辨識出」與家庭相關的活動，即可將這些訊息反饋給家庭。按照先前的比喻來說，治療師必須特別鎖定家庭的症狀式溝通，並且將這些溝通反映出來，或反饋給家庭。經由此一途徑，家庭便能體會其「荒謬」所在。

因此，治療師必須能夠建構出系統症狀的「變形」（transforms）。我們先前提過，治療師可以藉由建構不同的模型來理解治療模式。建構變形也是同樣的過程。

「模型」代表的是治療師如何了解一個治療系統，而「變形」則是指治療師如何依據他對該系統的認識來給予回應。換句話說，模型與變形是系統模式的一體兩面；前者爲描述，後者爲規範。由此觀點來看，治療中的社會反饋再度顯示診斷（了解）與介入（行動）是不可分離的。

治療師將案主的命題延伸出去，即是一種創造變形的過程。如果有位太太抱怨說她受不了先生，按照懷特克（1975）的做法，治療師可以提出以下評論來建構其溝通方式的變形，像是「那妳爲什麼不跟他離婚？」，或「妳爲什麼不外遇？」，又或是「妳爲什麼不乾脆把
他給殺了？」當案主說這些想法太可笑、太荒謬的時 170
候，治療師應該堅持他的建議皆「合乎治療原則」、「出於專業」，也是「試圖要解決問題」。採用這樣的技巧，便能將歸謬法帶入治療系統。徹底地引出問題的荒謬性，便能否定和矯正錯誤的前提。如此一來，家庭或許就能夠形成另類的結構來維持其組織。

如同所有隨機選擇的學習與演化過程，另類結構的

生成有一部分來自隨機過程。要躍升至改變結構的層次，必然要有「新的」事物，才能生成另類結構。如貝特森（1979a）所述：「很久以前艾希比就曾指出，沒有一個系統（不論是電腦還是生物）能夠生成**新的**事物，除非系統本身包含某些隨機的來源。」（p. 174）

因此，要在治療中形成有效的社會反饋，必不可少的一個要件即是隨機的「噪音」。當然，治療師爲症狀行爲創造變形的過程，多少都會爲系統帶來噪音。然而，如果要造成治療性改變，還需要更加明確的做法。因此，治療的控制系統必須提供足夠的噪音，使另類的結構得以生成。

把噪音引入治療，就如同拿一張「羅夏墨漬測驗卡」給案主看。不過，不是任何一張羅夏墨漬測驗卡都有用，案主必須預設卡上的墨漬具有某種意義或某種秩序。尋找意義的過程就會形成新的結構與模式。治療或多或者必須像具有意義的羅夏墨漬測驗卡一樣，使案主（有時候治療師亦是如此）相信他能在其中能夠找到「答案」與「解決方法」。這些羅夏墨漬測驗或許可以從家族史、文化迷思、心理囈語、宗教性隱喻，或其他案主的經歷（虛構或眞實的）等建構而來。從案主提出或要求的解釋中，治療師往往可以得知哪一種羅夏墨漬的分析形式是有用的。譬如，當他面對一位研究東方思想的案主時，或許可以引用《易經》的解釋，但在面對浸信會的執事時，可能就需要指涉一些不爲人知的聖經典故。如果案主本身就是家族治療師，或許必須引用包文、懷特克或瓦茲拉威克等人的理論。

因此，以控制論爲導向的治療，即是依照症狀溝通

的模型建構出變形。這些變形必須加以「包裝」，以提 171
供充足的噪音來促使系統進行結構改變。這些包裝如同羅夏墨漬測驗或是水晶球一樣，可以幫助問題系統開創新的模式與結構。從系統現有的問題特質以及呈現問題的方式，治療師就可以得知要如何建構並且包裝一項變形。

在社會反饋中呈現變形的遞迴循環，即構成治療性改變的脈絡。當治療師建構一項症狀式溝通的變形，並且引入些許噪音，案主就能夠在這項變形上建構變形，然後治療師再加以變形，如此不斷遞迴循環。這樣一來，控制系統就形成了不同變形的遞迴流。

每建構一個症狀式溝通的變形，就會形成一次遞迴循環。每一次的互動循環，也會生成不同層次的遞迴。治療師必須能夠運用不同層次的遞迴來創造下一次的變形，意思就是治療師必須依照介入的效果來構想隨後的介入形式。此反饋過程提醒我們，案主形塑治療師的介入，治療師也會形塑案主的行爲；兩者在反饋過程中環環相扣。

控制論治療師

試圖避免犯錯的治療師可能會對案主有害。控制論的自我校正過程，就是源自錯誤或差異，並藉由這個途徑來改變未來的行爲。有人曾經詢問名爵士鋼琴樂手奧斯卡．彼德森（Oscar Peterson, 引自 Lyons, 1978）說，當他不小心彈錯音的時候怎麼辦，而他的回答是：

> 我的古典樂老師曾經跟我說：「彈錯了，千萬

> 不要停下來。想辦法讓它順下去就好……。我在教琴的時候會特別強調一個觀念，就是音符的相對性。從旋律的角度來看，其實沒有彈錯音的問題，因爲每個音符都可以連結到一個和弦。每個音符也都能夠形成一段旋律，關鍵就在於你能不能立即將它融入到整個樂曲之中。」（p. 31）

彼德森的觀點也適用於治療界。治療師可以把每一次的行爲都視爲是創新的起點，包括「介入」亦是如此。從
172 這個角度來看，就沒有所謂的錯誤，每項行爲都與行爲序列的結構相連。這意味著，尋求「適當的」介入或「正確的」行爲，基本上都是本末倒置的做法。治療師應該著重於找出包含一切行爲片段的廣闊結構。

上述這些考量顯示治療師需要具備幾項基本技巧，包含改變自身行爲的能力，以及察覺和運用該行爲之效應來引導後續行爲的能力。採取這些治療技巧的治療師，即是發揮「效應器」（effector）與「感應器」（sensor）的作用。「效應器」的功能是製造差異，而「感應器」的工作則是察覺差異。當效應器與感應器——也就是介入和診斷——之間形成遞迴組織，就可以稱它爲控制系統。

一般來說，任何一個有問題的系統需要三項要件才能進行校正。首先，有充足的感應器來偵測差異。第二，有足夠多元的行爲來幫助製造差異。最後，也是最重要的是，該系統必須在感應器與效應器之間建立遞迴連結，如此才能進行自我校正。治療師的任務就是加入

系統之中，並且協助系統將感應器與效應器納入自我校正反饋的遞迴連結之中。這個過程即構成治療的社會反饋。

治療界有時候是依照實務、理論與研究的區別來標記臨床活動。譬如，專業人員的訓練可能會分成這三種領域，而各領域的人員會分別不同的機構或系所內工作。這三個領域分別代表效應器、感應器，以及兩者在治療過程中的反饋關係。

控制論治療師必然身兼實務工作者、理論家與研究者的角色。治療要有成效，治療師就必須能夠建構模型，然後將模型包裝爲介入，並且能夠察覺介入造成的影響。控制論會將這些任意標記的治療面向與社會反饋的廣闊過程重新連結起來。

布蘭德曾提出一個值得思考的問題：「鏡子中的變色龍是什麼顏色的？」這個謎題可以幫助我們了解治療的社會反饋。從控制論的角度來看，鏡子面前的變色龍處於一種反饋過程。變色龍會依照它對鏡中顏色變化的知覺來改變身上的顏色。倘若變色龍的感應器與效應器 173
產生了極大的時間差，它所知覺到的顏色就會跟產生的顏色變化不協調。這樣一來，變色龍就會開始以自我校正的方式減少差異。然而，每一次的調整，只會導致同樣的遞迴校正過程一再上演。在此情況下，解決方法本身反而助長了問題的存在。

倘若變色龍知覺的顏色與產生的顏色能夠相互配合，此一系統就會讓它維持在一定的顏色範圍。不過，要是我們認爲鏡中的影像與變色龍本身在反饋過程中沒有任何連結性，那就錯了。鏡中與鏡外的變色龍會不斷地根據彼此的樣貌改變顏色。在此情況下，相互改變的反饋關係會使其外顯的色值維持在一定的範圍。

簡言之，坐在鏡子前面的變色龍不得不持續改變自己的顏色。問題在於維持的不變形式爲何。其中一種形式是，顏色固定在一個我們所見的色值範圍內變動。另一種形式是，固定不變的範圍可能涵蓋所有變色龍能夠變化的顏色。不習慣以遞迴角度來思考的觀察者，可能會對後者的形式有不同的解讀。對這類觀察者而言，變色龍身上的顏色變化如同逐步失控的狀態，從紅色變爲橘色，再到黃色、綠色、和藍色（假設變色龍辦得到的話）。經過幾次的觀察之後，他可能還會猜測藍色就是臨界值，接下來又會回到頭一個顏色，開始新一輪的變化。如果從控制論的觀點來看，觀察者會了解到，看似逐步失控的變化過程，其實是從屬於更廣闊的自我校正遞迴系統。

從治療師與案主之間的反饋關係，就可以檢視治療的成效。治療的鏡映作用包含詮釋、戲劇化的宣言、模稜兩可的敘述、自由聯想、儀式、和行爲指派。更廣的來說，治療師的所有回應都是問題系統的鏡映。觀察者還可以說，所有案主的回應也都是治療系統的鏡映。治療系統就像處於鏡子前面的變色龍一樣，會達到某種形式的穩定。治療師的介入可能會引發不同層次的問題，或者是促使現存的問題脈絡轉變爲自我校正的過程。對於治療師與案主而言，後者是較爲理想的情況。

174 控制論促使我們去思考治療中的變色龍是誰。治療師是否是協助問題系統運用本身資源來主導治療過程的那面明鏡？症狀是否爲一種順應週遭環境的「顏色表現」？還是案主才是促使治療師建構症狀之變形的明鏡？介入是否是一種順應治療脈絡的「顏色表現」？借用柯波帝（Truman Capote）[10]的話來說，治療是不是「給變色龍的音樂」呢？

討論

治療師：怎麼說症狀行爲是一種順應周遭環境脈絡的「顏色表現」？

認識論者：有位精神分裂症患者對貝特森（1976d）說：「我是用曼贊尼陀木（Manzanita）[11]做成的一張小茶几。」當時這位案主拒絕進食，而療養院打算採取強迫餵食的方式。

治療師：他想表達的是，別人都把他當東西一樣看待嗎？他這種精神分裂式陳述是否就是一種順應療養院生活的「顏色表現」？你的意思是這樣嗎？

認識論者：這故事還有後續發展。事實上，你剛剛問的問題，貝特森也問過那位案主，可是沒有得到什麼答案。貝特森認爲，要是換個環境，那位案主可能就會有不同的回答，所以他就想辦法把案主帶到另一個鎮上的餐廳去。貝特森安排案主去見父母，這樣他們就可以在途中找一間餐廳吃飯——顯然是一個不同於療養院的用餐環境。

餐廳侍者拿菜單過來時，貝特森點了火腿和蛋，而那位案主說他想要火腿、蛋**和**土司。食物送上來之後，貝特森只留下吐司沒吃。這時，案主直盯著貝特森的

吐司，說他想吃，接著就把自己盤子裡的，和桌上剩下的食物都一掃而空。喝完第二杯咖啡之後，他往椅
175 背上一靠，說：「曼贊尼陀（音似man's an eater，這個男人是吃東西的人）。要是情況改善的話，他願意（would音似wood，木頭）吃飯。」

治療師：所以，案主的陳述不僅僅是一種針對現狀的隱喻，也是要求轉換脈絡的表示。當他進入那間餐廳時，他的「顏色表現」也隨之改變了。

認識論者：別忘了想想他與貝特森的關係本質。吃吐司的行爲序列提供一項差異，使另一項差異得以生成。

治療師：那位精神分裂症患者說他想吃吐司，或許就是一種友善的邀約吧？畢竟他很明確地表示想要吃火腿、蛋**和**吐司。貝特森回應他的方式，就是把吐司留著不吃——我們是否可以稱它是吐司的吐司呢？

認識論者：值得注意的是，他們接下來的對話相當有趣。

治療師：我很想知道那位精神分裂症患者後來怎麼樣了。

認識論者：我也不曉得，不過還有另外一件事你或許會想知道。貝特森問那位案主說，治療人員給他的食物到底有什麼問題。他回答說：「要我改變眼睛的顏色去取悅心理學家，我實在無法接受。你們這些人都是心理學家，只不過有些人是自己曾經有某部分受過傷，後來就變成醫治那個部分的醫生。你們根本沒有考慮到，一個病得這麼重的人還得自己一口一口咀嚼食物有多麼痛苦。」

我們又回到變色龍的謎題上頭了：倘若治療師迫使案

主去改變「自身」的原色來順應治療，就會導致僵局。

治療師：那位患者有沒有解釋過他爲什麼會發瘋？

認識論者：有一次他說：「貝特森，你要我進入你的世界。我從1920年到1943年一直都生活在你這個世界，可是我很不喜歡。」這位患者生於1920年，1943年被送進療養院，而這句話是在1957年說的。當佛洛姆瑞奇曼（Freida Fromm-Reichmann）進入帕洛奧托（Palo Alto）團隊時，貝特森問她會怎麼回答這位案主。她說：「我也有一位案主說過類似的話，而我的回答是：『但我從未許諾你一座玫瑰園』。」[12]

治療師：我想知道的是，我在治療實務工作上究竟應該怎麼做。從控制論的角度來看治療性改變，對於介入技巧有什麼樣的啓示呢？

認識論者：記住，你的行爲一定要是根據案主的症狀式 176
溝通建構而來的變形。

治療師：我怎麼去區分什麼是案主眞正的症狀式溝通？

認識論者：這個問題很重要。我現在可以跟你說，實際上，症狀式溝通是一個很有用的虛構概念。在治療實務中，你不用管什麼是症狀、問題或痛苦，只要把案主帶給你的東西加以轉化就可以了。

治療師：什麼？我以爲我的工作就是找出病症，然後加以治療。你到底在說什麼？

認識論者：要達成控制論導向的治療性改變，治療師只需要以案主的症狀式溝通爲**模型**，然後建構變形即可。如果案主說他很好，那麼治療師可以將此訊息變形之後回應給他。譬如，他可以建議案主放假一段時間，測試看看自己是否已經復原。當然，他也應該要告訴案主，病症隨時有復發的可能。

治療師：爲什麼要這麼做？

認識論者：必須謹記的是，在控制系統中，我們不能只看改變而不看穩定，兩者是相輔相成的。因此，當案主說「請你改變我」的時候，其實具有雙重意義：「改變我，也讓我保持不變」。有時候治療師也會認爲它是一種雙重訊息，即「改變我，但不要改變我」。控制論的觀點，就是將所有改變的要求視爲改變**以及**穩定的要求。同樣的，穩定的陳述或要求亦帶有改變的意涵。

治療師：當然，問題家庭自有一套要求改變與穩定的方法。這類控制互補性也可能以其他形式的區別來表現，像是親密與疏遠、個體化與一體性、控制與自發性、荒謬與嚴肅、混亂與秩序、健康與病症、復原與復發等。

認識論者：以控制論看世界的治療師會了解到，他人眼中看似二元的問題，往往是系統改變與穩定之互補關係的類比或隱喻。有了這樣的領悟，治療師就能夠顧及並且因應問題的雙重面向。

177 體認到家庭歷程的控制互補性，就可以解釋治療師早已熟知的幾個有趣現象。舉例來說，治療師以症狀爲處方，同時又約定下次晤談時間，即是要求家庭保持變與不變的方法。另一方面，如果家庭聲稱他們的症狀已經消除了，治療師同樣可以給予雙重訊息——讓他們放假一段時間，同時提醒症狀有復發的可能。

治療師：在治療中創造變形的過程，是否必然包含建構這類涉及問題系統之改變與穩定的雙重訊息呢？

認識論者：某一部分是如此。我們應該還記得，一個控制系統包含了改變與穩定過程的遞迴與互補關係。以形式表述，則爲：

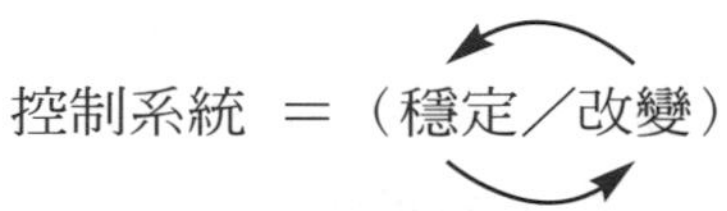

治療師：由此觀點來看，治療的目標爲何？

認識論者：治療的目標，即是透過改變的過程轉換問題系統維持其組織的方式。因此，介入的目的是促使系統的個體發生（ontogeny）更具適應性。值得注意的是，家族治療師往往會犯的一個邏輯類型錯誤，就是以「演化」來描述家庭系統的發展，而不是「個體發生」（ontogeny）。瓦瑞拉（1979）指出：「以演化來描述單一統合體的演變史是不恰當的，不論該統合體存在於哪個空間。統合體只有個體發生過程」（p. 37）。因此，治療目標可採用以下形式表述：

位於時間點2的控制系統比位於時間點1的控制系統更具適應力。

治療師：在治療性改變中，什麼東西改變了？

認識論者：不論一個控制系統的標記爲個人、雙人、整個家庭、社區，或是整個社會，其治療性改變必然涉及改變的改變——改變系統一貫的改變過程，就會導致穩定。

治療師：我們要如何創造這類改變？

認識論者：貝特森依循艾希比的主張指出，適應性的改變需要隨機性來源，以及用以區別隨機性的秩序來源。仔細檢視這項關於秩序的定義，就會發現秩序即
178 是將某種限制加諸於「隨機性來源」之上。更明確地說，所謂的隨機性，就是可以被系統的秩序來源以具有意義之方式標記的各種事件。上述定義隱含了隨機性與秩序的互補關係。

治療師：這表示，不是所有引入隨機性的方法都是有效的。一個問題社會系統所面對的隨機性來源，必須剛好能夠促使它生成新的模式或結構來組織經驗、行爲與互動。這類至關重要的隨機性來源被稱爲「有意義的羅夏墨漬測驗」。

認識論者：現在，我們可以採用以下模型表述治療性改變的過程：

這項表述形式指出了高層邏輯類型的控制互補。將此一區別的左邊簡化，就會看得更清楚：

控制系統／有意義的羅夏墨漬測驗

反過來說，我們可以將這對控制互補看成是最基本的控制互補之同構、變形、類比或模型。最基本的控制互補即爲：

此處的穩定係指控制系統整體或自主性的穩定，而改變係指建構不同的模式與結構來維繫整體統。

治療師：因此，有效的治療即是提供一個脈絡，讓控制系統能夠藉由校正其改變的方法來維持不變。治療師必須幫助問題系統找到有意義的羅夏墨漬測驗，方能促成「改變的改變」。

認識論者：先前的章節曾提及，許多治療學派主張的一個核心概念是，案主是由不協調的部分所組成的集合，不論是個人或社會團體皆是如此。由此看來，治療的主要任務即是把這些部分整合為平衡的、自我校正的、統合的整體。

為簡便起見，我們可以想像這些需要藉由治療統整的 179
部分會透過三個聲音傳達出來。如同先前所言，其中有要求改變的聲音，也有要求穩定的聲音。要是治療師太偏重改變，觀察者可能會說，要求不變的那一部分對治療師的介入產生了「阻抗」。然而，要是過於偏重維持穩定，案主系統可能會認為治療師不夠認眞看待他們的問題，因而要求改善。當治療師基於策略或整體系統考量而決定只以症狀為處方，或者正面肯定症狀時，可能就會發生上述情況。因此，有效的治療必須顧及改變與穩定的要求（Keeney, 1981）。

治療師：第三種聲音是否就是隨機的噪音，而問題系統可以藉此創造、建構或發明新的結構或模式？

認識論者：是的。第三種聲音就是對案主而言具有意義的羅夏墨漬測驗。雖然案主或許會認爲自己已經找到了解決問題的方法，但實際上他依然會從這個有意義的羅夏墨漬測驗中建立一個新的結構。

治療師：我同意每個案主都會說他們想改變現況的某些部分。於此同時，案主的訊息中往往也隱含了想要維持不變的渴望。當然，他們自己本身並不會意識到這些訊息的雙重層面。要顧及這兩種不同的訊息，治療師就必須幫助案主系統體察到涵蓋變與不變的高層互補性。就像你說的，要達成這個目的方法就是讓案主系統接觸羅夏墨漬測驗。透過它的鏡映功能，就能幫助案主系統自行建構解決方法。

認識論者：很重要的一點是，案主永遠不會意識到他們表達的訊息具有多重意涵。要是治療師把隱含的訊息點出來，案主的反應大概會像鴨子聽雷一樣。光是指明或強調那些改變或不變的要求是不夠的，關鍵在於如何顧及問題的雙重面向，以建構更高層次的互補性。我們之前提過，其中一個方法就是把以下三種聲音、訊息或部分變形之後加以包裝：（1）有意義的羅夏墨漬測驗（2）改變的要求（3）穩定的要求。此一方法的表述如以下所示：

(要求穩定 / 要求改變) / 提出有意義的羅夏墨漬測驗

180 治療師可以把這些聲音包裝成戲劇化的宣告、行爲指派、敘事、笑話、儀式，或是互動事件。採取團隊合作的治療師甚至可以各自扮演不同的聲音。譬如，其中一位主張改變，另一位主張穩定，而第三位或許可以在單面鏡後方爲提供羅夏墨漬測驗。不論是個人還是團隊合作，治療師都必須適時運用這三種促成治療性改變的聲音。

治療師：能不能舉個例子？

認識論者：有一個很特別案例可以幫助我們檢視治療師如何成爲社會反饋的一部分。這是艾瑞克森在報告中提及的一個個案，而以下片段摘錄自他的描述（引自 Haley, 1967, pp. 501-502）：

> 喬治進入精神療養院五年。他的眞實身分一直是個謎。二十五歲那年，他因爲一些特異行爲而被警察送進州立療養院。在這五年中，他只說過三句有意義的話：「我的名字是喬治」、「早安」和「晚安」，其他都是毫無意義的字句拼盤（word-salad），由一連串音、音節、字和不完整的片語混雜而成。頭三年，他都會坐在療養院門口的長凳上。一看到有人進門，他就會立刻跳起來對著他劈哩啪啦說出一大串字句拼盤，其他時間則是安靜地坐著自言自語。精神科醫師、心理學、護士、社工人員、其他專業人員，甚至是同住的病人曾多次試圖引導他說出有意義的字句，但最後都是徒勞無功。喬治只用一種方式說話，就是字句拼盤。三年過後，他依然會用一連串無意義的字句來迎接踏入療養院的人，但是當他安靜地坐在長凳上，一遇到有人趨前詢問時，他會帶著些許憂鬱且微怒的表情回以幾分鐘的字句拼盤。

喬治入住的第六年，作者加入院方人員的行列，並且得以了解喬治的院內行爲。作者還得知，其他病人或院內人員跟喬治一起坐在長凳上的時候，只要不跟他說話，就不會引起一連串的字句拼盤。有了這些資訊之後，作者想出了一套治療計畫。

181 治療師：讓我猜猜他會怎麼做。從控制論的觀點來看，艾瑞克森應該要按照喬治的症狀行爲建立變形。從先前的描述中，我們得知喬治發明了一種獨特的語言。他坐在長凳上的時候會跟人打招呼，同時也允許別人與他同坐。艾瑞克森的治療計畫多少都要參照這些資訊。

認識論者：爲了建構一個適當的變形，艾瑞克森還需要多下點功夫。他必須去了解喬治的語言模式。他的下一步行動如下所述：

一位秘書把喬治在門口迎接訪客時所說的字句拼盤速記下來。作者隨即開始研究這些記錄，可是卻無法從中理出任何意義。他仔細地改寫這些字句拼盤，並且盡量採用喬治可能會產出的字詞。作者就採用這個方式努力鑽研，最後終於能夠即興說出與喬治的模式相類似的字句拼盤，只不過採用不同的詞彙。

治療師：換句話說，艾瑞克森選擇以喬治的語言模式做爲變形的基礎，同時保留一項差異，那就是採用不同的詞彙。模式相同，而其中差異即具有噪音的功能。

認識論者：艾瑞克森的做法就是發展出一種包裝變形的方式。藉由採用具有相同結構的語言回應喬治，他就能夠包裝出各種的變形。如你所言，採用不同的詞彙，等於是引進了一些噪音。我們再來看看這個案例的後續發展：

> 後來，療養院的入口改到走廊另一端的側門，與喬治坐的地方有一段距離。作者開始每天都到喬治身邊靜靜地坐著，然後逐日增加同坐的時間，直到坐滿一小時爲止。再下一次同坐的時候，作者開口對著空氣表明自己的身分。喬治則沒有任何回應。

治療師：我們可以看到艾瑞克森在模仿喬治的靜默，或者是提供一種變形，除此之外還可以怎麼解釋他們的互動？或者，是喬治轉化了艾瑞克森的靜默嗎？

認識論者：我們看到的是兩者相互提供變形的遞迴系統。艾瑞克森選擇採用與他人截然不同的方式和喬治建立關係。他並沒有試著要喬治說出一兩句有意義的 182
話，也沒有問問題，只是靜靜地與他同坐。如此一來，他就做出了一項區別。事實上，他是藉此表示他們的關係會有所不同。至於逐日增加同坐的時間，則是建立了另一種模式，代表任何訊息都可以逐步增強或擴大。換句話說，他們的靜默意謂著穩定，而逐日增加靜默的時間則意謂著改變。建立此一脈絡後，艾瑞克森便開口表明自己的身分，因而開啓了另一層次的關係。

> 隔天，作者直接對著喬治表明身分。喬治憤怒

地吐出一串字句拼盤。作者則是禮貌、客氣地回以一串同等長度且精心設計的字句拼盤。這時，喬治臉上出現困惑的神情。作者講完之後，他又吐出另一串字句拼盤，但這次是帶著疑問的語氣。作者好像回答問題似的也說了一段字句拼盤。雙方就這麼一來一往地對話幾次之後，喬治陷入沉默。此時，作者立刻起身離去。

治療師：現在，我們可以很清楚地看到這個控制系統的社會反饋。艾瑞克森藉由表明身分來改變彼此的關係模式之後，喬治憤怒地回以一串字句拼盤。隨後，艾瑞克森轉化了喬治的字句拼盤，而喬治又轉化了艾瑞克森的字句拼盤在喬治的轉化之後，如此不斷循環。

認識論者：這個互動序列的片段如下所述：

1. 喬治：憤怒的字句拼盤
2. 米爾頓：客氣的字句拼盤（不同的詞彙）
3. 喬治：疑問的字句拼盤
4. 米爾頓：客氣的字句拼盤（不同的詞彙）

其控制互補架構則如下圖所示：

（穩定／改變）／有意義的羅夏墨漬測驗

艾瑞克森採用的變形可以分以下幾項：客氣的語調代表改變，而同樣**形式**的字句拼盤則代表穩定。最後，不同的詞彙的功能即如同羅夏墨漬測驗，讓喬治得以從中建立另類的模式。喬治回應此一變形的方式，即是從原本憤怒的語氣轉變為疑問的語氣。

在這個變形的循環中，喬治與艾瑞克森皆成為自我校 183
正過程的一份子。這樣一來，治療性改變的脈絡就建立了。艾瑞克森繼續敘述道：

> 再隔天早上，他們禮貌地問候彼此，而且都有稱呼對方的名字。接著，喬治說了很長一串字句拼盤，而作者也客氣地給予相同回應。然後，雙方有長有短地以字句拼盤對話了一陣子，直到喬治沉默不語，作者才離去。

治療師：這個時候，你認為治療性改變的脈絡依然存在嗎？

認識論者：是的。喬治與艾瑞克森正透過彼此的遞迴互動建立關係。這種溝通方式所產生的連結性，比起「有邏輯的」或「合理的」對話，可以說是有過之而無不及。對話雙方依據每項行為造成的效應來引導後續行為，如此便形成了反饋連結。當喬治丟出一長串的字句拼盤，艾瑞克森便給予同等的回應。這時，喬治便處於必須對艾瑞克森的回應有所反應的情況。基本上，他不得不與艾瑞克森建立關係。我們不能說艾瑞克森控制了喬治，因為他採取的溝通方式只不過是轉化或者鏡映喬治的行為。如果反過來說喬治控制了艾瑞克森，也同樣不盡周延，因為他看起來也像在鏡映艾瑞克森的行為。雙方都在轉化彼此的行為。我們再回到艾瑞克森的敘述上：

> 這樣的情況持續了一段時間。某天早晨打完招呼之後，喬治對著作者連續說了四個小時無意義的話。作者竭盡所能地給予同等長度的回應，甚至連午餐都沒吃。喬治十分專注地聆聽，然後又連續講兩個小時做爲回應。同樣的，作者也勉力回答了兩小時（他發現喬治一直都有在注意時間）。

治療師：更廣闊的控制系統顯然在校正喬治（以及艾瑞克森）的行爲。現在他是有意識地去配合時間行事。

認識論者：確實如此。我想你應該猜得到後續的情況：

> 隔天早上，喬治一如往常地打招呼，但加了兩句沒有意義的話。作者也回了兩句沒有意義的話。喬治接著答道：「說人話，醫生。」「當然，我很樂意這麼做。你姓什麼？」「歐唐納文。也該有個會說話的人來問這問題了。在這種鬼地方待超過五年了」……（緊接著一兩句字句拼盤）。作者回答說：「喬治，很高興得知你的姓氏。五年眞的太久了」（同樣接著一兩句字句拼盤）。

治療師：艾瑞克森創造了不同的互動脈絡，就跟貝特森帶那位精神分裂症患者去吃早餐是一樣的道理。在這個不同的脈絡中，他們甚至還可以討論雙方先前那種奇特的溝通方式。

認識論者：對喬治來說，不同的脈絡就是讓他可以使用兩種語言的情境——英語和精神分裂語。

治療師：什麼因素會造成改變？

認識論者：如同之前所言，控制論是以社會反饋來定義治療性改變。藉由社會反饋，症狀行爲的表現就可以藉由歸謬法來反證。喬治講了這麼多小時，也聽了同樣多小時的精神分裂語，到最後終於不得不去面對自己身處的荒謬情境。此時的他已經「瀕臨極限」，而且覺得受夠了，所以才會要求艾瑞克森「說人話」。

治療師：經過首次有意義的對話之後情況如何？

認識論者：艾瑞克森最後的總結如下：

> 這個案例的後續發展或許並不令人意外。藉由謹慎地夾雜字句拼盤的問話方式，作者終於能夠促使個案將過往歷史全盤拖出。在整個臨床過程中，喬治始終脫離不了字句拼盤的表述方式，但是後來情況也大有改善，變成偶爾才有一兩句無意義的自言自語。之後不到一年，他就出院了，還找到一份有報酬的工作，隨後情況逐漸好轉，所以回院複診的間隔時間也愈來愈長。即便如此，當他回院報告自己的近況時，總是會在開頭或結尾處加上一點字句拼盤，也期望作者會以同樣的方式回應。不過，他也常常會帶著挖苦的語氣說：「生活還是少不了要來一點鬼話，你說是不是啊醫生？」如他所預期的，作者會先表示贊同，隨後再加上簡短的字句拼盤。出院後的第三年，個案的恢復情況良好，也從此斷了音訊。只有一次，作

> 185 者收到他從另一個城市寄來的明信片。信中簡短地報告了他的近況，看來一切順利。明信片的結尾有完整的署名，但是伴隨著一團拼湊音節，也沒有附上地址。他依照自己的判斷結束了這段與作者的關係。

治療師：我們能不能從社會反饋的角度來描繪出艾瑞克森的治療呢？

認識論者：不只是艾瑞克森的治療過程，任何治療性改變的過程都能夠以此觀點描繪。

治療師：對我來說，控制論不僅是一張指引方向的地圖，也是一種工作規範。我很想繼續探索這個領域。

認識論者：這是我下一本書的任務。

治療師：在這之前，我有另外一個問題想討論。本書曾多次暗指控制論的實務應用有時候沒有考量整個生態的美學模式，所以有去脈絡化的問題。這一章我們討論的是從控制論來理解治療性改變，以此爲出發點，請告訴我要如何能夠避免採用沒有考量脈絡與生態的治療策略呢？

認識論者：如果治療師的任務是成爲一面明鏡，他會避免把自己的世界觀強加於病人的「自我」之上。誠如先前所言，治療師在面對陷入困境的生態系統時，必須將三個基本訊息包裝之後再傳達——包括改變、穩定，以及有意義的羅夏墨漬測驗。然而，這些訊息的性質並非完全取決於治療師。治療師一定會先了解案主帶來的素材，然後再加以運用。

治療師：如果我理解的沒錯，這樣的治療師並不是在

「操弄」什麼或是「玩把戲」，而只是以鏡映的方式引導案主來引導他。這呼應了治療的遞迴定義：治療師治療案主，而案主也會反過頭來引導治療師。」

認識論者：我們也可以看到，案主表現的行為並非出於刻意，亦不受意識控制。案主和治療師一樣都會鏡映身處的脈絡結構。治療中其實沒有所謂的權力遊戲，只不過有時候大家會如此標記和看待治療。美學的觀點，就是把案主與治療師納入更廣闊的控制過程。

治療師：治療師的明鏡如同因陀羅的寶網，可以幫助他 186
與生態內部各個層次的遞迴過程相連結。有此領悟的治療師，或許會努力擦亮這面鏡子。

認識論者：治療性改變總能夠擦亮我們的鏡子。

註釋

1. 作者註：同理可證，讀者也應該將本書的書名重新詮釋為《穩定／改變的美學》。
2. 作者註：參見哈雷（1973b, pp. 27-28）說明艾瑞克森如何採用這項策略的方法。
3. 譯註：惠斯登（Sir Charles Wheatstone, 1802~1875），英國物理學家，也是第一個利用像差原理發明立體鏡的人。
4. 譯註：德國生理學家韋伯（Ernst Weber）研究人類區辨不同感覺刺激的能力，提出不同刺激之間的差異強度必須達到某一程度才能加以辨別，此差異閾限稱為最小可覺差異（just noticeable difference）。隨後，德國生理學家費希納（Fechner）將韋伯法則的線性關係修正為對數關係，後來稱為韋伯－費希納法則（Weber-Fechner's Law）。
5. 作者註：研究人員（參見Pritchard, 1972）讓實驗參與者戴上附有小型投影器的隱形眼鏡。隱形眼鏡與投影管連結在一起，並且會跟隨眼球掃動而移動，以形成穩定的視網膜像。經過一段時間後，看著穩定影像的參與者表示影像漸漸消失了，但再過一陣子之後，影像又會再度出現，如此不斷循環。
6. 作者註：第三章曾指出，任何正向反饋或失控的標記，都可以視為更廣闊之負向反饋過程的一部分。

7. 作者註：更明確地說，症狀是透過將身體和心智從分離的對稱關係連結為互補關係，來「校正」二元的認識論前提。

8. 作者註：治療師採用的介入是否可命名為「弔詭」介入法，取決於其中涉及的弔詭類型。舉例來說，自我指涉之弔詭存在於**所有的**人際互動之中。要指出「弔詭介入法」，首先必須了解所指涉的現象範疇究竟是觀察者的描述、治療師與案主的關係，還是介入對於案主或治療師的影響等等。譬如說，弔詭是存在於描述的邏輯結構之中，還是社會互動的邏輯結構之中？換言之，弔詭是在地圖還在實景中？在未察覺前者之弔詭的情況下，我們能否察覺到後者有弔詭之存在呢？還是反之亦然？這是弔詭嗎？對誰而言？等諸如此類。

9. 作者註：謝哲（Steve de Shazer, 1982）主張以家庭與治療師的**合作關係**來描述家族治療，而非強調阻抗、權力或控制等概念。這可以幫助治療師謹記自己必然為廣闊治療系統的一部分。

10. 譯註：楚門・柯波帝（Truman Capote, 1924~1984），著名的美國南方文學作家，也是《第凡內早餐》的原作者，曾出過一本極為暢銷的短篇集，就叫作《給變色龍的音樂》。

11. 譯註：一種石南科灌木。

12. 譯註：佛洛姆瑞奇曼的這位案主名為喬安・葛林伯格（Joanne Greenberg）。她以漢娜・格林（Hannah Green）為筆名撰寫了《未曾許諾的玫瑰園》（*I Never Promised You a Rose Garden*）這本小說，內容是描寫一位女精神病患的心路歷程。玫瑰園代表如同烏托邦一般的理想世界。

【第六章】

家族治療的美學基礎

我認爲，任何行動，不論有沒有事先規畫，都必須建立在美學的基礎上。

——葛雷格里・貝特森

意識目的

意識目的旨在達成特定目標，所以無法考量到整體生態的脈絡。不幸的是，這項限制往往會導致控制的中斷。舉例來說，倘若病人有意識地嘗試去「控制」症狀行爲，就會陷入身心對抗的困境之中。

本書一再間接指出，病症主要源自那些根植於意識層的扭曲認識論。從我們如何看待遞迴過程的意識變形與模型，就可以清楚看到這些扭曲的前提。我們並不是將意識變形視爲廣闊遞迴模式的近似，而是誤以爲近似即爲整體系統的同構。

舉例來說，意識可能會採用線性結構做爲遞迴過程的模型。當我們想建造一座草地網球場時，這麼做是有幫助的。然而，有時候近似的模型是有風險的。根據不完整的系統模型來與系統互動，反而危害了它的組織。在線性的世界觀之下，我們會傾向將某些變量最大化或最小化，最後導致生態的分裂與病症。譬如，發現燃料短缺的時候，我們的做法就是繼續開採煤礦和挖鑿油井，而忽視這些自然資源與整體生態環境具有密不可分
的關係。還有，使用農藥降低害蟲的數量，盡可能增加 188
農作物的收成，也是同樣的思考邏輯。之後，當我們發

現體內有農藥的殘留物時，就會知道這是遞迴控制系統反撲的結果。

以意識目的爲主的論證，也應用在改變個人或社會系統的治療上。因此，我們同樣可以批判那些任何強調目的、控制和技巧的治療方法。現在有愈來愈多技巧取向的治療，都是企圖把艾瑞克森的治療模式「濃縮」成技巧大全。提到這些參考「技巧大全」的治療師時，貝特森（引自Keeney, 1977）評論說：「米爾頓開創了一套完整而複雜的治療模式，這些人卻只是從中截取一項技巧。這種斷章取義的方法不僅與完整的治療模式背道而馳，還助長了權力的迷思。」（p. 60）

任何治療或預防病症的「訣竅」可能會對生態有害，也可能會造成更高層次的問題。另類的觀點即是將治療技巧脈納入更廣闊的美學脈絡之中。從這個角度來看，唯有當我們的技巧沒有受到適當的高層控制過程約束，才會產生問題。貝特森（1972）解釋說：

> 脫離藝術、宗教、夢等現象的純粹目的理性，必然會引起病症並且危害生命。……它之所以有害，主要是因爲生命必須仰賴相互連結的偶然性迴路，在人爲目的主導之下，意識只能夠看見這些迴路中的一小段弧形。（p. 146）

這就表示，不以美學觀點爲導向的治療師很可能會助長病症的延續。認爲自己單方面掌握或操控權力的治療師，只能看到控制系統的部分弧形。這樣的觀點危害了具有遞迴結構的生物世界。唯有仰賴智慧——即「對於遞迴性的覺察及體認」（Bateson, 1972, p.146），才能夠以安穩而有效的方式面對生態系統。

貝特森（1972）認為醫學即是純粹以意識運作的一個例證： 189

> 醫生都是有目的，那就是治療各種疾病。因此，醫學研究都著重在（也就是把注意力集中在意識層面）短暫的因果關係上；他們可以藉由藥物或其他介入手段來操控因果關係，藉此校正那些明確可知的病症。每當他們發現一項有效的「療法」時，相關領域的研究便為之停擺，並且將注意力轉移到其他病症上。現在，我們已經可以預防小兒麻痺，但沒有人去深入探究該疾病的系統層面。有關小兒麻痺的研究已經停止，或者最多也僅限於改善疫苗。
> 然而，找到能夠治療或預防各種疾病的方法，並未使人增長智慧。因此，我們看到物種的生態與群落動態受到破壞，害蟲產生抗藥性，母親與幼兒的關係也幾乎被摧毀等諸如此類的問題。（p. 145）

同理可證，未將問題生態全盤考量在內的介入策略，就會造成更高層次的病症。因此，我們的責任就是將治療技巧納入脈絡之中，不論是醫學、教育、工程，還是心理治療的脈絡。要為治療介入建立美學基礎，就必須讓治療技巧與高層心智過程——即無意識的心智層次——充分連結。

先前曾一再指出，無意識的心智層次具有遞迴連結關係。更廣的來說，從神經生理學到心理治療等各個學科領域都有一項共通的概念，那就是生物世界具有遞迴結構——不論細胞活動、新陳代謝機制、情緒生活或人際關係皆是如此。想了解生物的病症，必須先探究遞迴關係的認識論前提——或稱爲生物學的永恆眞理（biological eternal verities）——如何遭到扭曲。當無意識過程在意識層中的變形未受到無意識校正時，就會產生扭曲。這表示，意識並非病症的唯一起因；同樣地，無意識過程也不是問題的根源。當心智的意識與無意識層並未與自我校正反饋形成遞迴連結，才會產生病症。

我們當然可以有意識地爲遞迴過程建構一個線性的近似模型，不過前提是，一旦這些不完整的模型遭到誤
190 用或誤解，則必須接受無意識層的校正。因此，有意識的治療策略規畫應受制於高層校正。簡言之，當心智的意識**與**無意識層能夠形成自我校正的反饋機制時，治療的美學基礎即隨之建立。

不幸的是，光是深入了解控制論與生態學，可能無法消滅意識目的造成的錯誤。這些知識還必須與高層心智過程形成反饋連結。構成此一連結的途徑之一，就是學會**尊重**生態。拉帕波特（Rappaport, 1974）[1]指出：

> 我們對生態系統愈了解，反而愈不懂尊重它們，導致人類後來不得不爲這種生態上的傲慢感到愧疚，並且付出代價。人類在面對生態系統時，知識或許遠不及尊重來得重要……。（p. 59）

以下這段有關一群會議專家開會的情況，可以做爲上述概念的另一個例證。貝特森（1979b）敘述道：

> 每位舉辦會議的專家都知道，會議的前半段都是在說廢話，像是建立自我價值、安排座位，或是爭論室內太熱或太冷等等。時間過了一大半之後，開會的人才會警覺到他們好像什麼都沒談到，然後開始認眞開會。現在，這群會議專家早就知道會有這個現象，所以一開始開會的時候並不擔心會浪費時間。他們以爲只要到了後半段，自然就會開始認眞討論了。問題是，擔心自己一直都在說廢話，是認眞開會的一個必要前提。在這場會議中，這些會議專家從頭到尾都在說廢話——因爲他們根本一點都不擔心。

有意識地了解生態系統的遞迴本質，不見得能夠增長智慧。對生態的尊重，卻是另一層次的認識。控制認識論指出，當治療師把自己視爲廣闊心智系統的一部分，並且依此觀點行事，自然就會尊重生態系統。就經驗而論，對生態系統的尊重包含了一種體認，那就是任何感覺、知覺或觀念必然是整體系統或者周遭脈絡的一部分。

藝術與技藝

191

治療師可以是藝術家，也可以是藝匠。專注於應用、傳授與衡量某些特定技術及技巧的治療師，可以歸類爲「藝匠」或「技師」。有時候我們隱約會看到這些治療師把治療當成修車或修理椅子；也就是說，他們認爲治療是一項技藝，取決於技巧是否有效；譬如他們會說：「我會解決它。」（I'll fix it. 譯註：fix有修理之意）

對於藝術家而言，治療技術與技巧的重要性次於更廣闊的觀點。藝術關注的是一項行動與整體脈絡交織連結所產生的生態意涵。對於藝術家而言，實務技巧的重要性在於它與整體生態之間的關聯，也就是與人格特質、社會脈絡及世界之間的連結。

科林伍（Collingwood, 1938/1975）[2]指出，藝匠與藝術家都採用同樣的技術和技巧來達成某項目標，譬如建造一棟大樓。然而，對藝術家來說，除了有意識地採用某種手段去達成預設目標之外，還有一項差異值得他關注，那就是目標的達成與其所處的脈絡之間有何關聯。

換句話說，藝術涉及無意識與意識層次之間的遞迴關係。關於這項認知，貝特森（1972）提出以下概述：

> 藝術並非無意識的表現，而是牽涉心智過程各層次之間的關係。藝術家的無意識想法，或許可以從其藝術作品中窺知一二。不過，像佛洛伊德對達文西的《聖母、聖嬰與聖安娜》這幅畫作所做的分析，我認爲完全是失了焦點。藝術技巧即是結合心智各個層次——無意識、意識與外在，並且將此連結表現出來，而不是去描述任一層次。（p. 464）

由於藝術涉及心智各層次之間的遞迴關係，它就能夠彌補「純粹意識運作」所形成的狹隘觀點。誠如貝特森（1972）所言，藝術或許具有「延續『智慧』的正向功能；我所謂的智慧，就是將過於目的導向的世界觀校正爲更具系統化的觀點……。」（p. 147）

藝術既然是連繫心智各部分的橋樑，藝術家顯然是在左腦思維與右腦思維之間建立了遞迴關係。在禪宗藝術中，弟子會選擇專攻一項技藝，像是箭術、書法，或 192
茶道。藉由每日勤練不懈，學習技巧亦與日俱增。任何將注意力從學習技巧轉移至「個人成長」與「啓蒙」的念頭都要立刻消除。弟子在精練技藝的同時，也必須歷經兩難的考驗，像是參公案。這類「不可解的謎題」，可以消減弟子在精通技藝時可能產生的傲慢心；以西方語言來說，即是要克制弟子的自我意識；更正確地說，是要消減二元論——高超的技藝並非歸功於個人，而是要歸功於個人身處的廣闊脈絡。這樣一來，禪宗弟子的技藝與廣闊的生態系統之間便形成互補關係。

因此，不論是治療還是音樂演奏，只要涉及藝術，左腦與右腦思維就必須並用。這也提醒我們，藝術必然包含技巧。要演奏音樂，就不得不先學會某些形式的技巧。在技巧尚未純熟的情況下創造藝術，只會導致自由聯想式的混亂。在治療界中，「經驗導向的治療」有時被視爲是一種揭露無意識過程的方法。這並不是藝術。此外，完全著重技巧，而忽略更廣闊的美學模式，則會導致機械的、缺乏生氣的表現。例如，「策略導向治療」往往欠缺美學基礎，只強調目的導向、見招拆招式的治療技巧。這也不是藝術。唯有當大腦與心智連結成一個具備自我校正機制的控制系統時，藝術方能誕生。

練習

每一個人都會選擇或接受在某種脈絡之下生活。改變脈絡，也必定會改變我們的行爲習慣與經驗。舉例來說，一位生物學系的學生原來可能只是潛心鑽研數學與科學，直到所學的資訊逐漸結合成有意義的模式，此時他才驚覺自己其實是一位生物學家。音樂系的學生則會鞭策自己去勤練那些看似不重要的技巧，直到「演奏音
193 樂」的樂趣油然而生。決定投入某一脈絡之下的**學科**，即是一種會造成轉變的選擇。

同樣地，治療師也必須勤加練習並且耐心等待，直到達成認識論上的轉變爲止。貝特森對以下這段訪談的描述，進一步說明了「練習」的本質（Bateson & Brown, 1975）：

> 我訪問一位生於戰時的日本女孩，主要是想了解日本家庭對尊敬的看法。她向我描述父親下班返家時的情況。我提了一些問題，而她也給我十分詳盡、完整的回答。接著，她突然說：「但是日本人其實並不尊敬父親。」「等等，妳剛剛說什麼？」「唔，我的意思是，我們**練習**尊敬父親。」「爲什麼要這麼做？」「這樣當我們要尊敬別人的時候才知道怎麼做。」
>
> 有趣的是，日本人所謂的練習，與西方的概念不同。西方人聽到他們這麼說，多半會覺得好笑。我們練習，是爲了要習得一項技藝，而技藝就是一種工具——原來的我保持不變，但卻擁有一項新的工具，就這麼簡單。東方的觀點

> 是，練習是爲了改變自己。當自己與練習的技藝融爲一體時，即獲得新生。這就是禪學、禪與箭術等技藝的道理所在。（p. 41）

要爲治療建立美學基礎，我們必須先將治療視爲一種磨練。治療的練習即形成了高層學習的脈絡，這與禪學的道理相呼應。

奧根・海瑞格（Eugen Herrigel）在《箭術與禪心》（*Zen in the Art of Archery*, 1953/1971）這本經典著作中描述他在寺院中習禪的經歷。這是一個改變認識論的過程，他的經驗也都充滿了轉變的特質。經由箭術習禪的過程中，海瑞格清楚地體認到，「弓與箭不過是表面的東西，實無必要，只是通往目標的途徑，而非目標本身」（p. 22）。同樣地，我們可以將治療視爲是促成認識論轉變的途徑。換言之，治療與箭術都只是一種鍛鍊心智的脈絡。

在六年的訓練中，海瑞格努力藉由箭術習禪，而其間曾歷經極度困惑的時期。他所跟隨的師父一再告誡他說：「眞正的藝術無標無的！你愈是執著於學會如何射中目標，愈可能射不中，也會離目標愈來愈遠」（p. 194
51）。治療脈絡亦是如此：有時候治療師愈想造成改變，距離成功就愈遠。眼前的挑戰，就是學會培養耐性和適當地等待。

海瑞格的禪師以下面這段隱喻來說明何謂耐心與適當地等待：

> 這一切再簡單不過。應該發生的情況，你都可

以從一片不起眼的竹葉上學到。竹葉承受雪的重量時愈彎愈低。突然間，雪就這麼從竹葉上滑落，葉子卻私毫未受擾動。像這樣保持在張力最大的一點，等待那一擊從你身上滑落。就是如此：張力到達頂點時，那一擊自然會滑落，在射手尚未動念之前，它就滑落了，如同雪自竹葉上滑落一般。（p. 71）

在這場互動之舞中，引發動作的是整體模式，而非意念或有意識的目的。治療中的社會反饋亦是如此。治療過程中，改變是由循環變形的整體模式促成，而非由個人的意識目的牽動。如同雪從葉子上滑落一般，問題系統在引導之下會自然而然地擺脫問題行爲，並且自我校正。

當治療師藉由社會反饋與問題系統建立遞迴連結時，兩者即形成一個自我校正的控制系統。這就好比射手達到與弓、箭及目標合而爲一的禪宗境界。在此系統中，張弓的手與靶心產生了遞迴關係。悟得此道之後，便產生了另一層遞迴關係：「老師與學生不再是兩個人，而是一個人。」（Herrigel, 1953/1971, p. 91）

海瑞格（1953/1971）在書的結尾描述了師父與他告別時說的一段話：

我只想告誡你一件事。經過這些年的磨練，你已經脫胎換骨了。箭術的精神就是：射手與自己進行一場深刻的戰鬥。或許你還沒有感受到，但是當你回到家鄉與親朋好友重逢之時，

> 一切都會不同於以往。你會以新的觀點看待事物，也會以新的標準衡量一切。這在我身上發生過，也會發生在所有深受箭術精神影響的人身上。（p. 92）

當我們將治療視爲通往認識論改變的途徑時，也會 195
看到同樣的效果。處於這類學習脈絡之中的治療師，終將以截然不同的方式重新經驗世界——他將學會如何察覺並建構連結模式。

故事：通往認識論的捷徑

我們慣以區別世界的方式，有時候會致使我們偏重區別的某一邊，因而扭曲了對關係的體認。這是上一章曾討論過的問題。誠如先前所言，避免造成扭曲的方式之一，即是同時描述區別的兩邊，也就是採用雙重描述。這樣一來，我們便可藉由區別描述模式與關係。

故事爲雙重描述提供了一條途徑，並且使高層模式得以被察覺。貝特森（1979a）指出：「故事是連結性中的一小環結或複合體，而我們稱之爲**關聯性**。」（p. 13）藉由將故事置於不同的情境，我們爲自己的行爲建立脈絡，並賦予意義及架構。

治療過程中呈現的是故事，以及故事的故事。故事揭露人們標記世界的方式，所以從故事的敘述中便能窺知其背後認識論前提。大體上而言，治療就是治療師與案主共同編織故事的過程。關注案主的症狀式溝通，是聆聽故事的方法之一。譬如，在精神分析的過程中，「分析師必須以設身處地的方式聆聽病人的童年故事」

（Bateson, 1979a, p. 15）。聽完病人的敘述之後，治療師會建構自己的一套故事做為回應。從控制論的角度來看，當雙方的故事交流具有反饋結構時，便得以進行自我校正。

治療師所要探究的，是案主的生活經歷以及關於這些故事的故事。由此角度來看，治療是一場對話，也是故事的交流。薩斯（Szasz, 1978）對於這個觀點提出的論述是：「要將治療視為一場對話，而非治癒疾病的療法，我們不僅必須體認到，治療不應被歸類為醫學介入，也要重新思考修辭的議題，並且衡量修辭與精神治療之間的關聯。」（p. 11）

196 我們先前提過，麥卡洛克曾開玩笑地說：「要是人類不會說話，精神醫學會大有進展。」（p. 421）他的意思是，治療師處理的素材必然是「象徵結構的扭曲」。由此觀點來看，顯然萊恩（1970）所著的詩集——《結》（*Knots*），比任何新舊版本的《心理疾病診斷統計手冊》更適合做為精神病理的分類依據。萊恩的詩句描繪出模式與關係，而不是「雙極型憂鬱症」或「精神分裂症」這類刻板而具體的類型。萊恩運用詩的語言建構出一篇篇蘊含某種模式結構的敘事。「結」的概念並非存在於單一元素之內，而是貫穿敘事的整體。

賽門（Simon, 1978）在〈讚揚混亂的軼聞主義〉（In Praise of Muddleheaded Anecdotalism）這篇文章中，將貝特森與萊恩等學者稱為敘事者。他認為「敘事者」有別於「正統的實證主義者」；前者採用類比的溝通方式偏重類比，而後者則是偏重數位的方式。賽門（1978）對敘事者的形容是：

> 他們在理論中「混雜」了有關訊息脈絡或關係的陳述。他們描繪出不同層次的意義，而非單一指涉；提出「兩者皆是」的思維，而非「二元對立」的論述；也呈現出階級層次的概念，而非離散的類別或線性面向。（p. 24）

賽門認爲，除了「刻板而數據化的摘要」之外，敘事是另一選擇，而這與貝特森的觀點相呼應。他指出：「當外在『旋律』內在與『旋律』同調之時，我們或許能在現象學的理解上有所突破——即瞭悟（Verstehende）。」（Simon, 1978, p. 29）敘事爲我們提供了理解這些交織關係的基礎。

詩人對於這些道理多半有深刻的領會。蓋瑞史奈德（Gary Snyder, 1979）[3]便將詩人形容爲「神話的運用者與再造者」：

> 詩人是神話的運用者與再造者。他們深入另一個境地，描述來自無意識的聲音，並且試圖將心智內在的未知領域與當下的利己意識相互整合。這些劇作家－儀式家－藝術家－詩人的創作，有時能將外在的自然世界與內在的無意識世界融爲一體。這又是另一個層次。偉大的傳說與神話，能讓孤立而渺小的社會具有廣闊的心靈，使其免於粗鄙，同時體認到自身爲宇宙的一份子。（p. 33）

對於史耐德而言，詩是「用以捕捉、掌握與呈現事物的 197

工具、網子，也是用以解開環結的利刃、藥物或尖錐」（p. 29）。這是形容治療過程的絕佳比喻；病人與治療師共同建構的故事中，蘊含了種種心結。治療與詩一樣是在嘗試解開這些心結。

新的開始

本書的結尾將邀請各位開展新的旅程，這其實再自然不過。秉持這項信念，我願在此提出這項邀請。1979年，我與貝特森共同舉辦了一場會議，以下是貝特森爲該會議撰寫的提案。我誠心希望諸位能將它視爲一份正式的邀請函，期望各位持續思考將美學基礎完全納入治療性改變的意涵。

> 許多行爲序列是錯誤的、痛苦的、毀滅的，或瘋狂的。或許需要靠主動介入，才能解決這些問題，但這並不是我們的重點所在。
>
> 我希望各位能夠一同檢視這些社會與個人病症背後的預設與思考習慣，也包括了解我們對健康存有哪些預設。
>
> 在我們對社會、個人與精神醫學的適應中——即我們對「適應」的看法，有一項症候群是源自於量與模式的不協調。
>
> 布雷克說：「饑荒之年才提出重量與度量」（Bring out weight and measure in a year of dearth）。這句話隱含的意思是，量化判斷在富饒的時代沒有太多用處。然而，在二十世紀，身爲美國中產階段的我們，竟不知何謂富饒，

以致於凡事皆以量爲判準，不論恰當與否。消費主義掛帥，加上時下新興的科學方法，皆誘使我們墮入無止境的量化深淵，陷於枯燥乏味的單一化夢魘之中。

我希望我們不要把討論焦點放在顯而易見的問題，而是放在**理解**上。倘若我們的量化思維確實有過度的問題，表示我們對於質與模式的知覺與理解有所欠缺。我希望各位能以正面的角度去看待，共同努力去彌補這項弱點或缺陷。

打個簡單的比方，各位或許會更清楚。正方形的角「多於」三角形，而圓環體的洞「多於」實心體。可是，這些量化的比較並未透露任何關於**形式**的豐富訊息，而拓樸學的模式對比正是奠基於我們對這些形式的認識。

當我們的對話焦點從量躍升至模式與質時，必然會（希望如此）碰觸到**美學的**考量。我期望這些考量能夠成爲討論的主題。

決定論的世界——由**必然的**眞理交織而成的網絡——是否存在？對人類事件的理解是否缺少不了這些眞理？當我們忽略或違反這些原則時，行爲——目的性行爲——是否會變得了無生趣而且導致疾病？我們是否能夠開始羅列出這些眞理—有關韻律、空間模式、組織限制、形式調整及話語的眞理？詩是否具有**必然的**，使得離了詩的文可能致病？

我們首先應該先思考和討論的是，偏重數量而非模式的思維，致使我們忽略了以下各領域皆

198

具有美學的必然性，包括：

子女的撫養與家庭
建築與飲食文化
語言與修辭
運動與競賽
政治與領導
科學
科學應用
醫學與精神醫學實務
國際事務
哲學與宗教
甚至是藝術—詩

> 在上述這些人類活動的範疇中——包括犯罪，都有值得探究的模式問題，但相關的形式思維卻極為欠缺。這項缺失造成的後果，就是形成實務之於美學、結構之於功能、永生之於現世的二元論述。

要建立家族治療的美學基礎，就必須勇於建構和找出差異。在對話脈絡中，我們會發現遞迴連結的眞理。貝特森（引自Brand, 1974）提醒我們說：「眞正重要的眞理，並非來自偏好，而是來自複雜性……來自於整體生態持續互動的網絡……我們在其中共舞，跳起濕婆之
199 舞」（p. 32）。濕婆之舞蘊含所有控制互補——善／惡、健康／病症、美學／實務、整體／部分、家庭／個人、

控制論之控制論／單純控制論、遞迴／線性。

認識並且尊重生態多樣性和複雜性，即是控制論對於愛的定義。它鼓勵我們打破個體的藩籬，並且廣納複雜的心智系統。瑪麗．凱瑟琳．貝特森（1977）認爲這項「對**愛**或**心智**的定義，主要希望我們在身處各種關係的過程中，能夠形成新一層次的相互尊重與愛，進而促成改變」（p. 68）。治療時，我們更需要將此一形式的愛與智慧帶到我們所面對以及身爲一份子的心智系統中。這樣一來，通往差異的旅途，將會成爲一段共同演化的過程。

丹尼蓀（Isak Dinesen, 1961）[4] 以下這段富含美感的描述，點出了本書探討的一切要旨：

> 「女士」，樞機主教說，「妳的言語過於隨便。請祈禱神讓妳不要再以這種方式說話或思考。萬事萬物的神聖化，皆出於神之手，唯有神的造化是神聖的。妳話中帶有的涵意，就好像說音階中只有do、re、mi是神聖的，而另一半的fa、sol、la、ti都是褻瀆的。然而，這位女士，沒有任何一個音符本身是神聖的，唯有音符組合成的音樂才是神聖的。倘若我那軟弱蒼老的手使妳的吊襪帶變得神聖，我的手也會因爲妳那雙絲質吊襪帶而變得神聖。獅子靜待著淺灘旁的羚羊，準備伺機而動。羚羊因獅子而變得神聖，獅子也因羚羊變得神聖，因爲神的造化是神聖的。西洋棋中的主教、騎士或強大的城堡本身並不神聖，棋賽才是神聖的；騎士

因主教而變得神聖，而主教也因王后而變得神聖。如果主教一心想吃掉高高在上的王后，或城堡一心想吃掉主教，其實都沒有好處。當神的手將我們移到祂意指之處，我們即被賦予神性。神或許想要與我們展開一場極致的遊戲；在這場遊戲中，我與你相互賦予神性。」（pp. 14-15）

討論

治療師：我要怎麼成為治療的藝術家？

認識論者：可以先從練習開始。

治療師：練習就可以擦亮我的鏡子嗎？

認識論者：這只是個開始。請記得，鏡子映照出外在，
200 以及擦拭鏡子的人。最終，你必須跳脫這些區別。禪宗五祖弘忍的大弟子神秀曾寫下一偈：

身是菩提樹，
心如明鏡臺；
時時勤拂拭，
莫使惹塵埃。

針對此偈的未竟之見，六祖惠能另作一偈對曰：

菩提本無樹，
明鏡亦非臺；

本來無一物，
何處惹塵埃。

治療師：但是，消除這項區別的任何一項區別，同樣也有著更爲廣闊的另一面。空界／實界或整體／部分的控制互補性涵蓋我們對一切的認識。

認識論者：做出區別如同在船上刻出吃水線的記號。

治療師：那我爲什麼要做出區別？

認識論者：或許這是練習的形式之一，它可以幫助你了解如何成爲治療的藝術家。

治療師：這樣就會讓我成爲藝術家嗎？

認識論者：這讓我想起一段故事：一天，弟子馬祖認眞學習坐禪，但姿態怪異如蛙。禪師經過便問道：「你在做什麼？」馬祖答道：「我在坐禪。」「坐禪爲的是什麼？」「想開悟、成佛，」馬祖說。

禪師隨即拾起一塊磚磨了起來。馬祖問：「磨磚頭做什麼？」禪師答道：「磨磚成鏡」。馬祖一臉疑惑地再問道：「磨磚哪能成鏡？」禪師答道：「那麼坐禪就能成佛嗎？」

治療師：我要怎麼成爲藝術家，如何與道合一，如何成爲生態系統中互補而又謙遜的一份子呢？

認識論者：管子曰：「人皆欲知而莫索之，其所以知**彼**（外在世界）也，其所以知**此**（自身）也。不修之**此**，焉能知**彼**。」

治療師：最後一個問題。藝術家會如何回答我的問題？更明確地來說，藝術家如何解釋他的作爲？

認識論者：我以莊子所述的一段故事（引自 Watts, 1975）

做爲最後的回答：

> 梓慶削木爲鐻，鐻成，見者驚猶鬼神。魯侯見而問焉，曰：「子何術以爲焉？」對曰：「臣工人，何術之有！雖然，有一焉。臣將爲鐻，未嘗敢以耗氣也，必齋以靜心。齋三日，而不敢懷慶賞爵祿；齋五日，不敢懷非譽巧拙；齋七日，輒然忘吾有四枝形體也。當時是也，無公朝，其巧專而外骨消；然後入山林，觀天性，形軀至矣，然後成見鐻，然後加手焉；不然則已。則以天合天，器之所以疑神者，其是與？」（pp. 110-111）

註釋

1. 譯註：拉帕波特（Roy Rappaport, 1926~1977），美國著名生態人類學家。
2. 譯註：科林伍（Robin George Collingwood, 1889~1943），英國哲學家與歷史學家。
3. 譯註：蓋瑞史耐德（Gary Snyder, 1930~），美國當代詩人，也是普立茲獎得主。
4. 作者註：丹尼蓀（Isak Dineson, 1885~1962），丹麥作家，著名的作品《遠離非洲》曾改編爲電影。

{附錄一}

參考書目

Andrew, A. M. Autopoiesis and self-organization. *Journal of Cybernetics*, 1979, *9*, 359-367.

Ardrey, R. *The social contract*. New York: Atheneum, 1970.

Arnold, M. Stanzas from the Grande Chartreuse. In W. E. Buckler (Ed.), *The major Victorian poets: Tennyson, Browning, Arnold*. Boston: Houghton Mifflin, 1973. (Originally published, 1855.)

Ashby, W. R. *An introduction to cybernetics*. London: Chapman & Hall, 1956.

Auerswald, E. H. Families, change and the ecological perspective. In A. Ferber, M. Mendelsohn, & A. Napier (Eds.), *The book of family therapy*. Boston: Houghton Mifflin, 1973.

Bandler, R., & Grinder, J. *Frogs into princes: Neurolinguistic programming*. Moab, Utah: Real People Press, 1979.

Bateson, G. Language and psychotherapy—Frieda Fromm-Reichmann's last project. *Psychiatry*, 1958, *21*, 96-100. (a)

Bateson, G. *Naven* (2nd ed.). Stanford: Stanford University Press, 1958. (b)

Bateson, G. Psychiatric thinking: An epistemological approach. In J. Ruesch & G. Bateson, *Communication: The social matrix of psychiatry*. New York: W. W. Norton, 1968. (Originally published, 1951.)

Bateson, G. The cybernetics of "self": A theory of alcoholism. *Psychiatry*, 1971, *34*, 1-18.

Bateson, G. *Steps to an ecology of mind*. New York: Ballantine, 1972.

Bateson, G. Draft: Scattered thoughts for a conference on "broken power." *CoEvolution Quarterly*, 1974, *4*, 26-27.

Bateson, G. Some components of socialization for trance. *Ethos*, 1975, *3*, 143-155.

Bateson, G. Foreword: A formal approach to explicit, implicit and embodied ideas and to their forms of interaction. In C. Sluzki & D. Ransom (Eds.), *Double bind: The foundation of the communicational approach to the family*. New York: Grune & Stratton, 1976. (a)

Bateson, G. Comments on Haley's history. In C. Sluzki & D. Ransom (Eds.), *Double bind: The foundation of the communicational approach to the family*. New York: Grune & Stratton, 1976. (b)

Bateson, G. Personal communication, October 28, 1976. (c)

Bateson, G. Personal communication, October 29, 1976. (d)

Bateson, G. The thing of it is. In M. Katz, W. Marsh, & G. Thompson (Eds.), *Explo-*

rations of planetary culture at the Lindisfarne conferences: Earth's answer. New York: Harper & Row, 1977.
Bateson, G. The birth of a matrix or double bind and epistemology. In M. Berger (Ed.), *Beyond the double bind.* New York: Brunner/Mazel, 1978.
Bateson, G. *Mind and nature: A necessary unity.* New York: E. P. Dutton, 1979. (a)
Bateson, G. Personal communication, September 6, 1979. (b)
Bateson, G., & Brown, J. Caring and clarity. *CoEvolution Quarterly,* 1975, *7,* 32-47.
Bateson, G., & Mead, M. For God's sake, Margaret. *CoEvolution Quarterly,* 1976, *10,* 32-44.
Bateson, G., & Rieber, R. Mind and body: A dialogue. In R. Rieber (Ed.), *Body and mind.* New York: Academic Press, 1980.
Bateson, M. *Our own metaphor: A personal account of a conference on the effects of conscious purpose on human adaptation.* New York: Alfred A. Knopf, 1972.
Bateson, M. Daddy, can a scientist be wise? In J. Brockman (Ed.), *About Bateson.* New York: E. P. Dutton, 1977.
Berry, W. *The unsettling of America.* New York: Avon Books, 1977.
Bertalanffy, L. *Robots, men and minds.* New York: George Braziller, 1967.
Birdwhistell, R. Some meta-communicational thoughts about communicational studies. In J. Akin, A. Goldberg, G. Myers, & J. Stewart (Eds.), *Language behavior.* The Hague: Mouton, 1970.
Bloch, D. The future of family therapy. In M. Andolfi & I. Zwerling (Eds.), *Dimensions of family therapy.* New York: Guilford Press, 1980.
Boyd, D. *Rolling thunder.* New York: Dell, 1974.
Brand, S. *Two cybernetic frontiers.* New York: Random House, 1974.
Brand, S. Homeostasis. In K. Wilson (Ed.), *The collected works of the Biological Computer Laboratory.* Peoria, Ill.: Illinois Blueprint Corporation, 1976.
Bugental, J. *Challenges of humanistic psychology.* New York: McGraw-Hill, 1967.
Cadwallader, M. The cybernetic analysis of change in complex social organizations. *American Journal of Sociology,* 1959, *65,* 154-157.
Carroll, L. *Alice in wonderland* (D. Gray, Ed.). New York: W. W. Norton, 1971. (Originally published, 1865.)
Castaneda, C. *The teachings of don Juan: A Yaqui way of knowledge.* New York: Ballantine, 1968.
Castaneda, C. *A separate reality: Further conversations with don Juan.* New York: Pocket Books, 1971.
Castaneda, C. *Journey to Ixtlan: The lessons of don Juan.* New York: Simon & Schuster, 1972.
Castaneda, C. *Tales of power.* New York: Simon & Schuster, 1974.
Collingwood, R. G. *The principles of art.* London: Oxford University Press, 1975. (Originally published, 1938.)
Cook, F. H. *Hua-yen buddhism.* University Park, Pa.: Pennsylvania State University Press, 1977.
de Mille, R. *Castaneda's journey: The power and the allegory.* Santa Barbara, Calif.: Capra Press, 1976.
de Mille, R. *The don Juan papers: Further Castaneda controversies.* Santa Barbara, Calif.: Ross-Erikson, 1980.
de Shazer, S. Personal communication, November 8, 1980.

de Shazer, S. *Patterns of brief family therapy: An ecosystemic approach.* New York: Guilford Press, 1982.

Dell, P. Beyond homeostasis: Toward a concept of coherence. *Family Process,* 1982, *21,* 21-41.

Dinesen, I. *Seven gothic tales.* New York: Vintage Books, 1961.

Eliot, T. S. *Four quartets.* New York: Harcourt, Brace & World, 1973. (Originally published, 1943.)

Evans, R. I. *R. D. Laing: The man and his ideas.* New York: E. P. Dutton, 1976.

Fry, W. The marital context of an anxiety syndrome. *Family Process,* 1962, *1,* 245-252.

Fry, W. *Sweet madness: A study of humor.* Palo Alto, Calif.: Pacific Books, 1963.

Goguen, J., & Varela, F. Systems and distinctions: Duality and complementarity. *International Journal of General Systems,* 1979, *5,* 31-43.

Gregory, R. *Eye and brain.* New York: McGraw-Hill, 1971.

Grinder, J., & Bandler, R. *The structure of magic* (Vol. 2). Palo Alto, Calif.: Science & Behavior Books, 1976.

Haley, J. (Ed.). *Advanced techniques of hypnosis and therapy: Selected papers of Milton H. Erickson, M.D.* New York: Grune & Stratton, 1967.

Haley, J. Family therapy: A radical change. In J. Haley (Ed.), *Changing families.* New York: Grune & Stratton, 1971.

Haley, J. Beginning and experienced family therapists. In A. Ferber, M. Mendelsohn, & A. Napier (Eds.), *The book of family therapy.* Boston: Houghton Mifflin, 1973. (a)

Haley, J. *Uncommon therapy.* New York: W. W. Norton, 1973. (b)

Haley, J. Development of a theory: A historical review of a research project. In C. Sluzki & D. Ransom (Eds.), *Double bind: The foundation of the communicational approach to the family.* New York: Grune & Stratton, 1976. (a)

Haley, J. *Problem-solving therapy.* San Francisco: Jossey-Bass, 1976. (b)

Haley, J. How to be a marriage therapist without knowing practically anything. *Journal of Marital and Family Therapy,* 1980, *6,* 385-391.

Hall, E. *Beyond culture.* New York: Anchor, 1977.

Hardin, G. *Stalking the wild taboo* (2nd ed.). Los Altos, Calif.: William Kaufmann, 1978.

Heims, S. Encounter of behavioral sciences with new machine-organism analogies in the 1940's. *Journal of the History of the Behavioral Sciences,* 1975, *11,* 368-373.

Heims, S. Gregory Bateson and the mathematicians: From interdisciplinary interaction to societal functions. *Journal of the History of the Behavioral Sciences,* 1977, *13,* 141-159.

Herrigel, E. *Zen in the art of archery.* New York: Vintage Books, 1971. (Originally published, 1953.)

Hoffman, L. Breaking the homeostatic cycle. In P. Guerin (Ed.), *Family therapy: Theory and practice.* New York: Gardner Press, 1976.

Hoffman, L. *Foundations of family therapy.* New York: Basic Books, 1981.

Howe, R., & von Foerster, H. Cybernetics at Illinois. *Forum,* 1974, *6,* 15-17.

Howe, R., & von Foerster, H. Introductory comments to Francisco Varela's calculus for self-reference. *International Journal of General Systems,* 1975, *2,* 1-3.

Illich, I. *Medical nemesis*. New York: Pantheon, 1976.

Jung, C. *The integration of personality*. New York: Rinehart, 1939.

Jung, C. *Memories, dreams, reflections* (A. Jaffé, Ed.). New York: Vintage Books, 1961. (*Septem sermones ad Mortuos* originally published, 1916.)

Keeney, B. *On paradigmatic change: Conversations with Gregory Bateson*. Unpublished manuscript, 1977.

Keeney, B. P. Ecosystemic epistemology: An alternative paradigm for diagnosis. *Family Process*, 1979, *18*, 117-129. (a)

Keeney, B. P. Glimpses of Gregory Bateson. *Pilgrimage: The Journal of Existential Psychology*, 1979, *7*, 17-44. (b)

Keeney, B. P. Pragmatics of family therapy. *Journal of Strategic and Systemic Therapies*, 1981, *1*, 44-53.

Keeney, B. P. What is an epistemology of family therapy? *Family Process*, 1982, *21*, 153-168.

Keith, D. V. Family therapy and lithium deficiency. *Journal of Marital and Family Therapy*, 1980, *6*, 49-53.

Keys, J. *Only two can play this game*. New York: Julian Press, 1972.

Konorski, T. The role of the central factors in differentiation. In R. Gerard & J. Duyff (Eds.), *Information processing in the nervous system*. Amsterdam: Excerpta Medica Foundation, 1962.

Korzybski, A. *Science and sanity* (4th ed.). Clinton, Mass.: Colonial Press, 1973.

Laing, R. D. *Knots*. New York: Vintage Books, 1970.

Land, E. *Process as reality*. Paper presented as Phi Beta Kappa Oration, Harvard University, June 14, 1977.

Lettvin, J. Y., Maturana, H., McCulloch, W., & Pitts, W. What the frog's eye tells the frog's brain. *Proceedings of the IRE*, 1959, *47*, 1940-1959.

Lilly, J., & Lilly, A. *The dyadic cyclone*. New York: Simon & Schuster, 1976.

Lipset, D. *Gregory Bateson: The legacy of a scientist*. Englewood Cliffs, N.J.: Prentice-Hall, 1980.

Lovelock, J. *Gaia: A new look at life on earth*. Oxford: Oxford University Press, 1979.

Lyons, L. Interview with Oscar Peterson. *Contemporary keyboard*, March 1978, pp. 30-33.

Madanes, C. *Strategic family therapy*. San Francisco: Jossey-Bass, 1981.

Maruyama, M. The second cybernetics: Deviation-amplifying mutual causal processes. In W. Buckley (Ed.), *Modern systems research for the behavioral scientist*. Chicago: Aldine, 1968.

Maslow, A. *The psychology of science*. Chicago: Henry Regnery, 1969.

Maslow, A. *Motivation and personality* (2nd ed.). New York: Harper & Row, 1970.

Maturana, H. Autopoiesis: Reproduction, heredity and evolution. In M. Zeleny (Ed.), *Autopoiesis, dissipative structures and spontaneous social orders*. Boulder, Colo.: Westview Press, 1980.

Maturana, H., & Varela, F. *Autopoiesis and cognition: The realization of the living*. Dordrecht, the Netherlands: D. Reidl, 1980.

May, R. Gregory Bateson and humanistic psychology. *Journal of Humanistic Psychology*, 1976, *16*, 33-51.

McCulloch, W. S. *Embodiments of mind*. Cambridge, Mass.: M.I.T. Press, 1965.

McCulloch, W. S. Lekton. In L. Thayer (Ed.), *Communication: Theory and research*.

Springfield, Ill.: Charles C Thomas, 1967.

McCulloch, W. S., & Pitts, W. H. A logical calculus of the ideas immanent in nervous activity. *Bulletin of Mathematical Biophysics,* 1943, *5,* 115-133.

Mead, M. Cybernetics of cybernetics. In H. von Foerster, H. Peterson, J. White, & J. Russell (Eds.), *Purposive systems.* New York: Spartan Books, 1968.

Mihram, D., Mihram, G., & Nowakowska, M. The modern origins of the term "cybernetics." In *ACTES Proceedings of the 8th International Congress on Cybernetics.* Namur, Belgium: Association Internationale de Cybernétique, 1977.

Miller, G. A., Galanter, E., & Pribram, K. H. *Plans and the structure of behavior.* New York: Henry Holt, 1960.

Montalvo, B. Observations of two natural amnesias. *Family Process,* 1976, *15,* 333-342.

Neill, J., & Kniskern, D. (Eds.). *From psyche to system: The evolving therapy of Carl Whitaker.* New York: Guilford Press, 1982.

Noel, D. *Seeing Castaneda: Reactions to the "don Juan" writings of Carlos Castaneda.* New York: Capricorn, 1976.

Papert, S. Introduction. In W. S. McCulloch, *Embodiments of mind.* Cambridge, Mass.: M.I.T. Press, 1965.

Parsegian, V. *This cybernetic world of men, machines and earth systems.* New York: Anchor Books, 1973.

Pask, G. The meaning of cybernetics in the behavioral sciences. In J. Rose (Ed.), *Progress of cybernetics.* New York: Gordon & Breach, 1969.

Pask, G. *Conversation, cognition and learning.* Chicago: Aldine, 1973.

Pearce, J. *The crack in the cosmic egg: Challenging constructs of mind and reality.* New York: Pocket Books, 1974.

Perry, R. *The thought and character of William James.* Oxford: Oxford University Press, 1935.

Plato. The republic. In *The dialogues of Plato* (Vol. 1; B. Jowett, Trans.). New York: Random House, 1967.

Pritchard, R. Stabilized images on the retina. In R. Held & W. Richards (Eds.), *Perception: Mechanisms and models.* San Francisco: W. H. Freeman & Co., 1972.

Pryor, K. *Lads before the wind: Adventures in porpoise training.* New York: Harper & Row, 1975.

Puharich, A. *Beyond telepathy.* New York: Anchor, 1962.

Rabkin, R. *Strategic psychotherapy.* New York: Basic Books, 1977.

Rabkin, R. Who plays the pipes? *Family Process,* 1978, *17,* 485-488.

Rappaport, R. Sanctity and adaptation. *CoEvolution Quarterly,* 1974, *2,* 54-67.

Rosenblueth, A., Wiener, N., & Bigelow, J. Behavior, purpose and teleology. In W. Buckley (Ed.), *Modern systems research for the behavioral scientist.* Chicago: Aldine, 1968. (Originally published, 1943.)

Roszak, T. *Person/planet.* New York: Anchor Press, 1977.

Selvini-Palazzoli, M., Cecchin, G., Prata, G., & Boscolo, L. *Paradox and counterparadox.* New York: Jason Aronson, 1978.

Simon, H. In praise of muddleheaded anecdotalism. *Western Journal of Speech Communication,* 1978, *42,* 21-28.

Slater, P. *Earthwalk*. New York: Bantam Books, 1974.

Sluzki, C., & Beavin, J. Symmetry and complementarity: An operational definition and a typology of dyads. In P. Watzlawick & J. Weakland (Eds.), *The interactional view*. New York: W. W. Norton, 1977.

Snyder, G. Poetry, community and climax. *Field*, 1979, *20*, 21-36.

Spencer-Brown, G. *Probability and scientific inference*. London: Longmans, Green & Co., 1957.

Spencer-Brown, G. *Laws of form*. New York: Bantam, 1973.

Sullivan, H. S. *The interpersonal theory of psychiatry*. New York: W. W. Norton, 1953.

Szasz, T. *The myth of psychotherapy*. New York: Anchor Books, 1978.

Umpleby, S. *Some applications of cybernetics to social systems*. Unpublished doctoral dissertation, University of Illinois, 1975.

Varela, F. J. On observing natural systems. *CoEvolution Quarterly*, 1976, *10*, 26-31. (a)

Varela, F. J. Not one, not two. *CoEvolution Quarterly*, 1976, *11*, 62-67. (b)

Varela, F. J. On being autonomous: The lessons of natural history for systems theory. In G. J. Klir (Ed.), *Applied general systems research: Recent developments and trends*. New York: Plenum Press, 1978.

Varela, F. J. *Principles of biological autonomy*. New York: Elsevier North Holland, 1979.

Varela, F. J., & Maturana, H. R. Mechanism and biological explanation. *Philosophy of Science*, 1973, *39*, 378-382.

von Foerster, H. Logical structure of environment and its internal representation. In R. Eckerstrom (Ed.), *International design conference, Aspen 1962*. Zeeland, Mich.: Herman Miller, 1963.

von Foerster, H. Physics and anthropology. *Current Anthropology*, 1964, *5*, 330-331.

von Foerster, H. Review of *Embodiments of mind* by W. S. McCulloch. *Computer Studies in the Humanities and Verbal Behavior*, 1970, *3*, 111-116.

von Foerster, H. Computing in the semantic domain. *Annals of the New York Academy of Sciences*, 1971, *184*, 239-241.

von Foerster, H. Perception of the future and the future of perception. *Instructional Science*, 1972, *1*, 31-43.

von Foerster, H. Cybernetics of cybernetics (physiology of revolution). *The Cybernetician*, 1973, *3*, 30-32. (a)

von Foerster, H. On constructing a reality. In W. Preiser, *Environmental design research, II*. Stroudsburg, Pa.: Dowden, Hutchinson & Ross, 1973. (b)

von Foerster, H. *Ecological source book*. In K. Wilson (Ed.), *The collected works of the Biological Computer Laboratory*. Peoria, Ill.: Illinois Blueprint Corporation, 1976. (a)

von Foerster, H. An epistemology for living things. In K. Wilson (Ed.), *The collected works of the Biological Computer Laboratory*. Peoria, Ill.: Illinois Blueprint Corporation, 1976. (b)

von Foerster, H. The need of perception for the perception of needs. In K. Wilson (Ed.), *The collected works of the Biological Computer Laboratory*. Peoria, Ill.: Illinois Blueprint Corporation, 1976. (c) von Foerster, H. On where do we go from here? In K. Wilson (Ed.), *The collected works of the Biological Computer Laboratory*. Peoria, Ill.: Illinois Blueprint Corporation, 1976. (d)

von Foerster, H. *Self-fulfilling prophecies: Old and new*. Paper presented to the Third Annual Don D. Jackson Memorial Conference, San Francisco, 1978.

Von Neumann, J., & Morgenstern, O. *Theory of games and economic behavior*. Princeton: Princeton University Press, 1944.

Watts, A. *Psychotherapy east and west*. New York: Ballantine, 1961.

Watts, A. *Tao: The watercourse way*. New York: Pantheon, 1975.

Watzlawick, P. *How real is real?* New York: Random House, 1976.

Watzlawick, P., Beavin, J., & Jackson, D. *Pragmatics of human communication*. New York: W. W. Norton, 1967.

Watzlawick, P., & Coyne, J. Depression following stroke: Brief, problem-focused treatment. *Family Process,* 1980, *19,* 13-18.

Watzlawick, P., Weakland, J., & Fisch, R. *Change: Principles of problem formation and problem resolution*. New York: W. W. Norton, 1974.

Whitaker, C. Psychotherapy of the absurd. *Family Process,* 1975, *14,* 1-16.

Whitaker, C. On family therapy (Interview with Bruce Howe). *Pilgrimage: The Journal of Existential Psychology,* 1979, *7,* 107-114.

Whitehead, A. N. *Science and the modern world*. New York: Free Press, 1967. (Originally published, 1925.)

Whitehead, A. N., & Russell, B. *Principia mathematica*. Cambridge, England: Cambridge University Press, 1910.

Wiener, N. *The human use of human beings: Cybernetics and society* (2nd ed.). New York: Avon, 1967. (2nd edition originally published, 1954.)

Wiener, N. *Cybernetics: Or the control and communication in the animal and the machine* (2nd ed.). Cambridge, Mass.: M.I.T. Press, 1975. (2nd ed. originally published, 1954; 1st ed. originally published, 1948.)

Wilden, A., & Wilson, T. The double bind: Logic, magic and economics. In C. Sluzki & D. Ransom (Eds.), *Double bind: The foundation of the communicational approach to the family*. New York: Grune & Stratton, 1976.

Wilder-Mott, C., & Weakland, J. H. *Rigor and imagination*. New York: Praeger, 1981.

Wynne, L. C. On the anguish, and creative passions, of not escaping double binds. In C. Sluzki & D. Ransom (Eds.), *Double bind: The foundation of the communicational approach to the family*. New York: Grune & Stratton, 1976.

Wynne, L. C. *Structure and lineality in family therapy*. Unpublished manuscript, 1982.

Wynne, L. C., Ryckoff, I., Day, J., & Hirsch, S. Pseudo-mutuality in the family relations of schizophrenics. *Psychiatry,* 1958, *21,* 205-220.

Zieg, J. *A teaching seminar with Milton H. Erickson*. New York: Brunner/Mazel, 1980.

{附錄二}

人名索引

三劃～五劃

丸山，Maruyama, M.，70，78n.，205n.
丹尼蓀，Dineson, I.，199，204n.
巴特勒，Butler, S.，64，160
包文，Bowen, M.，145，146
包伊德，Boyd, D.，135，203n.
卡洛，Carroll, L.，34，61，64，203n.
卡斯塔尼達，Castaneda, C.，1-5，7-9，17，18n.，136，155，203n.
史坦因，Stien, G.，155
史奈德，Snyder, G.，196，197，207n.
史崔坦，Stratton, G. M.，154，155
史萊特，Slater, P.，140，206n.
史維渥，Svevo, I.，110
史賓賽布朗，Spencer-Brown, G.，18，18n.，19n. 20，21，23，25，30，49，53，57，207n.
史魯士基，Sluzki, C.，43，207n.
尼爾，Neill, J.，123，206n.
布洛赫，Bloch, D.，16，203n.
布朗，Brown, J.，4，150，193，203n.
布根塔爾，Bugental, J.，22，203n.
布雷克，Blake, W.，64，109，197
布蘭德，Brand, S.，18n.，69，126，172，198，203n.
弗萊，Fry, W.，31，68，204n.
瓦茲，Watts, A.，18n.，113，125，168，201，208n.
瓦茲拉威克，Watzlawick, P.，25，26，30，34，37n.，76，117，120，124，145，146，148，157，164，166，208n.
瓦瑞拉，Varela, F. J.，9，13，16，17n.，20，25，56，59，61n.，63n.，83，84，84n.，85，85n.，86，87，89，90n.，92-94，97，99，100，102，104，106-109，138，143，177，204n.，205n.，207n.
甘特，Günther, G.，17n.，78

皮亞傑，Piaget, J.，65
皮茲，Pitts, W.，65，83，205n.
皮爾斯，Pearce, J.，20，21n.，23，206n.

六劃～七劃

伊文斯，Evans, R. I.，5，204n.
伊利契，Illich, I.，140n，204n.
安姆斯，Ames, A.，160
安帕比，Umpleby, S.，81，207n.
安培，Ampère, A.，66n，67n
安德魯，Andrew, A. M.，84，202n
米朗, D.，Mihram, D.，D.，66，66n.，206n.
米朗, G.，Mihrum, G.，G.，66，66n.，206n.
米紐慶，Minuchin, S.，57，145
米德，Mead, M.，65，65n.，73n.，76，203n.，206n.
艾力克森，Erikson, E.，66
艾希比，Ashby, W. R.，9，16，17n.，62，170，177，202n
艾略特，Eliot, T. S.，11，204n.
艾瑞克森，Erickson, M.，4，5，7-9，136，137，152，152n.，162，167，180-185，188
艾爾頓，Elton, C.，121
米勒, G. A.，Miller, G. A.，72，206n.
佛洛伊德，Freud, S.，191
佛洛姆瑞奇曼，Fromm-Reichmann, F.，175
伯斯克羅，Boscolo, L.，87，206n.
伯德惠斯特，Birdwhistell, R.，47，203n.
克尼斯科恩，Kniskern, D.，123，206n.
克呂韋爾，Klüver, H.，66
克沃拉德，Cadwallader, M.，118，203n.
李力, A.，Lilly, A.，18n.，205n.
李力, J.，Lilly, J.，18n.，205n.
李普賽，Lipset, D.，66n.，74，129，205n.
貝弗列斯，Bevelas, A.，66
貝特森，Bateson, G.，4-6，6n.，7-10，12，13，14n.，16，19n.，22，24，26-31，33，33n.，34，35，35n.，36-40，43-47，47n.，56，57，61n.，62-65，65n.，67，69，71，72，72n.，73，73n.，74，75n.，78，81n.，84，90，90n.，91，94，96，99，106，108，109，113，121，122，125，126，128-133，138，139，140n.，141，144，150，151，153，155-157，159，160，163，165，170，174，175，177，184，187，188，190，191，193，195-198，202n.，203n.
貝塔朗菲，Bertalanffy, L.，61n.，82，203n.
貝瑞，Berry, W.，120，203n.

八劃～九劃

帕夫洛夫，Pavlov, I.，26，27，35，156-158
帕斯克，Pask, G.，17n.，74，133，206n.
帕爾賽吉安，Parsegian, V.，67，206n.
彼德森，Peterson, O.，171
拉布金，Rabkin, R.，20，27，96，206n.
拉帕波特，Rappaport, R.，190，206n.
阿克曼，Ackerman, N.，125
阿德瑞，Ardrey, R.，85，202n
阿諾德，Arnold, M.，16，202n
侯艾，Howe, R.，77，77n.，81，204n.
哈丁，Hardin, G.，121，204n.
哈雷，Haley, J.，52，70，96，111n.，129，130，133，145-148，152n.，167，180，204n.
契斯，Keys, J.（史賓賽布朗的別名），12，18n.，205n.
威克蘭，Weakland, J. H.，5，30，117，120，148，157，208n.
威爾森，Wilson, T.，16n.，208n.
威爾頓，Wilden, A.，16n.，208n.
威爾德墨特，Wilder-Mott, C.，5，208n.
柯林伍，Collingwood, R. G.，191，203n.
柯波帝，Capote, T.，174
柏拉圖，Plato，66，206n.
派普特，Papert, S.，64，65，206n.
科日布斯基，Korzybski, A.，25，205n.
科因，Coyne, J.，124，208n.
韋伯，Weber, E.，153

十劃～十二劃

哥德爾，Gödel, K.，78
庫比，Kubie, L.，66
庫克，Cook, F. H.，139-141，203n
海姆斯，Heims, S. 66，66n.，151，204n.
海森堡，Heisenberg, W.，82，129，129n.
海瑞格，Herrigel, E.，193，194，204n.
班德勒，Bandler, r.，45，48，137，202n.，204n
馬斯洛，Maslow, A.，96，126，126n.，127，133，205n.
高恩，Goguen, J.，25，204n.
勒弗洛克，Lovelock, J.，135，205n.
基格，Zieg, J.，8，208n.
培瑞，Perry, R.，118n，206n.
寇諾斯基，Konorski, T.，26，205n.
康德，Kant, I.，81

梁恩，Liang, R. D.，5，21，196，205n.
理克夫，Ryckoff, I.，103，208n.
畢文，Beavin, J.，25，26，37n，43，76，148，164，16，207n.，208n.
畢卡索，Picasso, P.，79，155
畢格羅，Bigelow, J.，65，65n.，66，68，206n.
畢爾，Beer, S.，87
莫里哀，Molière，3n.，60
麥卡洛克，McCulloch, W. S.，9，13，13n.，16，17n.，61，65，66，73，83，91，105，108，114，196，205n.
麥德尼斯，Madanes, C.，131，205n.
傑克森，Jackson, D.，25，26，37n.，43，76，148，164，166，208n.
凱斯，Keith, D. V.，123，205n.
惠斯登，Wheatstone, C.，152
普利布拉姆，Pribram, K. H.，72，206n.
普利查德，Prichard, R.，154n.，206n.
普拉達，Prata, G.，87，206n.
普哈理奇，Puharich, A.，2，206n.
普萊爾，Pryor, K.，158，206n.
華森，Wasson, R.，2
費希納，Fechner, G.，153
費雪，Fisch, R.，30，117，120，148，157，208n.
馮佛斯特，von Foerster, H.，9，13，16，17，17n.，18n.，19n.，20，21n.，24，47，30，50，56，65，66，66n.，76，77，77n.，78-81，87n.，108，138n.，204n.，207n.，208n.
馮紐曼，von Newmann, J.，65，71，78，208n.
奧斯華德，Auerswald, E. H.，14-16，202n

十三劃～十七劃

愛因斯坦，Einstein, A.，82
瑞伯，Reiber, R.，64，203n.
葛林德，Grinder, J.，45，48，137，202n.，204n.
葛雷格里，Gregory, R.，155，204n.
詹姆士，James, W.，96，118n.
達爾文，Darwin, C.，85
鈴木大拙，Suzuki, D. T.，140
雷特溫，Lettvin, J. Y.，13，83，205n.
圖明，Toulmin, S.，5
榮格，Jung, C.，63，105，162，205n.
瑪圖拉納，Maturana, H.，9，13，16，17n.，56，61n.，63n.，83，84，86，87，89，97，102，104-106，108，109，138，143，205n.，207n.
瑪麗凱瑟琳貝特森，Bateson, M.，69，74，91，94，114，141，199，203n.
維根斯坦，Wittgenstein, L. ，18n.，108
維納，Wiener, N.，9，16，65，65n.，66，66n.，68，70，73n.，77，151，

206n.，208n.
蒙塔佛，Montalvo, B.，27，206n.
蓋朗特，Galanter, E.，72，206n.
赫希，Hirsch, S.，103，208n.
齊尼，Keeney, B. P.，16，16n.，19n.，26，34，40，78，179，188，205n.
德米爾，de Mille, R.，1，203n.
摩根斯坦，Morgenstern, O.，71，208n.
歐慈，Oates, J. C.，1
黎恩斯，Lyons, L.，171，205n.
諾瓦寇斯卡，Nowakowska, M.，66，66n.
諾艾爾，Noel, D.，2，206n.
諾索普，Northrop, F. S. C.，66
霍夫曼，Hoffman, L.，118，119，125，204n.
霍特，Holt, A.，91
霍爾，Hall, E.，128，129，204n.
戴伊，Day, J.，103，208n.
戴爾，Dell, P.，103，204n.
謝哲，de Shazer, S.，167，168n.，204n.
賽門，Simon, H.，196，206n.
賽琴，Cecchin, G.，87，206n.
賽爾維尼—帕拉佐利，Selvini-Palazzoli, M.，55，87，206n.

十八劃～二十一劃

薩提爾，Satir, V.，137
薩斯，Szasz, T.，195，207n.
懷恩，Wynne, L. C.，31，57，103，208n.
懷特克，Whitaker, C.，9，123，124，127，145-147，166，169，208n.
懷德海，Whitehead, A. N.，21，22，29-31，77，113，208n.
羅夫根，Löfgren, L.，17n.，78
羅洛梅，May, R.，5，12，205n.
羅素，Russell, B.，29-31，70，77，208n.
羅森布利斯，Rosenblith, W.，70
羅森布魯斯，Rosenblueth, A.，17n.，65，65n.，66，68，206n.
羅薩克，Roszak, T.，135，206n.
蘇利文，Sullivan, H. S.，129，207n.
蘭德，Land, E.，152，205n.

{附錄三}

字詞索引

一劃～四劃

一般系統理論，General System Theory，62n.，82
人本心理學，Humanistic psychology，12，96
人類學，Anthropology，13，28，63，77
大地之母蓋婭，Gaia，135
不同觀點的連結，Connection of different perspectives，3，9，50，55，56，92，154
互動，Interaction，39-44，54，68，69，86，124，127-129
　互補互動，complementary，39-41，43，54，128，165n.
　對稱互動，symetrical，39-41，43，54，128，165n.
互補的互動，Complementary interaction（參見互動，互補）
互補與對稱關係，Relationship，complementary and symmetrical，39-41，43，54，128，165n.
介入，Intervention，19，20，133，169，171，172
分裂相生，Schismogenesis，39，44，54，71
反饋，Feedback，66-71，72，87-91，111，117-119，122-125，132，133，144，156，162，163，171，183
　反饋中的偏差擴大，amplifying deviation in，70，71
　反饋的定義，defnition of，65-67
　負向反饋，negative，67，69n.，72
　正向反饋，positive，72，72n.，163n.
　反饋中的校正過當，overshooting in，68
　反饋的反饋，of feedback，71，87
天眞的唯我論，Naive solipsism，3，50
天眞的現實主義，Naive realism，2，50
弔詭，Paradox，29，30，32，58，115，166，166n.
心智，Mind
　心智為控制系統，as cybernetic system，90-92
《心智與自然》，*Mind and Nature*，40

五劃～七劃

代罪羔羊，Scapegoat，127

加劇的單一化，Escalating sameness，123
失控，Runaway，72，117n.，164
平庸化，Triviliazation，79
必要的平衡，Vital balance，126
本體實在，描述本體實在，Ontological reality，description of，107
母子盒，Chinese boxes，47，87，88
永恆眞理，Eternal verities，189
生物，Living，83-86
生物的定義，Biological，definition of，61n.
生物計算機實驗室，Biological Computer Laboratory (BCL)，16，17，17n.
生態，Ecology，121，122，134-142
　生態的定義，definition of，135
生態自我校正，Ecological self-correction，135-138
生態極相，Ecological climax，125-129
白騎士，White Knight，123，127
目的，Purpose，74-76，104，106，187-190
共同演化，Co-evolution，133
名稱，Names，33-35，151
合作，Cooperation，104，105，168，168n.
因陀羅，Indra，139，185
因陀羅的寶網，Jewel of Indra，139，185
地平假說，Flat earth，56-58
安姆斯室錯覺，Ames Room Illusion，160-161
有意義的羅夏墨漬測驗，Meaningful Rorscharch，170，171，178，179
自主性，Autonomy，77，82-87，89，98-103，107，142，143，144
自我／他者，Self/other，110-114
自我再生，Autopoiesis，84，85n.
自我指涉，Self-reference，29，30，32，33，56，77-82，92，98，102
自我控制的否定，Self-control，negation of，164-166
自噬自生蛇，Ouroborous，32
行爲主義心理學，Stimulus-response psychology，26，27
行爲脈絡，Context of action，35，38，39，41，42，43
克里特島人之弔詭，Cretan，paradox of，29，30，32
《形式法則》，*Laws of Form*，18，18n.，19n.
技藝，Craft，191，192
改變，Change
　改變及穩定的連結，and stability，connections of，10，69-71，19，150，151，176，177
　改變的改變，of change，178
系統，Systems（參見控制系統，無語系統）
　感覺系統，of feelings，113，123
　系統整體，wholeness of，82-87，97，100，102
系統的自我校正，Self-correction of system，162-168，189，190

系統的相互依存，Interdependence of systems，97，101，103-105，107，143
《那溫》，*Naven*，28

八劃～十劃

波紋模式，Moiré pattern，37，134，153
治療，治療的控制論定義，Therapy，cybernetic definition of，29，168-174，177-180
治療中的控制，Control in therapy，132，133，165-166，187
治療師，身爲系統一份子的治療師，Therapist，as part of system，132-134
知覺，Perception，83，152-155
社會反饋，sociofeedback，168-174，194
　社會反饋的案例研究，case study of，180-185
社會共舞，Choreography，social，40，43，44，68，69，86，127-129
空界，Pleroma，63-106，200
阻抗，Resistence，104，105
建構，Construction
　建構治療現實，of therapeutic reality，21，23，25，27，120，121
　建構現實，of reality，2，25，44-48，49，50，51，56，97，108
後設脈絡，Metacontext，43，44
恆定，Homeostasis，69，98-100，103，106，113，118
恆定循環，Homeostatic cycles，118，119
指揮系統，Command system，74
故事，Stories，195-197
爲行爲科學建構的虛構概念，Fiction for behavioral science，71，72
研究青蛙的眼睛，Frog，study of eye of，83
科學方法，Scientific method，81，82
美學，Aesthetics，8，46，93，94，108，127，138-142，190，198，199
軍備擴張，Armaments，buildup of，10，72
重新框定，Reframing，25
個體發生，Ontogeny，177
兼容並蓄的觀點，Eclectic views，160
套套邏輯，Tautology，46
家庭，Family
　家庭爲自主系統，as autonomous system，86，87
　家庭爲自我校正系統，as self-correction system，68
家族治療，Family therapy，5，15，20，138
　家族治療中的引導式想像，guided fantasy in，145-147
差異，Difference，69，153-155
效應器，Effector，172
校正的無意識結構，Unconscious structure of calibration，161-163
校準，Calibration，73，88-90，123，137，138，146，161-163，178，194
海豚，Dolphin，157，158
海森堡式的連結，Heisenberg-like hook，129

病症，Pathology，14，105，122-125，126，128，140，187
症狀，Symptoms，68，89，100，104，117，122-125，162-169，174，176，177，195
眞理，Truth，3，46
神，God，91，141
荒謬的心理治療，Psychotherapy of the absurb，166，167
訊息，Information，99
被認定的治療師，Identified therapist，133

十一劃～十二劃

假設的定義，Hypothesis，definition of，72n.
做出區別，Drawing of a description，18-21，24，28，45-47，49，51，59，63，80，81，84，92，97，98，101，106，110-116，142-144，200
做夢，Dreaming，136
健康，Health，125-129，138，140
參照技巧大全的治療師，Cookbook therapists，188
曼贊尼陀木，Manzanita wood，174，175
唯我論，Solipsism，3，50
唯物描述，Materialistic description，12，61，95
控制互補，Cybernetic complementarity，92-94，100，105，106，112，119，126，140，146，151，177，200
控制系統的定義，Cybernetic system，definiton of，116-119，177
控制論，Cybernetics
控制論之控制論，of cybernetics，9，73-94，99-101，109，142
控制論的字源，etymology of，66，67
控制論的定義，definition of，6，8，62，71，94，95，117，147
控制論的歷史，history of，16，64-94
單純控制論，simple，64-72
第一層控制論，first-order，77n.，78n.
第二層控制論，second-order，77n.，78n.
控制論治療師，Cybernetic therapist，171-174
教學相長，Co-learning，133
梅西基金會，Macy Foundation，65，66
混淆，Confusion，8
理解，Understanding，138-142，197
理論，臨床理論與實務的關係，Theory，relation to clinical practice of，6，7，22，23
現象範疇，Phenomenal domains，97-109
第一層改變，First-order change，157
第一層學習，Learning I，156
第二層改變，Second-order change，157
第二層學習，Learning II，156-160
第三層學習，Learning III，159-160

組織，Organization，86，87
組織封閉性，Organizational closure，40，82-87，102，107
規範，Prescription，20，21，24
部分弧形，Partial arc，57，72，75n.，100
部份派對，Parts party，137，138，145，146
酗酒，Alcoholism，120，162-165
雪貂，Ferret，26
創造力，Creativity，31，158
單純行爲，Simple action，33-35，38，39，41，42，51，68，69，86，124，127-129
富含熱情的問題，Passionate questions，21，23
尊重，Respect，141，190，199
描述，Description，20，24，78，81
智慧，Wisdom，133，188，191，199
無意識過程，Unconsicous process，160-168
無語系統，Taciturn system，74，75
結構，Structure（參見組織）
華嚴觀點，Hua-yen perspective，139-141
診斷，Diagnosis，21，133，169，172
象徵解釋，Symbolic explanation，104，106
象徵關係的架構，Skeletons of symbolic relations，46
階序，Hierarchy，31，71，102，139
黑格爾式配對，Hegelian pair，93，94
黑箱，Black box，73，75-77，97，142

十三劃～十四劃

催眠原則，Dormitive principles，33-36，37，38，105
意識心智的限制，Conscious mind，limits of，134，187-190
感官經驗，Sensory experience，49，41，44，45
感應器，Sensor，172
愛麗絲夢遊仙境，Alice in Wonderland，34
暖氣系統的控制論，Heating system，cybernetics of，67，88，89，111，119
詩，Poetry，109，196，197
跨脈絡的過程，Transcontextual process，44
運作解釋，Operational explanation，104，106
道，Taoism，133，135，136，162
嘗試錯誤法，Trial and errors，156
圖騰崇拜，Totemism，138
實界，Creatura，63，106，200
實務，Pragmatics
　實務的去脈絡化，decontexualization of，8，9，77，82，185，188，189
　不同實務層次，different orders of，122
實驗性精神官能症，Experimental neurosis，35，36，156-158

對稱互動，Symmetrical interaction（參見互動，對稱互動）
演化，Evolution，118n.，177
精神分裂症，Schizophrenia，151，174，175
精神病式行爲，Psychotic behavior，70，71
語言，Language，25，110-116
語言導向系統，Language oriented system，74，75
認識什麼是認識，Knowing about knowing，21-24
認識論，Epistemology
臨床認識論，clinical，27，28，34
認識論的定義，definition of，7，12，13，17
生態系統認識論，ecosystemic，16n.
實驗認識論，experimental，13，83，108
線性認識論，lineal，14，57
非線性認識論，nonlineal，14
名詞的認識論，of nouns，112，113
認識論的遞迴，recursiveness of，22，23，28
認識論的自我指涉，self-reference of，107
認識論的轉變，transition of，15，16，154，155，193
遞迴，Recursion，19，29-36，46，47，49，53，54，55，56，58，59，78n.，98，99，107，108，111，117n.

十五劃～十九劃

嘮叨——冷淡系統，Nagging-withdrawing system，25，37，43，44
影像錯置，Displaced images，154，155
憂鬱症，Depression，33，34，123-125
標示，Indication，25，49
標記，Punctuation，24-28，35，47，81，96，97，156，157，159，160
模式，Pattern(s)
爲模式建構模型，modeling of，151-155，176
序列組織模式，of sequential organization，52-55
模式與物質的隱喻，Metaphor of pattern and material，61，62，95，109
練習，Practice，192-195
線性的定義，Lineal，definition of，14n.
噪音，Noise，170
學科，Discipline，193
學習，Learning，67，155-160
隨機學習，stochastic，170
操弄，Manipulation，185
整體不等於部份之和，Nonsummativity，87n.
機械的定義，Machine，definition of，62，63，63n.
機械模型，Mechanistic model，151
機械論解釋，Mechanistic explanation，61n.
衡量區分出的系統，Evaluation of drawn system，119-122

錯誤的客觀性，Objectivity，errors of，77-80，101
錯誤的邏輯分類，Mistyping，35，36
隨機，Random，53，170，171，177，178
獲取的資料，Capta，21
禪宗，Zen Buddhism，159，192，193，194，200，201
擾動，Perturbation，85，102，103
擺盪，Oscillation，68-70，162，163
歸謬法，Reductio ad absurdum，165-168
醫源性疾病，Iatrogenesis，140n.
雜草，Weeds，126
雙重束縛，Double bind，36，44，158
雙重描述，Double description，37-44，59，143，153，154，195
雙眼視覺，Binocular vision，37-39，152，153

十九劃～二十四劃

瀕臨極限，Hitting bottom，165
穩定視網膜像，Stabilized retinal image，153，154n.
藝術，Art，191，192，200，201
關係的無意識前提，Unconscious premises of relationship，161
辯證，Dialectic
　校準與反饋的辯證，of calibration and feedback，87-92
　意識與無意識的辯證，of conscious and unconcious，136，137
　控制描述中的辯證，in cybernetic description，114-116
　形式與過程的辯證，of form and process，40-46，86，88
　nagual 與 tonal的辯證，of nagual and tonal，136，137
權力的隱喻，Power，metaphor of，32，94，96，97，101，130-132，185，188
變色龍謎題，Chameleon riddle，172-174
變形，Transforms，169，176，177
變量的最大化，Maximization of variable，111，123，125，126，140，141，187
變量的最小化，Minimization of variable，111，123，125，126，140，141，187
邏輯分類，Logical typing，29-31，34，47n.，56，58，70，78
觀察的道德，Ethics of observing，80-82
觀察者，Observer，24，47，81，82

{附錄四}

延伸閱讀

- 《組織學習：理論、方法與實踐》（2006），唐納德、克利斯．艾吉里斯（Donald A.Schon、Chris Argyris）著，夏林清、鄭村祺譯，遠流。
- 《台灣巫宗教的心靈療遇》（2006），余德慧著，心靈工坊。
- 《超個人心理治療：心理治療與靈性轉化的整合》（2005），布蘭特．寇特萊特（Brant Cortright）著，易之新譯，心靈工坊。
- 《箭術與禪心》（2004），奧根．海瑞格（Eugen Herrigel）著，魯宓譯，心靈工坊。
- 《學習家族治療》（2003），薩爾瓦多．米紐慶（Salvador Minuchin）等著，劉瓊瑛、黃漢耀譯，心靈工坊。
- 《愛的功課：治療師、病人及家屬的故事》（2003），蘇珊．麥克丹尼爾（Susan H. McDaniel）等著，楊淑智、魯宓譯，心靈工坊。
- 《心智與自然：統合生命與非生命世界的心智生態學》（2003），葛雷格里．貝特森（Gregory Bateson）著，章明儀譯，商周。
- 《家族歷史與心理治療——家庭重塑實務篇（第三版）》

（2002），王行著，心理。

- 《青少年與家庭治療》（2001），馬麗莊著，五南。
- 《解離的真實——與巫士唐望的對話》（1999），卡斯塔尼達（Castaneda）著，魯宓譯，張老師文化。
- 《薩提爾的家族治療模式》（1998），維琴尼亞．薩提爾、約翰．貝曼、珍．歌柏、瑪莉亞．葛茉莉（Virginia Satir、John Banmen、Jane Gerber、Maria Goromi）著，林沈明瑩、陳登義、楊蓓譯，張老師文化。
- 《巫士唐望的教誨》（1998），卡斯塔尼達著，魯宓譯，張老師文化。
- 《巫士唐望的世界》（1997），卡斯塔尼達（Carlos Castaneda）著，魯宓譯，張老師文化。
- 《變——問題的形成與解決》（1996），保羅．瓦茲拉威克、約翰．威克蘭、理查．費雪（Paul Watzlawick、John H. Weakland、Richard Fisch）著，夏林清、鄭村祺譯，張老師文化。再版更名爲《Change：與改變共舞》（2005），遠流出版。
- 《熱鍋上的家庭：一個家庭治療的心路歷程》（1991），芮皮爾、華特克（Augustus Y. Napier、Carl A.Whitaker）著，李瑞玲譯，張老師文化。

變的美學

一個顛覆傳統的治療視野

Aesthetics of Change

作者—布萊福德・齊尼博士（Bradford Keeney, Ph.D.）
譯者—丘羽先

出版者—心靈工坊文化事業股份有限公司
發行人—王浩威
總編輯—徐嘉俊　執行編輯—朱玉立
特約編輯—黃麗玟　美術編輯—謝宜欣
通訊地址—10684 台北市大安區信義路四段 53 巷 8 號 2 樓
郵政劃撥—19546215　戶名—心靈工坊文化事業股份有限公司
電話—02）2702-9186　傳真—02）2702-9286
Email—service@psygarden.com.tw　網址—www.psygarden.com.tw

製版・印刷—彩峰造藝印像股份有限公司
總經銷—大和書報圖書股份有限公司
電話—02）8990-2588　傳真—02）2290-1658
通訊地址—248 新北市新莊區五工五路 2 號（五股工業區）
初版一刷—2008 年 1 月　初版二刷—2022 年 10 月
ISBN—978-986-6782-20-6　定價—350 元

國家圖書館出版品預行編目資料

變的美學：一個顛覆傳統的治療視野
布萊福德・齊尼博士（Bradford Keeney, Ph.D.）作；丘羽先譯
-- 初版，-- 臺北市：心靈工坊文化，2008. 01
面：　公分（Master：27）
譯自：Aesthetics of Change
ISBN 978-986-6782-20-6 (平裝)
1. 家族治療 2. 控制論
178.8　　96025285